तानी कथाएँ

अरुणाचल के तानी आदिवासी समाज की विश्वदृष्टि

जोराम यालाम नाबाम

तानी कथाएँ

अरुणाचल के तानी आदिवासी समाज की विश्वदृष्टि

राधाकृष्ण प्रकाशन

ISBN : 978-93-91950-93-4

तानी कथाएँ

अरुणाचल के तानी आदिवासी समाज की विश्वदृष्टि

पहला संस्करण : 2022

मूल्य : ₹695

प्रकाशक

राधाकृष्ण प्रकाशन प्राइवेट लिमिटेड

जी-17, जगतपुरी, दिल्ली-110 051

शाखाएँ : अशोक राजपथ, साइंस कॉलेज के सामने, पटना-800 006

पहली मंजिल, दरबारी बिल्डिंग, महात्मा गांधी मार्ग, प्रयागराज-211 001

वेबसाइट : www.radhakrishnaprakashan.com

ई-मेल : info@radhakrishnaprakashan.com

मुद्रक

बी.के. ऑफसेट

नवीन शाहदरा, दिल्ली-110 032

TANI KATHAYEIN

Arunachal Ke Tani Aadivasi Samaj Ki Vishvadrishti

Folk Taile's Analysis by Joram Yalam Nabam

ज्ञात-अज्ञात पूर्वजों को

क्रम

भूमिका

इस किताब के लिए तानी लोककथाओं का संकलन और शोधकार्य 2012 में शुरू किया था। उसका पहला परिणाम, दो साल बाद 'तानी मोमेन' के रूप में सामने आया। तानी मोमेन अर्थात तानी जगत। यह तानी लोककथाओं का अंग्रेजी भाषा में प्रकाशित संग्रह था।

उस वक्त इन लोककथाओं में निहित तानी समाज की विश्वदृष्टि या दर्शन पर काम करने के बारे में सोचा नहीं था। लेकिन कुछ समय बाद तानी दर्शन पर बहुत कुछ सोचने, समझने, जानने, अनुभव करने और इन कथाओं को खोजने के दौरान दर्शन पर जो-जो जानकारियाँ मिली थीं—उन सभी पर फिर से मन्थन करने का अवसर मिला। कोरोना महामारी की शुरुआत जब हुई—उस दौरान इस विषय पर लिखने की जरूरत महसूस हुई। इस तरह दो साल और लग गए।

तानी कथाओं की तलाश करने का जब मन बनाया था, उस वक्त सोचा नहीं था कि यह मेरे लेखकीय जीवन की कठिनतम यात्राओं में से एक होगी। लेकिन इसे मैं सुन्दरतम यात्रा मानती हूँ जिसकी तुलना किसी भी चीज से नहीं की जा सकती। अपने पूर्वजों के प्रति सम्मान, श्रद्धा और उत्साह ने कभी भी मेरा हौसला पस्त होने नहीं दिया। मैंने हमेशा एक प्रकार की ऊर्जा का अनुभव किया।

अपने छोटे-से बच्चे को लिये जंगलों, पहाड़ों, गाँव की खाक छानती हुई दोइमुख, सागाली, याजाली, जोराम, जीरो, दापोरिजो, पासीघाट, असाम, बासार, बोलेंग, सेप्पा आदि स्थानों में गई। सूर्य, चन्द्र, तारे, मिट्टी, पेड़-पौधे,

कीड़े-मकोड़े, पंछी, जल, वायु इत्यादि के प्रति जो अनुराग जगा, वह मैंने इन्हीं यात्राओं के दौरान पाया। कदम-कदम पर मेरे पूर्वज मौजूद थे। हर गन्ध में उनकी उपस्थिति थी। मिट्टी के एक-एक कण में उनका रक्त था। प्रकृति की प्रत्येक आवाज में वे ही गा रहे थे।

मुझे अपनी तरफ से कुछ नया नहीं जोड़ना था। जो कथाएँ समाज में बिखरी पड़ी थीं, उन्हीं का अपने ढंग से संकलन करना था। यह काम आसान नहीं था। एक ही कथा को कई-कई लोगों से बार-बार सुनना और फिर भी ऊब से दूर रहना एक चमत्कार ही तो था। विभिन्न तानी समुदायों में एक ही कथा अलग-अलग ढंग से कही जाती है। कई लोग अपनी तरफ से कथा में कुछ नया जोड़कर भी कहते थे। वैसे अंशों को पहचानकर वहीं पर छोड़ देना चुनौतीपूर्ण था। कुछ कथाएँ इतनी बेतुकी थीं कि यकीन ही नहीं हुआ कि ये भी कथा कहलाती हैं। कहीं-कहीं पूर्वज पुरुष तानी हद से अधिक सम्भोग के लिए पागल नजर आते थे। कुछ में उनका अलग अनोखा और सुन्दर रूप होता था।

एक कथा में तानी अपनी एक मेढकी पत्नी के मन को जानना चाहते हैं कि वह उनसे प्रेम करती है या नहीं? इसलिए एक दिन वह मर जाने का नाटक करते हैं। हमेशा चुपचाप रहनेवाली मेढकी पत्नी जोर-जोर से रोने लगती है जबकि बाकी पत्नियाँ सम्पत्ति के बँटवारे के लिए एक-दूसरे से झगड़ने लगती हैं। इसी बीच तानी अचानक उठ जाते हैं और रो रही पत्नी को अपनी भुजाओं में जकड़ने का प्रयास करते हैं। वह उसके साथ सम्भोग करना चाहते हैं लेकिन पत्नी अचानक के इस हमले से डरकर तत्काल सामने जल रही आग में कूद जाती है। तानी हवस में इतने अन्धे हो जाते हैं कि वह आग से ही सम्भोग करने लगते हैं। इसमें उनका लिंग जल जाता है।

आहत आबोतानी अपनी सभी बाकी पत्नियों को तीर-धनुष से मारने लगे। एक पत्नी—'पोआक याखा' (काली कौवी) अपने बच्चों के साथ ओआक्-ओआक् करती हुई उड़कर चली गई। उस दिन से मनुष्य के साथ उसका रहना छूट गया। इसी तरह, बाकी सभी पत्नियाँ एक-एक कर भाग गईं। आबोतानी एक बार फिर अकेले हो गए।

यह कथा अलग-अलग लोगों ने अलग-अलग तरह से सुनाई, जिनमें से कुछ में तानी के लिंग के जलने की वजह दूसरी बताई गई थी। उनके मुताबिक, तानी का लिंग पत्नी को बचाने के प्रयास में जल गया था। तानी के पास तीसरी आँख थी। वे अग्नि से सम्भोग करने की मूर्खता कैसे कर सकते थे? मुझे यह बात तर्कसंगत लगी। मैंने इसी पाठ को इस संकलन के लिए चुना।

अग्नि से सम्भोग करना और मेढकी से विवाह करना आध्यात्मिक संकेत हैं; इनका अपना महत्त्व है। यह प्रकृति के साथ मनुष्य के गहरे सम्बन्ध को बताने के लिए एक सुन्दर संकेत है, परन्तु मैंने उन्हें चुना जो कुछ और भी कहते थे। आबोतानी साधारण लोककथाओं/किंवदन्तियों के नायक मात्र नहीं हैं। वे हमारे पूर्वज भी हैं। हमारी संस्कृति का आधार। वंश-गणना भी उन्हीं पर आधारित है। वे एक प्रकार की जीवन-शैली के प्रतीक भी हैं। इसलिए उनके सहज मानवीय रूप को ही ढूँढ़ना मेरा उद्देश्य था।

एक और कथा है—तानी की कई पत्नियाँ थीं। सब पति को अपनी तरफ आकर्षित करने के प्रयास में रहतीं। अच्छे से अच्छा भोजन तैयार करतीं। एक पत्नी द्वारा बनाया गया भोजन सबसे स्वादिष्ट होता था। एक दिन पता चला कि वह भोजन में अपने शरीर की चर्बी को काटकर डालती थी जिससे भोजन अधिक स्वादिष्ट हो जाता था।

कुछ लोगों के अनुसार, भोजन में वह अपना थूक डालती थी जबकि कुछ अन्य ने बताया कि वह अपनी योनि की गन्दगी को डालती थी, जिससे स्वाद बढ़ जाता था। थूक और योनि की गन्दगी से स्वाद का बढ़ जाना बेहूदा, बेतुका और अतार्किक है। स्त्री का इतना गन्दा रूप प्रस्तुत करने के पीछे क्या उद्देश्य हो सकता है? युगों से इस प्रकार की कथाओं ने स्त्रियों का मानसिक बलात्कार किया है। आप अपनी मर्ज़ी से कथाओं को गढ़ नहीं सकते। मेरे पास चुनाव का अवसर था। तानी की वह पत्नी अपने ही शरीर की चर्बी काटकर भोजन में डालती थी या नहीं, यह पता करना सम्भव नहीं है, लेकिन इतना मुझे पता था कि चर्बी से स्वाद अवश्य बढ़ता है। इसीलिए मैंने इस कथा का वह रूप चुना जिसमें चर्बी वाली बात थी और बाकी को छोड़ दिया। सभी कथाएँ मैंने इसी प्रकार लिखीं। पाठकों को इस बात का आभास शायद नहीं

होगा कि इन्हें इस तरह लिखना कितना कठिन रहा होगा। एक ही कथा को अनेक लोगों से सुनना और उसके सभी रूपों की परस्पर तुलना कर सटीक रूप का चुनाव करने में रात-दिन एक करना पड़ा। सपने में भी उन कथाओं में ही विचरण करती और आधी रात में सोते से जाग पड़ती थी। तुरन्त उठकर डायरी में कुछ-न-कुछ लिख लेती थी।

तानियों की कौन-सी कथा अज्ञात है? कौन-सी कथाएँ आबोतानी की हैं, यह समझना और इसके बाद उन्हें क्रम से सजाना बहुत ही श्रम का काम था। वे तानियों की विकास-यात्रा का भी प्रतीक हैं। अत: बहुत ही सावधानी से काम करने की आवश्यकता थी। सम्पूर्ण तानी जीवन को इन कथाओं में देखा जा सकता है।

मैंने इन कथाओं के संकलन के लिए यात्रा की शुरुआत सबसे पहले स्थानीय लेखकों की किताबों को पढ़ने से की। इस बात का खास खयाल रखा कि इन लेखकों की कोई भी किताब मुझसे छूटने न पाए। बेशक उनमें जानकारियाँ बहुत थीं। छिटपुट तानी कथाएँ भी दी गई थीं, किन्तु कोई भी कथा अथवा जानकारी जड़ों तक नहीं जाती थी। उनमें उसकी बात ही नहीं की गई थी जहाँ से कर्मकांड, रीति-रिवाज, परम्पराएँ, भाषा आदि का जन्म हुआ है। हालाँकि इनसे बहुत मदद मिली क्योंकि इन सभी में वे सारी जानकारियाँ और सूचनाएँ थीं, जिनके सहारे मैं किताबों से निकलकर अपने आस-पास के घरों और गाँवों में जा-जाकर तानी लोककथाएँ ढूँढ़ सकती थी। मैंने इटानगर और उसके आस-पास बसे गाँवों और कस्बों की यात्राएँ कीं। किसी भी गाँव या कस्बे को भी नहीं छोड़ा। इन्हीं इलाकों में महीनों लग गए। अन्तत: काम पूरा हुआ।

शुरुआत के लोगों में दो बहुत ही खास नाम हैं जिन्होंने मेरी मदद की—जोराम रिन्यी और नाबाम एपा। दोनों ही अब नहीं रहे। रिन्यी, मेरी माँ, जब से होश सँभाला तब से मुझे कहानियाँ सुनाती हुई ही मिली; खासकर तानी कथाएँ। दूसरे थे—नाबाम एपा। निरक्षर, मनमौजी, मसखरेबाज, बेफिक्र। उन्हें मैं एक महान कथावाचक मानती हूँ। तानी समुदायों की ढेरों कथाएँ उन्होंने पूरे हाव-भाव के साथ बेहद रोचक ढंग से सुनाईं। काश, मैं उन्हीं की तर्ज पर रोचक ढंग से इन कथाओं को लिख पाती! आबोतानी उनमें मानो जिन्दा हो जाते थे।

मेरा विषय पूर्वजों पर केन्द्रित था। जिम्मेदारी बहुत बड़ी थी। इसके लिए घर बैठे या कुछेक लोगों से ही सुनकर लिख लेना गैर-जिम्मेदाराना काम होता। ऊपर से किसी एक विशेष समुदाय को ही लेकर काम नहीं करना था। पाँचों तानी समुदायों को एक साथ लेकर चलना था। एक व्यापक क्षेत्र मैंने चुन लिया था, जिसको पूरा करने के लिए मुझे स्वयं भी 'न्यीसीपन' से ऊपर उठकर सिर्फ और सिर्फ 'तानीपन' को अपने भीतर मजबूती से लेकर चलना था। यह मेरे लिए बहुत बड़ी चुनौती थी।

एक बहुत ही सौम्य व्यक्ति हैं, ताम्यो तागा। उन दिनों वे विधायक थे। पता चला, वे तानी कथाओं के ज्ञाता हैं। उनसे जब मिली तो मैं गद्गद हो गई। वे वास्तव में ऐसे ही थे। उन्होंने बहुत सारी कथाएँ सुनाईं। उनके अलावा नाबाम ताता और उनकी बेहद सहज, सरल अर्धांगिनी से भी कई जानकारियाँ मिलीं वे दोनों अपने पूर्वजों के प्रति भावुकता से भरे शख्सियत थे।

एक अनुभव मुझे पढ़े-लिखे बुद्धिजीवियों से प्राप्त हुआ, जिसकी अपेक्षा मैंने कभी नहीं की थी। कई लोगों को लगता था कि तानी पर काम करने की हिम्मत मैंने कैसे कर ली? चूँकि कई रीति-रिवाज, प्रथाएँ, परम्पराएँ और आस्था-विश्वास तानी से जुड़े हुए हैं, इसलिए यह एक विस्तृत और कठिन विषय है जिस पर हर कोई काम नहीं कर सकता। उनका इस तरह से सोचना आंशिक तौर पर सही भी था; क्योंकि मैं स्वयं भी पक्के तौर पर नहीं जानती कि इस लेखन के द्वारा अपने पूर्वजों के प्रति वैसा न्याय कर पाई या नहीं, जिसके वे हकदार हैं।

कुछ लोगों को लगता था कि इस काम के लिए अभी मैं परिपक्व नहीं हूँ। मेरे ही जैसे शिक्षा-क्षेत्र से जुड़े हुए लोगों ने भी जितना हो सका, मुझसे दूर ही रहने का प्रयास किया। इसके अलावा बार-बार किसी के घर जाने पर कुछ समुदायों के लोग तो मुझे देखते ही टेलीफोन पर अपने समुदाय के लोगों से अपनी बोली में सलाह-मशवरा करने लगते थे। मुझे निराशा ही हाथ लगती।

कई लोग पहले-पहल गर्मजोशी से मिलते थे, लेकिन मेरा उद्देश्य जानने के बाद बगलें झाँकने लगते थे। एक तथाकथित लेखक ने तो इतनी डाँट लगाई कि मेरी आँखों से आँसू निकल पड़े। उन्होंने कहा था, "कल की लड़की इस

पर काम करेगी? वह भी एक लड़की? जानती हो, मैं कितनी किताबें लिख चुका हूँ? पूरी पाँच! फिर भी मैं इस काम को कर नहीं पाया। अच्छा बताओ, बताओ क्या-क्या जानती हो? क्यों लगता हैं कि तुम कर सकती हो? किसने इजाजत दी?"

इस प्रकार के अनुभवों के बाद मैंने तय किया कि इन पढ़े-लिखे लोगों के पीछे पड़ने के बजाय मैं गाँवों में, जंगलों में अनपढ़, गँवार, असभ्य कहे जानेवाले लोगों के पास जाऊँगी। पूरा यकीन था कि वे मुझे हृदय से लगाएँगे और मेरे जाने पर ऐसा ही हुआ। वे अभी ज्ञान के अहंकार और ईर्ष्या से दूषित नहीं हुए हैं। अपने पूर्वजों के प्रति उनमें पूरी श्रद्धा है। वे ही स्वच्छ जल का स्रोत हैं। वैसे कई लोग मुझे गले से लगाकर भावुक हो जाते थे।

जीरो में एक आपातानी बुजुर्ग राह चलते मिले। जंगल था। कन्धे पर लकड़ियाँ लादे जल्दी-जल्दी दौड़ते हुए चले जा रहे थे। मैंने 'आबो' कहकर पुकारा तो स्नेहसिक्त, प्रश्नवाचक नजरों के साथ ठिठककर खड़े हो गए। हम रास्ते के किनारे बैठ गए। तीन-चार तानी कथाएँ सुनाने के बाद उन्होंने मुझसे कहा, "बेटी, आबोतानी पर खूब लिखो। हमें वही एक कर सकते हैं। एक ही रक्त है हमारा। एक ही पूर्वज से बहते हुए आए हैं। यह नदी, हवा, सूर्य, चन्द्र, पेड़, पौधे—सब हमारे पूर्वजों के निशान हैं। देखो, हम अब भी साथ-साथ ही चल रहे हैं। है न? बस, देखना आना चाहिए। आजकल के बच्चे अन्धे और बहरे हो रहे हैं।"

मैंने अपने चारों तरफ खड़े पेड़ों को देखा। एक सिहरन-सी दौड़ गई थी देह में। अनकहा, अज्ञात मेरे समक्ष खड़ा था। मेरी प्यास बढ़ गई। उस आपातानी बुजुर्ग का इस तरह मिलना चमत्कार-सा था...।

बासार पहुँचते ही वहाँ के ए.डी.सी. से गेस्टहाउस में रूम के लिए कहने गई। स्वागत बहुत ही गर्मजोशी से हुआ। उन्होंने बेल बजाकर चपरासी को बुलाया और तुरन्त चाय लाने को कहा। मैंने बहुत ही उत्साह से बताया कि मैं यहाँ किस उद्देश्य से आई हूँ। वे भी खुश हुए। मैंने अपना नाम बताया—मेरा नाम जोराम यालाम नाबाम है। 'नाबाम' शब्द सुनते ही उनके चेहरे पर एक भाव उभरा जो मुझे अच्छा नहीं लगा और मैं कहते-कहते रुक गई। वे कहने

लगे, "नाबाम तुकी क्या लगते हैं आपके?" मैंने उनको बताया कि वे मेरे पति के चाचा हैं। उन्होंने कहा, "आप जिस काम के लिए यहाँ आई हो वह तो एंथ्रोपोलॉजी विभाग का है? आपको यह करने की क्या जरूरत थी?" मैंने कहा, "सर, रूम चाहिए गेस्टहाउस में।" वे बेल बजाने लगे, लेकिन कोई नहीं आया। चायवाला तो कभी लौटकर आया ही नहीं।

राजनैतिक परिवार से हूँ, परन्तु मैं राजनीतिक नहीं हूँ। होती भी तो मेरे साथ इस तरह का व्यवहार अवांछित था क्योंकि मैं नहीं जानती कि उनके और नाबाम तुकी के बीच क्या समस्या थी? मेरे काम को किसी और के साथ जोड़कर देखा जाना पीड़ादायक था।

बासार से आगे एक बेहद ही सुन्दर गाँव है—बाम। वहाँ के उन बुजुर्ग को कैसे भूल सकती हूँ, जिन्होंने बहुत ही प्रेम से कई कथाएँ सुनाने के बाद अपने बदन पर लटक रहा चाकू उतारकर मुझे भेंट करते हुए कहा था, "किताब छप जाए तो उसे मैं अपने हाथों से छूना चाहूँगा। तुम आओगी न?" छह साल से अधिक समय पहले कही गई उनकी यह बात मुझे रोमांचित कर देती है। मुझे नहीं पता कि वे बुजुर्ग अब हैं या नहीं, लेकिन यह किताब छपने के बाद उनके स्थान पर अवश्य जाऊँगी। नहीं होंगे तो उनके कब्र का स्पर्श करते हुए यह पुस्तक उन्हें समर्पित करूँगी।

बाम के बाद आदी गाँव आया। वहाँ घरों का निर्माण बहुत ही सलीके और अनुशासन के साथ किया गया था। इतना सुन्दर गाँव था कि एक रात वहीं ठहर जाने का मेरा मन हुआ। मेरी खुशकिस्मती थी, उस दिन उनकी सामूहिक पूजा चल रही थी। गाँव से कुछ दूरी पर ग्रामीण जन पूजा की वेदियाँ लकड़ी, घास इत्यादि से बना रहे थे। गाँव के प्रत्येक प्रवेश मार्ग पर अपने पारम्परिक-धार्मिक प्रतीकों को लगा रहे थे ताकि कोई विपरीत हवा गाँव में प्रवेश न कर पाए।

वहीं जंगल में ही बैठकर उन लोगों से दिन भर कथाएँ सुनती रही। पुजारी बीच-बीच में कहते थे, "अरे, थोड़ा दारू तो पी लूँ।" युवा लड़के वेदियों का निर्माण कर रहे थे और कथाएँ भी सुनते जाते थे। प्रकृति से संवाद करना क्या होता है, हमने वहाँ भी देखा। अनेक प्रकार के हथियारों के दर्शन भी किए।

जंगली कहे जानेवाले लोग इतने कलात्मक और अनुशासित कैसे हैं—यह देखते ही बनता था।

रास्ते में जो भी गाँव अथवा घर आते गए, मैं उन सभी में दाखिल हुई। कोई गाँव खाली मिलता तो मैं खेतों में चली जाती जहाँ कोई-न-कोई मुझे मिल ही जाता। इस तरह मेरे पूर्वजों के कुछ-न-कुछ निशान मिलते ही गए। कई प्रतीकात्मक शब्द मिले, जो बेहद अनमोल थे।

दापोरिजो के कई गाँवों में भी मैं गई। वहाँ के लोग खिलाने-पिलाने में सबसे आगे थे, बहुत ही दिलदार। वहाँ एक मजेदार वाकया हुआ, जिसे कभी नहीं भूल सकती।

किसी ने बताया कि एक तागिन पुजारी हैं जो तानी कथाओं के ज्ञाता हैं। उनसे कुछ जानना हो तो उनके पास दारू लेकर जाना चाहिए। बच्चे को गेस्टहाउस में ड्राइवर और आया के साथ छोड़कर सुबह के चार बजे मैं पुजारी के पास चली गई। बीयर का एक कार्टन रात में ही लेकर रख लिया था। एक स्थानीय व्यक्ति मेरे साथ था।

दापोरिजो बाजार के कोने में ट्रेन के कटे हुए डिब्बे-सा काठ और टीन से बना एक लम्बा घर था। घर के 'बाग़' (प्रवेश द्वार) में एक हट्टा-कट्टा आकर्षक-सा बुजुर्ग बैठकर मजे से दारू पी रहा था! सुबह-सुबह दारू! मेरा सिर चकरा गया। कैसे बात करूँगी? कुछ मिलेगा भी या नहीं? मुझे देखते ही वे जोर-जोर से कहने लगे, "क्या? हाथ में लिखने-पढ़ने का सामान लेकर आ रही हो! पूछने आई होगी? जानने आई होगी? लिखेगी फिर बेच खाएगी। सब ऐसा ही करते हैं। नालायक लोग! कुछ भी बचाते नहीं। मुझे क्या मिलता है? पैसे दो पहले! ' मैं नर्वस हो गई। मेरे साथी ने कहा, "यह ऐसा ही है। डरो मत, बहुत दिलदार है।" उसे सुनकर वे बुजुर्ग कहने लगे, "मस्का मारता है, हाँ? कम चालाक नहीं हूँ तुम लोगों से, समझे! चल, पैसे निकाल!" मैं रुआँसी हो गई। कुछ क्षण वे मेरी तरफ ताकते रहे, फिर कहने लगे, "चल-चल पूछ क्या जानना है? नाटक करती है!" दरवाजे से चिपककर कुछ बच्चे मेरी तरफ टुकुर-टुकुर देख रहे थे। दो महिलाएँ मुस्कुराती हुई मेरे अगल-बगल खड़ी हो गईं।

सूर्योदय का सुख इस बरामदे ने कभी नहीं देखा होगा क्योंकि सामने बाँस के लम्बे-लम्बे पेड़ थे, जिन्होंने घर को इस तरफ से ढक रखा था। घर के कुछ नीचे हल्के ढलान से एक नदी के बहने की आवाज आ रही थी। बारिश के मौसम में पानी का स्तर इधर घर तक तो आ ही जाता होगा।

खैर, धीरे-धीरे हम खुलने लगे। उनकी आवाज और हाव-भाव कोमल और स्नेहसिक्त होते गए। उन्होंने बहुत सारी कथाएँ सुनाईं। वे सचमुच ज्ञानी कथावाचक थे। उन्होंने प्रकृति से संवाद के रहस्य भी बताए। मैंने पाँच हजार रुपये उनके हाथ में थमाए तो वे ना-ना कर उठे। कहने लगे, "पूर्वजों से सजा दिलवाओगी? अशुभ सपनों से वे मुझे डराएँगे। मरने के बाद उन्हीं के पास ही तो पहुँचना है हमें। कहेंगे, हमें बेचकर आए हो। क्या जवाब दूँगा उन्हें? पागल लड़की! चल हट, जा!" उनकी डाँट में स्नेह का स्वर था। उस स्नेह वर्षा में मैं भीग गई। उस अक्खड़ लेकिन ममताभरे तागिन पुजारी में उस सुबह मैंने अपने पूर्वज की ही झलक पाई।

इतना अनमोल अनुभव किस यात्रा में मुझे मिल सकता था! जहाँ कहीं गई, हमारे पूर्वज निरक्षर गाँव वालों के ही रूप में मुझसे मिले। उनमें से अधिकतर लोगों ने मुझे प्रकृति से संवाद करने का कोई-न-कोई ढंग अवश्य बताया। अफसोस है कि मैं फिर भी उनके स्तर तक नहीं पहुँच सकती। ऐसे ही रहे होंगे हमारे सारे ज्ञात-अज्ञात पूर्वज। भौतिक विकास शायद लोगों की मानसिक स्थिति को कुन्द कर देता है; उन्हें संवेदना से कुछ दूर कर देता है...।

इस यात्रा के अन्त में जो अनमोल रत्न मिला, वह था—'सन्नाटों का आकाश'। एक कथा के बाद दूसरी कथा, एक व्यक्ति के बाद दूसरा व्यक्ति मिलते गए। प्याज के छिलकों की तरह कथाओं के माध्यम से तानी रूपी रहस्य के पर्दे उतरते गए...उतरते गए...और अन्त में मिला 'जिमी-जमा' अर्थात शून्य आकाश।

कथाओं की समीक्षा का काम सहृदय पाठकों पर छोड़ती हूँ, लेकिन जिन्हें इन कथाओं के माध्यम से नहीं जाना जा सकता, उन्हें संक्षेप में मैं अपनी तरफ से लिख देना आवश्यक समझती हूँ। संक्षेप में इसलिए कि प्रत्येक तानी समुदाय पर विस्तार से चर्चा इस किताब के कलेवर में समेटना सम्भव नहीं है।

न्यीशी समुदाय में जन्मी, पली-बढ़ी हूँ; स्वाभाविक है कि दर्शन से सम्बन्धित जानकारियाँ, उदाहरण इत्यादि अधिकतर न्यीशी समाज से ही लिए हैं।

तानी भाषा और दर्शन जैसे विषय पर अभी तक किसी ने कोई शोध नहीं किया है, न ही इस सम्बन्ध में किसी तरह के लेख लिखे गए हैं। पूर्व में जिन लोगों ने यहाँ के आदिवासियों पर शोध किया है, उन्होंने सिर्फ स्थानीय रीति-रिवाजों, विश्वासों, आस्थाओं, प्रथाओं और कर्मकांड पर लिखा वह सब अधिकतर सतही ही है। वास्तव में ज्यादातर शोधार्थियों ने तानी भाषा और दर्शन जैसे विषय को पूर्णत: अछूता छोड़ दिया। अत: इस पर जो कुछ भी मैंने लिखा है, वह भिन्न-भिन्न स्थानों तथा सभी तानी समुदायों के अनेक लोगों—विशेषकर बुजुर्गों के साथ किए गए वार्तालापों पर आधारित है।

एक विशेष बात और—इन विषयों के शोधकर्ता अक्सर पुजारियों द्वारा दी गई जानकारियों का ही हवाला देते हैं जबकि एक साधारण-से-साधारण व्यक्ति के पास उनसे भी कहीं अधिक ज्ञान मैंने पाया। मसलन, पूजा की वेदियों पर बनी आकृतियाँ, कब्र निर्माण के ढंग तथा उन पर बने संकेतों के बारे में पुजारी भी सतही जानकारी ही देते थे।

प्रकृति से संवाद के सम्बन्ध में थोड़ा ही सही, परन्तु जिन लोगों ने महत्त्वपूर्ण जानकारियाँ देकर मेरी मदद कीं, उनमें मेरे पिताजी प्रथम व्यक्ति रहे हैं। बचपन से देखती आई हूँ, वह पत्थरों से संवाद करते थे। किसी को यह मूर्खतापूर्ण लग सकता है, परन्तु जो लोग करते हैं वे अपने ढंग से करते हैं, वे उत्तर के लिए प्रतीक्षा नहीं करते। दरअसल, उनको माध्यम बनाकर वे स्वयं से ही वार्तालाप करते हैं, परन्तु उनके साथ सम्बन्ध जोड़ते हैं मौन में। उन्हें देखने के लिए उनके पास अपनी ही अनूठी दृष्टि होती है। उनसे कुछ माँगा नहीं जाता, बल्कि उन्हें समझने का यह एक ढंग होता है।

प्रकृति अपने आप में एक परम अनुशासन है। इसे समझने के बाद मनुष्य स्वतंत्रतापूर्वक जी सकता है। पत्थर नहीं होता तो हमारा होना भी मुश्किल होता। इन्हें पूजा नहीं जाता। इनके साथ एक सम्बन्ध स्थापित किया जाता है क्योंकि हम साथ-साथ रहते हैं। हम सहचर हैं। इसीलिए आज भी गाँव वाले कहते हैं—पड़ोसी को समझना प्रथम अनिवार्य नियम है। यही प्राकृतिक धर्म है।

अब तक आदिवासी लोग जीवन को सिद्धान्तों में नहीं बल्कि वास्तव में जीते आए हैं; इसलिए उनकी विश्वदृष्टि या जीवनदृष्टि पर कोई लिखित दस्तावेज नहीं मिलता—खासकर अरुणाचल प्रदेश के सन्दर्भ में। मिलता भी है तो केवल कर्मकांड आदि की जानकारियों के रूप में ही। मुझे लगता है कि तमाम समाज और समुदायों का जिस रफ्तार से भौतिक विकास हो रहा है, उससे लोग धीरे-धीरे जीवन को कल्पनाओं में जीने लगेंगे। चूँकि जीवन कल्पना नहीं है, सत्य है। वह है। कल्पनाएँ अनेक अनावश्यक नियमों का निर्माण करने लगती हैं जो कब मानवता के विरुद्ध खड़ा होने लगेंगी, इसका पता लगते-लगते अक्सर देर हो जाती है। प्रकृति से दूर हो जाने पर ऐसा होना स्वाभाविक है। ऐसा होना खतरनाक होगा।

विकसित कहे जानेवाले समाजों ने जंगली मानकर जिन मानव समुदायों की उपेक्षा की, वे तो विज्ञान को वास्तव में दैनन्दिन जीवन में जीते हैं। जो जितना ही प्रकृति के नजदीक होगा, वह उतना ही वैज्ञानिक स्वभाव वाला होगा। इसको देखने के लिए पूर्वग्रहों से मुक्त होकर इन 'जंगली' मानव-समुदायों के करीब आना होगा।

ग्रीक दार्शनिक पाइथागोरस ने जब 'फिलोसॉफी' शब्द का ईजाद किया होगा, उस वक्त उनकी मन:स्थिति गर्भ की ओर लौटने की ही रही होगी। आदमी ने अनुशासन और नियम के नाम पर अपने लिए जाल बुन लिया है, जिसके चलते लौटना आसान होते हुए भी कठिन हो गया।

पाश्चात्य विचारक एलन वाट्स बताते हैं कि किस तरह सभ्य कहा जानेवाला व्यक्ति प्रकृति से दूर हो जाता है और वास्तविकता से उसका सम्पर्क टूट जाता है—"जो व्यक्ति हर वक्त विचारों में ही डूबा रहता है, उसके पास सोचने के लिए विचार के अलावा कुछ भी नहीं होता। इसलिए वह वास्तविकता से दूर हो जाता है और काल्पनिक दुनिया में जीता है।"

प्रकृति के स्वतंत्र सिद्धान्त को फिर से समझने की आवश्यकता है। आदिवासियत इसी से बना है। यह मानवता को एक नई दिशा दे सकता है। इसको संकुचित अर्थों में देखना इसके प्रति अन्याय होगा।

एक बात और। इस किताब पर जब काम करना प्रारम्भ किया था, तब

मेरे दिमाग में एक बात स्पष्ट थी; तानी समाज में पाए जाने वाले धार्मिक-आध्यात्मिक विश्वास और उनसे जुड़े लोकाचार अन्य समाजों से स्वाभाविक रूप से अलग हैं। उनकी चर्चा के क्रम में मुझे दूसरे समाजों से आने वाले धार्मिक संगठनों पर दोषारोपण नहीं करना है, बल्कि हमारी अपनी कमियों को समझते हुए खूबियों को बाहर लाना है, जिसके अभाव में हम अपने चारों ओर कोई सुरक्षा कवच बनाना ही भूल गए थे। क्योंकि जब हम स्वयं तैयार नहीं हैं तो किसी अन्य के आक्रमण का बुरा क्या मानना। उनके स्थान पर हम होते तो हो सकता है हम भी वही कर रहे होते; आखिर मनुष्य ही तो हैं। इसके बावजूद तानी समाज के धार्मिक-आध्यात्मिक पक्ष और उससे जुड़े मसले का थोड़ा सा संकेत कर देना मैं उचित समझती हूँ।

अरुणाचल प्रदेश के आदिवासियों को धार्मिक दृष्टि से चार वर्गों में बाँट सकते हैं—

(क) बौद्ध
(ख) तानी (प्रकृतिवादी)
(ग) वैष्णव (हिन्दू)
(घ) ईसाई

तानी समुदाय बुनियादी रूप से प्रकृतिवादी है, अत: धर्मान्तरण की प्रक्रिया उन पर अधिक लागू होती है। अन्य धर्मों के लोग, मसलन ईसाई और हिन्दू भी प्रकृतिवादी लोग ही थे, जिनका कालान्तर में धर्म परिवर्तन हुआ। ईसाइयों के अनुसार प्रकृतिवादी लोग शैतानों को पूजने वाले लोग हैं, अन्धकार में जीने वाले लोग हैं, अत: इन्हें ईसा मसीह की रौशनी में आ जाना चाहिए। उन्होंने सेवा के कई रास्तों से हमारे जीवन में प्रवेश करना प्रारम्भ किया। कुछ प्रकृतिवादियों को यह अपमानजनक लगने लगा। अपने इतिहास, अपनी पहचान और पूर्वजों से अपने सम्बन्धों को ऐसे कैसे खत्म कर दें? नहीं, यह हम नहीं होने देंगे। इसी बीच किसी ने उनके कन्धे पर हाथ रखते हुए कहा, 'तुम शैतान को पूजने वाले नहीं हो। तुम तो हिन्दू हो! मैं हिन्दू हूँ! तुम भी सूरज को पूजते हो, मैं भी सूरज को पूजता हूँ। देखो, हम एक ही तो हैं।' इस अपनेपन ने उनको बड़ा सहारा दिया। इससे एक तरह का आन्दोलन शुरू हो गया।

यदि हम हिन्दू हैं तो इसका अर्थ है कि संसार के प्रत्येक देश के आदिवासी भी हिन्दू हैं। क्योंकि आदिवासी मात्र भारत में ही तो नहीं रहते। वर्तमान में अरुणाचल प्रदेश में इन दोनों, अर्थात हिन्दू तथा ईसाई के बीच खाई बढ़ती जा रही है। आखिर हम चाहते क्या हैं? नफरत अथवा समस्या का समाधान? इसलिए मैं न इधर न उधर हूँ; जो वास्तविकता है, मैंने उसी को खोजने का प्रयास किया है। मैंने तानी समाज की वास्तविक पहचान को रेखांकित करने का प्रयास किया है। किसी अन्य नाम को अपनी पहचान बताने का अर्थ है कि हमें अपने पर ही विश्वास नहीं है, हम स्वयं के प्रति हीनताबोध से ग्रस्त हैं। और यह खतरनाक मानसिक रोग है। इससे हम स्वयं ही अपना नाश कर लेंगे।

जिन समुदायों ने अपनी पहचान मिटाकर दूसरों के नाम को अपना लिया; उनको प्रारम्भ में भले ही खुशफहमी हुई हो लेकिन अन्तत: उन्हें अपने इतिहास, भाषा, दर्शन आदि सबसे वंचित होना पड़ा। अब उनकी नई पीढ़ी एक भिन्न तरह की समस्या से जूझ रही है; और एक नया परन्तु दुखद इतिहास बनने लगा है। पूर्वजों का किया-धरा कोई और क्यों भुगते? ईश्वरों के नाम पर पीढ़ी-दर-पीढ़ी के लिए सन्ताप पैदा करने का अर्थ क्या है?

धर्मान्तरण को मैं व्यक्तिगत तौर पर बुरा नहीं मानती। जिनको जो भी धर्म अच्छा लगता हो उन्हें वह धर्म और संस्कृति चुनने का पूरा हक मिलना ही चाहिए। लेकिन जब लोगों का धर्म परिवर्तन किन्हीं के लिए मिशन हो जाता है तो इसे मैं सामाजिक और धार्मिक अपराध के रूप में देखती हूँ। इससे किसी सम्पूर्ण समाज और समुदाय के अस्तित्व पर खतरा मँडराने लगता है, उनकी पहचान के खत्म होने की आशंका खड़ी हो जाती है। कभी शिक्षा के नाम पर, कभी देवी-देवताओं के नाम पर, कभी मन्दिर-गिरजाघर इत्यादि के नाम पर, तो कभी स्वास्थ्य सेवाओं के नाम पर वे सेवादार बनकर आते हैं। क्या सचमुच हमें उनसे सेवा चाहिए भी? उन्हीं से सेवा चाहिए तो सरकार और संविधान की भूमिका क्या है? यह तो महँगा सौदा हुआ। इसके सम्भावित परिणाम अच्छे नहीं कहे जा सकते। आदिवासियों की जमीनें इन्हीं सेवादारों ने लेनी शुरू कर दीं। इसके बदले उन्होंने अपने भगवान और धर्मग्रन्थ हमारे हाथों में रख दिए।

यह तो मानना ही पड़ेगा कि हिन्दू और ईसाई मात्र नहीं, बल्कि प्रत्येक धर्म वाले लोग आदिवासियों के पीछे ही पड़े हैं। सरकार यदि चाहती है कि आदिवासियों की पहचान बची रहे तो उसको धर्म परिवर्तन को लेकर अधिक चिन्तित होने के बजाय जनगणना प्रपत्र में इनके नाम को वापस डाल देना चाहिए, ताकि ये भ्रमित न हों और अपनी ही पहचान के साथ रह सकें। इससे धर्म परिवर्तन रुक तो नहीं जाएगा, लेकिन बहुत कम हो जाएगा। एक तरह का सन्तुलन आएगा।

भारतीय जनगणना के प्रपत्र में 1871 से लेकर 1941 तक भारतीय आदिवासियों को अलग-अलग नामों से चिह्नित किया गया—अबोर्जिनल, इंडिजिनस, ट्राइबल, एनिमिस्ट। अध्ययन से पता चलता है कि इन प्रपत्रों में आदिवासियों की जनसंख्या कम नहीं थी। लेकिन जब आजाद भारत में प्रथम जनगणना 1951 में हुई तब एक तरह का भ्रम उत्पन्न हो गया। आदिवासियों से पूछा जाने लगा कि वे कौन हैं? इसका परिणाम यह निकला कि बाद वाली जनगणनाओं में उनकी संख्या घटती गई। वे कभी खुद को हिन्दू, कभी ईसाई, कभी बौद्ध मानने लगे। नहीं तो उनकी संख्या घटी कैसे? उनको जमीन खा गई या आसमान निगल गया? कहाँ गए वे लोग? वस्तुत: प्रपत्र में उनकी पहचान को पहले की तरह नहीं रखा गया था। हिन्दू, ईसाई, बौद्ध, जैन, सिख सब थे—नहीं थे तो आदिवासी। उनको अनुसूचित जनजाति के रूप में रख दिया गया। यह पहचान नहीं बल्कि कानूनी प्रावधान है जिसका उद्‌देश्य आदिवासियों को कुछ सुविधाएँ मुहैया करवाना है। यह सरकारी व्यवस्था है। व्यवस्था मात्र किसी एक समुदाय के लिए तो नहीं होती। सबको अपनी-अपनी पहचान के साथ ही इन प्रावधानों का लाभ लेने का हक मिला, तो आदिवासियों को क्यों नहीं? आपकी पहचान आपके नाम से ही तो शुरू होती है। इसके बिना पहचान बचाने का अर्थ क्या है? अनुसूचित जाति के लोग अपनी पहचान हिन्दू लिखते हैं, और अनुसूचित जाति वाले प्रावधान का लाभ भी लेते हैं। ठीक उसी तरह आदिवासी हमारी पहचान है, इसी नाम के साथ हमें अनुसूचित जनजाति वाले प्रावधान का लाभ मिलना चाहिए।

किसी भी समाज, संस्कृति अथवा सभ्यता के केन्द्र में एक दर्शन होता

है। जीवन को, इस सम्पूर्ण अस्तित्व को कोई समाज जिस दृष्टि से देखता है, उसी से उसकी संस्कृति बनती है। भिन्न-भिन्न संस्कृतियों के निर्माण का यही आधार है। इसी विभिन्नता में एक तरह का अस्तित्वगत सन्तुलन आता है। आदिवासियत भी एक संस्कृति है जो अपनी विशिष्टताओं के कारण अन्य संस्कृतियों से अलग पहचान रखती है। लेकिन वह किसी की विरोधी नहीं है। वह विभिन्न संस्कृतियों के अस्तित्वगत सन्तुलन के खिलाफ नहीं है। मैं मानती हूँ कि जिस तरह हिन्दू, ईसाई अथवा किसी अन्य धर्म वाले लोग धर्मांतरण का काम करते हैं, वे इस अस्तित्वगत सन्तुलन के विरोध में हैं। यही मूल कारण था कि मैंने तानी कथाओं के साथ-साथ तानी दर्शन पर काम करना अति आवश्यक समझा।

अन्त में, प्रोफ़ेसर हरीश शर्मा का आभार जो हमेशा एक बड़े भाई की तरह मेरी हरसम्भव मदद करते रहे हैं। अपने प्रिय मित्र रजनीश सचान का आभार जिन्होंने व्याकरणिक अशुद्धियों को दूर करने में मेरी मदद करके भाषा के प्रति प्रेम का एक सुन्दर उदाहरण पेश किया। धन्यवाद मेरे पति नाबाम विवेक को, जिन्होंने हमेशा मेरा हौसला बढ़ाया। पारिवारिक मानसिक तनाव से मुक्त आरामदायक माहौल में अपनी लेखन यात्रा में सतत चलते रहना बहुत बड़ी बात है।

धन्यवाद उन तमाम लोगों का, जिन्होंने अपने पूर्वजों तक पहुँचने में मेरी मदद की—जिनके नाम अब मुझे याद नहीं। श्रद्धांजलि उन सभी लोगों को जो अब इस दुनिया से कूच कर चुके हैं और हमारे पूर्वज बन गए हैं—इस यात्रा में जिनसे मेरा मिलना हुआ था।

—जोराम यालाम नाबाम

तानी दर्शन

तानी दर्शन

सुनसान बंजर भूमि पर अचानक एक दिन अमृत बरसता है। एक बिरवा उग आता है। धीरे-धीरे उसकी शाखा-प्रशाखाएँ फैलने लगती हैं और वह पेड़ बन जाता है। उसके पत्तों का झुरमुट बनता जाता है। हवा में पत्ते लहराकर नाचते हैं। फिर एक समय आता है जब वे टूटकर गिरने लगते हैं। ऐसा लगता है मानो वे अपनी जड़ों की ओर लौट रहे हों; अपने पूर्वजों के पास...। हम पत्ते हैं। हमें धरती की ओर लौटना ही होगा।

बिना किसी संगठित धर्म, धर्म ग्रंथ, मन्दिरों, मूर्तियों, गुरु-शिष्य और साधू-संन्यासी परम्परा के तानी समाज सदियों से किस प्रकार अनुशासित रह सका? पाप-पुण्य, स्वर्ग-नर्क की कल्पनाओं के बिना यह कैसे सम्भव हुआ? उस पेड़ के बारे में जानना ही होगा कि किसने उसे जमीन से जोड़े रखा था? कौन है जो हमारी नसों में दौड़ता-फिरता रहता है? यह शरीर कितने पूर्वजों से होकर यात्रा करता हुआ हम तक आया है? वे कोई तो थे जिनके कारण हम हैं! वे नहीं होते तो हम कैसे होते? सृष्टि किस तरह एक-दूसरे से जुड़ी हुई है? अस्तित्व में जो कुछ दिखता है, उसका हमसे क्या सम्बन्ध है? कहाँ से हम जन्म लेते हैं? प्रेम क्या है? विवाह क्या है? समाज क्या है? अनुशासन क्या है? व्यक्ति की निजता क्या है? सामूहिकता क्या है, उसका क्या महत्त्व है? क्या प्रत्येक वस्तु में प्राण तत्त्व है? जिन्हें हम जान ही नहीं सकते, उन पर प्रश्न क्यों नहीं करना चाहिए? पशुओं-पक्षियों के साथ हमारा व्यवहार क्या है?

इन और ऐसे अनेक अन्य प्रश्नों के उत्तर को जो लोग 'जीवन' में ही देखते हैं और जीवन को ही शास्त्र मानकर चलते हैं, वे आदिवासी हैं। ये

सारे प्रश्न हमें सम्पूर्ण अस्तित्व से जोड़ते हैं। यही तानी धर्म है। पुनर्जन्म की अवधारणाओं की अनुपस्थिति में यह कैसे सम्भव हुआ? आबोतानी नायक हैं, परन्तु वह उस प्रकार के नायक नहीं हैं जो आमतौर पर श्रेष्ठ कहे जाते हैं और लोगों के मन में अपने प्रति पूज्य भाव उत्पन्न करते हैं। इस भाव के बिना किस तरह यह समाज उस नायक के प्रति अपनी असीम श्रद्धा रख पाता है? उनसे किस तरह यह जुड़ता है और स्वयं को जोड़ता है? प्रकृति और मनुष्य के बीच की संवाद-कला ने किस तरह इन्हें एक सामाजिक अनुशासन का धर्म दिया? क्या इस व्यापकता को संगठित धर्म का नाम दिया जा सकता है?

हमें यह भी याद रखना होगा कि किसी धर्म का नहीं होना भी एक धर्म है। यह एक दृष्टिकोण है, जिसमें सत्य को अपने ढंग से देखा और समझा जाता है। 'आदिवासियत' शब्द ही अपने-आप में एक धर्म है। तो क्या धर्म की अवधारणा बाहरी प्रभाव है? इन्हीं प्रश्नों का उत्तर खोजने में 'जिमी-जमा' अथवा 'तानी-दर्शन' से मदद मिल सकती है।

जिमी-जमा

कहते हैं, प्रारम्भ में कोई रंग अर्थात दृश्य नहीं था। समय का भी अस्तित्व नहीं था क्योंकि रात और दिन बने ही नहीं थे। असीम अन्धकार व्याप्त था। मात्र सन्नाटे की गूँज थी। तानी दर्शन में इस अवस्था को नाम दिया गया—'जिमी-जमा'। यह गर्भ है। जिस प्रकार शिशु माता के गर्भ में होता है—होकर भी अपने अस्तित्व के प्रति अनभिज्ञ। इस होकर भी न होने की अवस्था को 'जिमी तानी' अथवा 'जमा तानी' कहा गया है। सृष्टि के सभी चर-अचर इसी से उत्पन्न होते हैं। इसलिए इसे 'जिमी आने' भी कहा गया है—अर्थात माता जिमी।

यह वास्तव में एक रहस्य है जो हमारी कल्पनाओं के भी परे है। इसे स्त्री ही मानकर कोई सीमा निश्चित न कर ली जाए; इसलिए इसे 'जमा आबो' अर्थात पिता भी कहा है। 'जिमी' स्त्री सूचक शब्द है, 'जमा' पुरुष सूचक; लेकिन ये वस्तुत: स्त्री-पुरुष भी नहीं हैं। ये नितान्त शून्य-सन्नाटे हैं। कुछ भी बताने के लिए शब्दों की, भाषा की आवश्यकता होती है। इसलिए उन्हें किसी-न-किसी शब्द से व्यक्त करना एक प्रकार से हमारी विवशता ही है। यही तानी दर्शन का मूल है।

असीम अन्धकार में एक रोज जिमी-जमा ने अपनी असंख्य आँखें खोलीं। ये आँखें हैं—सूर्य, चन्द्र और तारे। जिमी-जमा के आँखें खोलने से रौशनी का जन्म हुआ, समय अर्थात काल प्रारम्भ हुआ तथा दिन और रात अस्तित्व में आए। इस अवस्था को 'कोरियुम-कोल्ह' अथवा 'कयूम-केरो' कहा गया, जिसे 'कोरियुम-तानी' या 'कोलो-तानी' भी कहा जाता है।

'कोरियुम' का अर्थ अन्धकार और 'कोल्ह' का अर्थ प्रकाश है। इन दोनों

शब्दों को एक साथ जोड़कर भी प्रयोग किया जाता है, जोकि भविष्य के अर्थ में होता है—'कूरियम-कोल्ह' अर्थात आनेवाला समय। इसमें 'कूरियम' का शाब्दिक अर्थ है, परसों की रात। यह भूत के अर्थ में है। जबकि 'कोल्ह' का शाब्दिक अर्थ है—बहुत पहले/प्राचीन/आनेवाला कल या भविष्य। इस तरह अँधेरे और उजाले 'एक' का ही दो रूप हैं।

समय के अस्तित्व में आने के बाद धरती अस्तित्व में आई। इस पर जीवन के पनपने में बहुत समय लगा, क्योंकि सूरज ने पाँच बार अपना रूप बदला—

1. जीतर दोंयी—यह चरम गर्म था। यह जीवन नहीं दे सकता था। इसने प्रथम धरती को नष्ट कर दिया और अपनी ही गर्मी से स्वयं भी नष्ट हो गया।
2. जीयर दोंयी—यह जीतर से कुछ कम गर्म था, लेकिन तब भी इतना गर्म था कि कुछ समय बाद अपनी ही गर्मी से यह भी नष्ट हो गया।
3. जीकु दोंयी—यह जीतर और जीयर दोंयी से कुछ कोमल था, लेकिन यह भी जीवन के अनुकूल नहीं हो सका। यही कमी इसके नष्ट होने का कारण बनी। जिन्दा रहने के लिए इसको जीवनदायिनी धरती की आवश्यकता थी, जिससे यह मिल नहीं पा रहा था।
4. जीगी दोंयी—इसमें प्रथम तीन सूर्यों से अधिक कोमलता थी, लेकिन धरती अभी भी इसके साथ विवाह के लिए तैयार नहीं थी। कहते हैं, इसमें भी अभी अहंकार बचा हुआ था। इसलिए यह भी नष्ट हो गया।
5. जिनियाक दोंयी—यह सूरज का पाँचवाँ रूप था, जो जीवन के अनुकूल साबित हुआ। 'जिनियाक दोंयी' का शाब्दिक अर्थ है, माता की तरह कोमल और मृदुल। इसी के कारण पृथ्वी पर जीवन का आगमन हुआ। यह पालनहार है, माता है। इसकी भी अपनी एक समय-सीमा है। यह फिर से रूप बदलेगा। तब पृथ्वी का क्या रूप होगा, कोई नहीं जानता।

इस सृष्टि-कथा को सभी समुदाय थोड़े-बहुत अन्तर के साथ कहते हैं।

जैसे, आदी समुदाय में यह कथा इस प्रकार कही जाती है—'केयूम-केरो' से 'युम्कांग' (काले धब्बे) पैदा हुए। युम्कांग से 'कासी' का निर्माण हुआ जो युम्कांग का ही बढ़ता हुआ रूप था। 'कासी' से 'सियांग' बना। अब तक किसी का भी रूप विकसित और सही नहीं था, अत: वह बदलता गया जब तक सभी को उनके सही रूप नहीं मिल गए। सियांग से 'बोमुक' बना और बोमुक से 'मुक्सेंग' बना। इसी प्रकार मुक्सेंग से 'सदी' और सदी से 'मेलो' बने।

आज भी न्यीसी और आपातानी समुदायों के लोग कब्र का निर्माण इसी दर्शन का पालन करते हुए करते हैं। पाँच पड़ावों का प्रतीक बनाया जाता है। यह जन्म से लेकर मृत्यु के बाद तक की यात्राओं का प्रतीक होता है।

कहते हैं, सूरज चिर प्यासा है। सबको पैदा करता है और स्वयं ही सबको खा भी जाता है। इसकी गर्मी से धरती भी दो बार नष्ट हुई। जब वह तीसरी बार उत्पन्न हुई तो वह द्रव रूप में थी। इस अवस्था को 'रुलुम-रल्ह' कहा गया, जिसका अर्थ है—'जैलीनुमा आकृति'। वह कोई भी रूप अथवा आकार ले सकती थी। उसका सूरज ने स्पर्श किया। तब वह आहिस्ता-आहिस्ता बदलने लगी। वह सूरज के साथ तादात्म्य बिठाने में सफल हुई। इसे धरती और सूरज का विवाह माना जाता है।

सूरज माता है क्योंकि उसका गुण माता का है, लेकिन स्वभाव पुरुष का है अत: नाम रखा गया—दोंयी। 'दोंयी' शब्द पुरुषवाचक है। यही सूरज धरती के भीतर स्त्री स्वरूप 'आने दुग्नन' (माता अग्नि) के रूप में रहता है। भूकम्प का आना आने दुग्नन का करवट लेना माना जाता है। वस्तुत: सूरज सृजनकर्ता और संहारक, दोनों है।

सूरज, चाँद और धरती ने मिलकर जल, वायु आदि को जन्म दिया। तीनों के इस सम्बन्ध को भी वैवाहिक माना गया, क्योंकि विवाह में दो शरीर अदृश्य रूप से एक हो जाते हैं और नये जीवन को जन्म देते हैं। इनके सम्बन्ध को इस तरह देखा जाना सत्य के अधिक करीब माना जा सकता है।

कहते हैं, बारिश की बूँदों के साथ विभिन्न प्रकार के पेड़-पौधों, मानवों और पशु-पक्षियों ने जन्म लिया। इसी कारण तानी लोग आज भी कहते हैं—हम 'न्योदो' अर्थात बारिश की सन्तान हैं।

सूर्य, चन्द्र और धरती के मिलन से जो जीव पैदा हुए, उन्हें निम्नलिखित श्रेणियों में विभाजित किया गया—

1. निग तानी—पेड़-पौधे तथा पंखधारी जीव
2. निब तानी—मिथुन, गाय, बकरी, सूअर, हिरण, बारहसिंघा, हाथी
3. नीबंग या नीकुर तानी—बिल्ली, चीता, बाघ
4. नीसि तानी—जलचर
5. नीमा तानी—वनमानुष
6. न्यीदक तानी—विष तथा रोग
7. नीया तानी—विभिन्न रंगों और आकारों वाले मानव

मनुष्य सबसे बाद में उत्पन्न हुआ। इसलिए वह सबसे छोटा है। सबसे कमजोर भी है। अस्तित्व में दिखनेवाले, न दिखनेवाले सभी चर-अचर मिलकर उसको देते हैं क्योंकि वह उनका अपना छोटा भाई है। मनुष्य उन सभी पर आश्रित है। एक छोटा-सा कंकड़ भी उससे अधिक शक्तिशाली माना गया है। यही कारण है कि उसे बुद्धि का उपहार मिला। मनुष्य शारीरिक तौर पर दूसरों के मुकाबले कम शक्तिशाली था, लेकिन अपनी बुद्धि का उपयोग कर उसने हथियारों का आविष्कार किया। इसी से उसका अहंकार बढ़ा।

जल, वायु और धरती ने मिलकर सर्वप्रथम 'अलंग' अर्थात पत्थर को आकार दिया। उसी ने नदियों का मार्ग तैयार किया। उसके बिना जल का बहाव सम्भव नहीं हो पाता। वह बिछ जाता है—तभी नदी बहती है। उनमें नर-मादा भी होते हैं। मादा को 'लंग्न' तथा नर को 'लंग्प' कहा जाता है। उनके आकार-प्रकार से नर और मादा होने की कल्पना की जाती है।

पेड़-पौधे, पशु-पक्षी इत्यादि का जन्म पत्थरों के बाद ही हुआ। कई बार कहा जाता है कि हम भी पत्थर से ही जन्मे हैं। वे ही हमारे माता-पिता हैं। इस सम्बन्ध में एक कथा कही जाती है—सब कुछ बन गया, धरती तब भी कुछ-कुछ खाली-खाली और खामोश थी, कुछ अधूरी-सी। एक दिन सभी 'उईयु' अर्थात आत्माएँ (निग, निब, नीबंग, नीसी, न्यीदिक) ने इस पर चिन्तन किया। वे एक विशालकाय पत्थर पर बैठकर चर्चा कर रहे थे कि अचानक वह

हिलने लगा। घबराकर वे नीचे उतर आए। तभी पत्थर और मिट्टी के बीच से एक स्त्री रेंगती हुई बाहर निकली और कुछ क्षण बाद एक पुरुष। दोनों नग्न थे। उन्होंने अपने सामने पौधों पर टिड्डा और टिड्डी को मैथुन करते देखा। वे एक-दूसरे के करीब आए और टिड्डा-टिड्डी का अनुकरण करने लगे। उसी से मानव प्रजाति का प्रारम्भ हुआ। यहाँ ध्यान देनेवाली बात है—मनुष्य ने अपने बड़ों का अर्थात प्रकृति का अनुकरण किया। दोनों सहयात्री बने।

यह कथा काल्पनिक है, परन्तु है मूल्यवान। पत्थर को आज भी बड़ा भाई ही मानते हैं। वह जन्म लेता है, जन्म देता है। मर भी जाता है। उसके होने से ही हम हैं। मृतक को मिट्टी में दफनाने के बाद कब्र पर पत्थर रखने का रिवाज है। माना जाता है कि मृत्यु के तीन दिन बाद तक मृतक अपनी इच्छाओं को त्याग नहीं पाता। वह परिजनों के आस-पास ही रहने की जिद करता है। चौथे दिन उसकी अगली यात्रा आरम्भ होती है। पाँचवें दिन वह पूर्वजों के साथ चल देता है।

कब्र पर रखा पत्थर इस बात का प्रतीक है कि शरीर और आत्मा के बीच इसी तरह की सीमा-रेखा है। पत्थर निर्जीव नहीं है, लेकिन वह मनुष्य की भाषा नहीं बोलता। मौन उसकी भाषा है। वह निरन्तर मनुष्य के साथ ही यात्रा करता रहता है, परन्तु इसके होने के ढंग भिन्न हो जाते हैं। मृतात्मा को इस बात का स्मरण दिलाने के लिए इस प्रथा का पालन किया जाता है। उसको यकीन दिलाया जाता है कि वह कभी नहीं मरता, बल्कि पूर्वजों के साथ सदा-सदा के लिए जीवित है।

एक और कथा है; आबोतानी की प्रिय पत्नी की मृत्यु हुई। अपने पीछे वह दूध पीता बच्चा छोड़ गई। उसका पालन-पोषण बहुत कठिन हो गया। बच्चा रात-दिन रोता रहता। सबको लगने लगा कि बच्चा बचेगा नहीं। माता की मृत्यु की तीसरी रात उसका रोना अचानक बन्द हो गया। लोगों ने सोचा, वह मर गया, लेकिन ऐसा नहीं था। वह तो निश्चिन्त होकर आराम से सो रहा था। नहीं खाने-पीने के बावजूद वह हट्टा-कट्टा और तरोताजा था। तानी चकित थे कि ऐसा कैसे सम्भव हुआ। चौथी रात उन्होंने देखा कि आधी रात में मृत पत्नी आई और बच्चे को अपना दूध पिलाने लगी। उन्होंने झट-से उसे पकड़

लिया और उससे लिपटकर रोने लगे। सुबह जैसे ही मुर्गे ने पहली बाँग दी, वह उनकी बाँहों से निकलकर अन्तर्धान हो गई। यही सिलसिला कई रातों तक चलता रहा। वह आती और सुबह हवा बनकर गायब हो जाती।

आबोतानी विरह से जलने लगे। धीरे-धीरे वह बहुत ही कमजोर हो गए। जीवन असामान्य हो गया। एक दिन तानी और पत्थर के बीच संवाद हुआ और उन्हें मार्ग मिल गया। पत्नी की कब्र पर उन्होंने एक पत्थर यह कहते हुए रख दिया, "आज से यह तुम्हारे और मेरे बीच की सीमा-रेखा है। इसी तरह तुम और मैं साथ-साथ रहते हुए भी एक-दूसरे से भिन्न दुनिया के होंगे। तुम मोह के उस पार रहोगी और मैं तुम्हें साक्षी मानते हुए इस शरीर में तब तक रहूँगा जब तक मैं भी तुम्हारी तरह न हो जाऊँ।" उस दिन से मृतात्मा उस सीमा को लाँघ नहीं पाती। सत्य पत्थर की तरह भारी और कठोर है। मृत्यु और जीवन के बीच यह एक सीमा-रेखा का प्रतीक है।

ऐसी मान्यता है कि धरती पर सबसे पहले नारी प्रकट हुई। वह गर्भ युक्त थी। वह प्रथम नारी अज्ञात है, इसलिए उसका नाम 'सचंग/सेडी' अर्थात धरती रखा गया है। वह भार वहन करती है; इसलिए वह पुरुष भी है। उसका गुण पुरुष का है। ऐसा भी कहा जाता है कि माता के करीब बच्चे अधिक रहते हैं। इसलिए सारी भाषाएँ स्त्रियों की ईजाद हैं।

सूरज, चाँद और तारों अर्थात आसमान को मिलो, दोत्त, न्योदो, मेदांग आदि कई नामों से पुकारा गया है। इनमें 'मिलो' स्त्रीवाचक शब्द है, 'न्योदो' और 'दोत्त' पुरुषवाचक। इससे पता चलता है कि आसमान न तो स्त्री है और न ही पुरुष। यह दोनों से परे है और दोनों के गुणों से सम्पन्न भी।

इसी तरह सूरज के भी कई नाम हैं—अजंग, मीडो, अजी, दोंयी आदि। ये सारे शब्द पुरुष सूचक हैं, परन्तु जैसा कि पहले कहा जा चुका है, सूरज को 'आने दोंयी' अर्थात माता भी कहा जाता है। इस तरह सूरज के प्रति माता और पिता, दोनों भाव मौजूद हैं।

इसी तरह चाँद को 'पोल' अथवा 'हाई' कहा गया है। जल को भी हाई कहा जाता है। वह जल को नियंत्रित करता है। सर्दियों में उसी को 'दाक्का आने' अर्थात पैरों को अपने ठंड से चीर देनेवाली माता कहा जाता है। चाँद

हमेशा आसमान में नहीं दिखता, इसलिए उसे पुरुष अर्थात पिता माना गया है, परन्तु अपने गुणों के कारण उसके अदृश्य रूप को स्त्री माना गया है। उसका काम सूरज से अधिक है। वह पृथ्वी पर उपस्थित जीवन का पालन करता है। रात-दिन अपने काम में लगा रहता है; हालाँकि यह सब प्रत्यक्ष दिखाई नहीं देता। 'पोल' ऋतु है। इसीलिए महीनों के नाम इसी के आधार पर रखे जाते हैं—

1. राजो पोल (जनवरी)
2. लमी पोल (फरवरी)
3. लकअ पोल (मार्च)
4. लचर्र पोल (अप्रैल)
5. हई पोल (मई)
6. तेन्ल पोल (जून)
7. सू पोल (जुलाई)
8. सअत पोल (अगस्त)
9. परा पोल (सितम्बर)
10. लब पोल (अक्तूबर)
11. राल पोल (नवम्बर)
12. रात पोल (दिसम्बर)

इन्हीं के तर्ज पर सभी तानी समुदाय अपनी-अपनी बोलियों के अनुसार 'पोल' शब्द को जोड़ते हुए महीनों के नाम रखते हैं।

पोल जब शैशवावस्था में होता है तब उसका आधा हिस्सा दिखाई देता है। उसके शिशु रूप के दिखाई देते ही प्रकृति में कई तरह की हलचल होने लगती है। कई बदलाव आते हैं। इस समय अक्सर लोग शारीरिक पीड़ाओं की शिकायत करते हैं। हड्डियों में दर्द होता है। लोगों के मन पर नकारात्मक प्रभाव पड़ता है। फिर चाँद का आकार धीरे-धीरे बढ़ने लगता है; चूहे बिलों से शोर करते हुए निकलते हैं। उस समय गाँव वाले अपने खाद्य पदार्थों का खास ध्यान रखते हैं। इसका इन्तजाम पहले से ही कर लिया जाता है। जब चाँद अपना पूरा आकार ग्रहण कर लेता है, तब लोग घरों का निर्माण करते

हैं। बाँसों की कटाई करते हैं। इसके पहले काटे गए बाँसों में दीमक जल्दी लग जाती है। इसी तरह जब चाँद अन्धकार में धीरे-धीरे गायब होने लगता है, तब उसका प्रभाव भी भिन्न तरह से दिखाई पड़ने लगता है।

चाँद के ही इशारों पर पशु-पक्षी, कीड़े-मकोड़े अपनी-अपनी आवाज और भाषा से मौसम की सूचना देते हैं—मुर्गा बाँग देकर सुबह होने की सूचना देता है। एक विशेष कीड़ा चिल्लाकर रात हो जाने का संकेत देता है। वह अपनी हलचलों से भूकम्प इत्यादि के आने की सूचना भी देता है। कब धान के बीज मिट्टी में गिराए जाएँ, कब मडुआ के बीज बिखेरे जाएँ, कब खेतों के लिए जंगलों की कटाई की जाए अथवा कब धान रोपा जाए, ऐसे अनगिनत कामों के सही समय की सूचना वे ही तो चाँद की मदद से देते हैं।

गन्ध की भाषा अत्यधिक गहरी होती है। अनेक प्रकार की गन्ध जीवित भाषा के रूप में मौजूद है। इसी से जंगल अपना काम करता है। इस भाषा को समझना जंगल को समझना है। यह प्रकृति और मनुष्य के बीच का संवाद-सेतु है। गाँव वाले इस कला में आश्चर्यजनक रूप से निपुण होते हैं। कुत्तों को आज भी घासों, पेड़-पौधों इत्यादि से मार्ग पूछते-बतियाते देखा जा सकता है। जब वे बीमार होते हैं तब वे पेड़-पौधों में ही अपना इलाज ढूँढ़ लेते हैं। कुछ विशेष प्रकार की घास को खाकर वे स्वस्थ हो जाते हैं। उनकी पहचान वे स्वयं करते हैं। इसीलिए कहीं पेशाब करना हो तो वे पहले उन्हें सूँघते हैं, आज्ञा ले लेते हैं। इसी का अनुकरण तानी समाज भी करता है। प्रत्येक चर-अचर में प्राण है, अत: बिना आज्ञा लिए उनका उपभोग करने का अर्थ है, उनको कुपित करना। तानी समाज मानता है कि प्रकृति और मनुष्य एक-दूसरे के सहचर हैं। इसका अर्थ है—जीवन ही शास्त्र है। जीवन ही धर्म है।

सूर्य, चन्द्र और तारे जिमी-जमा की आँखें हैं। इसलिए उन्हें साक्षी माना गया है। वे सदा देखते रहते हैं, सदा मौजूद हैं। सूर्य, चन्द्र आदि अर्थात दोंयी और पोलो का नाम एक साथ लेने अर्थात 'दोंयी-पोलो' कहने का अर्थ सिर्फ सूर्य और चन्द्र नहीं होता। पूरी प्रकृति अथवा सम्पूर्ण अस्तित्व को 'दोंयी-पोलो' कहते हैं अर्थात दोंयी-पोलो का मतलब है दोंयी और पोलो तो जिमी-जमा के मात्र एक आकार रूप हैं। वर्तमान में इसी नाम से एक नए धर्म का उदय होने

लगा है। उसमें इनके संयुक्त रूप अर्थात 'दोंयी-पोलो' से ध्वनित होनेवाली व्यापकता सीमित होती दिख रही है।

तानी समाज में पाप-पुण्य की कल्पनाएँ नहीं हैं, अत: यह इस प्रकार के पक्षपात से दूर है। यही कारण है कि इस समाज में स्वर्ग-नर्क की कल्पना का भी ईजाद नहीं हुआ, न ही पुनर्जन्म का। ये आँखें मनुष्य के शरीर में सदा मौजूद हैं। इनसे भागना असम्भव है। इनको देखते रहना ही मनुष्य के मन को अनुशासित होने में सहायक होता है। माना जाता है कि मृतक की आत्मा अपने पूर्वजों के पास ही पहुँच जाती है। उनकी अपनी ही दुनिया होती है। आदमी मर जाता है, परन्तु उसका शरीर सदा के लिए संसार में रह जाता है। इसीलिए तानी समाज के लोग मिट्टी को अपना पूर्वज मानते हैं, जो कभी नहीं मरती। पूर्वज हमारे शरीर में रक्त बनकर दौड़ते रहते हैं। मिट्टी के एक-एक कण में हमारे पूर्वज जिन्दा हैं। मिट्टी का एक-एक कण सुनता है, धड़कता है, हमें जिन्दा रखता है और जीवन देता है। बड़ी पूजा के वक्त इन पर किसी प्रकार की चोट नहीं की जाती। यह मिट्टी वस्तुत: पूर्वजों के प्रति सम्मान है। प्रकृति के साथ हमारी एकात्मकता के प्रति सम्मान है।

सम्पूर्ण अस्तित्व के साथ हमारी पारिवारिक रिश्तेदारी है। इस व्यापक दृष्टिकोण के कारण तानी अपने-आप में एक अनोखा धर्म है—धर्मविहीन धर्म। यही कारण है कि तानी समाज में किसी भी प्रकार के मन्दिर, प्रतीक इत्यादि का निर्माण नहीं किया जाता, क्योंकि व्यापकता को किसी सीमा में सीमित नहीं किया जा सकता। यह अपने-आप में असंगठित होते हुए भी अत्यन्त संगठित धर्म है। इसे किसी सीमा में बाँधने का प्रयास करना आध्यात्मिक अपराध है।

सूर्य और चन्द्र मात्र साक्षी हैं। वे न तो किसी को उसके पाप का दंड देते हैं और न ही पुण्य का लाभ। 'धूप खिल रही है' को तानी भाषा में कहते हैं—'दोंयी-अ कादो', अर्थात सूरज देख रहा है। आँख का काम देखना है—अत: सूरज देखता है। इसी प्रकार चाँद भी देखता है। माता-पिता से प्रेम किया जाता है। अपने से अलग अथवा ऊँचा मानकर उनकी पूजा नहीं की जाती। इसीलिए सूर्य-चन्द्र को हाथ जोड़कर, सिर झुकाकर या आँख बन्द करके पूजने, प्रार्थना करने का कोई रिवाज नहीं है। तानी समाज में प्रार्थना की नहीं जाती, प्रार्थना

को जिया जाता है। सूर्य-चन्द्र के नाम पर बलि भी नहीं दी जाती, परन्तु प्रत्येक कर्म अथवा पूजा-पाठ इन्हीं को साक्षी मानकर सम्पन्न किया जाता है; क्योंकि इनके बिना जीवन ही सम्भव नहीं है।

पूजा-पाठ किन्हीं लिखित मंत्रों पर आधारित नहीं होते। पुजारियों को अलग से अभ्यास भी नहीं करवाया जाता। वे सुन-सुनकर अपने-आप सीख लेते हैं। यह सहज ही हो जाता है। पूर्वजों का स्मरण इसमें अति आवश्यक होता है। जिमी-जमा से लेकर वर्तमान वंशजों तक, पूरी वंशावली को गिना जाता है। प्रत्येक चर-अचर की आत्मा का आह्वान किया जाता है।

तानी समाज में शुभ-अशुभ, होनी-अनहोनी की कल्पनाएँ मौजूद हैं। ये कल्पनाएँ श्रद्धा पर आधारित हैं जो आदमी को प्रकृति के साथ गहरे जुड़ने में सहायता करती हैं। ऐसा माना जाता है कि सृष्टि की प्रत्येक चीज नाराज भी होती है। इसी नाराजगी से अवांछित-अशुभ घटनाएँ घटित होती हैं। घर के सारे दर-ओ-दीवार सुनते हैं। हर कोना सुनता है। प्रत्येक में प्राण है, चाहे सूखी लकड़ी हो या घर का खम्भा। प्रत्येक घास-फूस, पेड़-पौधे बोलते और सुनते हैं। एक ही शर्त है, आदमी को भी सुनने आना चाहिए। इसके अलावा कर्म के अनुसार न्याय-व्यवस्थाओं का प्रावधान भी अपने ढंग से है, जिसे तोड़ने पर खमियाजा भुगतना पड़ता है।

तानी समाज के लोग 'जिमी-जमा' शब्द को लेकर भी कोई खास बातचीत अथवा चर्चा नहीं करते। यह कल्पना सुन्दर है। यह व्यक्ति की सृजनात्मक क्षमता में सहायक है। प्रकृति को सुनने की जो कला है वही प्रमुख है। यह समाज इसी मान्यता, इसी दृष्टि, इसी दर्शन पर आधारित है। इसी के चलते हम कह सकते हैं कि यह समाज न तो आस्तिक है, न ही नास्तिक। इसमें दोनों का समान समावेश है और यह इन दोनों से परे भी है।

वस्तुतः यदि तानी समाज का कोई 'धर्म' है तो वह प्रकृति और मनुष्य के बीच अभिन्नता की भावना और उसके अनुरूप आचरण करना है। किसी भी प्रकार के कृत्रिम नियमों की व्यवस्था से यह बँधा हुआ नहीं है, न ही संगठित है—यही स्वाभाविक सहजता ही इसका प्राण है।

तानी

'तानी' किसी व्यक्ति विशेष का नाम नहीं है। जिमी-जमा को ही नहीं, प्रत्येक चर-अचर को तानी कहा गया है। यह एक वंश विशेष अथवा मानव समूह का भी नाम है। अरुणाचल प्रदेश के आपातानी, न्यीसी, आदी, गालो और तागिन समुदाय इस समूह के अन्तर्गत आते हैं। मानव-सभ्यता की विकास-यात्रा को भी तानी कहा गया है। मसलन, विवाह आरम्भ में एक संस्थागत ढाँचा नहीं था। वह धीरे-धीरे व्यवस्थित हुआ। संस्कृतियाँ भी इसी तरह पनपीं और विकसित हुईं। तानी कथाओं में ये बातें स्पष्ट देखी जा सकती हैं। इसी से हम अनुमान लगा सकते हैं कि कौन-सी कथा 'आबोतानी' की है, और कौन-सी अज्ञात तानियों की।

कई तानी-पूर्वज हुए, जिनके नाम सभी पाँचों तानी समुदाय अपने-अपने अनुसार रखते हैं। जिस प्रकार पाँच सूर्य हुए, उसी प्रकार पाँच शक्तिशाली पूर्वज भी हुए। 'दोंयी' अथवा 'नीबो' नामक पूर्वज उनमें सबसे प्रभावशाली थे जिनको इस समूह ने अपना पिता स्वीकार किया और उन्हें आबोतानी कहा। आबोतानी ने अपने कबीले के लिए बहुत कुछ किया। इस समाज में वंशावली गणना एक आवश्यक परम्परा के रूप में देखने को मिलती है।

इसे एक प्रकार से प्रामाणिक इतिहास माना जा सकता है क्योंकि तानी-परम्परा में व्यक्ति का नाम उसके पिता के नाम-शब्द से जोड़कर पूरा किया जाता है। इससे किसी व्यक्ति के कई पूर्वजों तक के नाम गिनाए जा सकते हैं। नाम से ही पता चल जाता है कि व्यक्ति किसकी सन्तान है? इसका उदाहरण देख सकते हैं—

(क) जिमी से मीदो, मीदो से दोनी—अर्थात सूरज
जिमी से मीपो, मीपो से पोलो—अर्थात चन्द्र
जिमी से मीसी, मीसी से सीसी—अर्थात धरती
जिमी से मीकार, मीकार से ताकार—तारे

यह गणना जिमी-जमा से प्रारम्भ होती है। यह मानव गणना के अन्तर्गत नहीं आती।

(ख) दोनी से नीया
नीया से यातू
यातू से तूकुम
तूकुम से कुम्निया
कुम्निया से निया
निया से आबोतानी

इसमें ध्यान देनेवाली बात यह है कि नाम-शब्द के अन्त वाले अक्षर से एक नए शब्द का निर्माण किया गया है। जैसे, 'दोनी' शब्द के अन्तिम अक्षर 'नी' से बनाया गया 'नीया' शब्द। दरअसल, प्रारम्भिक पूर्वज अज्ञात है; अत: इस गणना का प्रारम्भ 'दोंयी' या 'दोनी' अर्थात सूरज से किया गया है। इन नामों में यातू को 'नीतू' तूकुम को 'नीकुम' कुम्निया को 'निया' भी कहा जा सकता है।

(ग) सीसी से सिबुक
सिबुक से बुकसिन
बुकसिन से सिन्तू
सिन्तू से तूरी
तूरी से रिनी
रिनी से नीबो/आबोतानी

इसमें सीसी अर्थात धरती (मिट्टी) से गणना का प्रारम्भ किया गया है। सीसी को 'सीची' अथवा 'सचंग' भी कहा जाता है।

(घ) सेडी से डीलिंग
डीलिंग से लिंगत
लिंगत से तूये
तूये से येपे
येपे से पेदुंग
पेदुंग से दुन्नी
दुन्नी से नीबो/तानी (आबोतानी)।

'सेडी' का अर्थ मिट्टी अथवा धरती है। यह गणना-परम्परा अनोखी है। इसे तानी सामुदायिक जीवन-दर्शन का सुन्दर उदाहरण माना जा सकता है। इसमें माताओं को गिना गया है।

माता पेदुंग को 'चीतुंग आने' भी कहा जाता है और पिता को 'दोर्रे आबो'। चीतुंग धरती है, दोर्रे आकाश है। इन दोनों से कई पुत्र हुए—रोबो, दोदर, आबोतानी इत्यादि। यह वंश-वृक्ष बढ़ता गया। इन्हीं से निकले हैं तानी समाज के सभी पाँचों समुदाय। इनके वंशज आज चीन और तिब्बत के पहाड़ी इलाकों में भी निवास करते हैं। आसाम के मिसिंग और मिरी लोग इसी समूह के हैं।

बहन दोरिंग चीजिंग प्रथम पुजारी मानी गई है। कुछ लोग इन्हीं को 'दोर्रे' भी कहते हैं। चूँकि ज्ञान और बुद्धि को आकाशीय माना गया है, अत: इन्हें दोर्रे अर्थात आकाशीय कहा गया है।

कहते हैं, वह इतनी प्रतिभाशाली थीं कि उन्होंने लिपि का भी निर्माण किया था। उन्हीं के प्रभाव और सहायता से कई स्त्री पुजारिनें हुईं—तोद, लोम, रूपु, रुलू, लिमे, लाया इत्यादि। इन स्त्रियों को मानव शरीर के अंगों के रूप में भी स्वीकारा गया है। इसीलिए यह शरीर अपना इलाज अपने-आप ही कर लेता है। औषधि शरीर के किसी अंग में लगाते हैं, तो शरीर की मर्जी है कि वह उसका इस्तेमाल किस तरह से करे। पुजारी इसकी मदद के लिए कथाओं का गायन करते हैं। अनेक पूर्वजों के नाम गिनते हुए वे वर्तमान तक पहुँचते हैं। वे शरीर को यह भी बताते हैं कि वह अभी का नहीं, अति प्राचीन है और अनेक

शरीरों से होते हुए यहाँ तक पहुँचा है। प्रकृति के भिन्न-भिन्न 'उईयु' अर्थात चर-अचर में मौजूद आत्माओं से सहायता माँगी जाती है ताकि वे शरीर को ठीक होने में सहायता करें। रोगी के शरीर पर जल का छिड़काव किया जाता है। इस स्पर्श से शरीर के भीतर जो जल है, वह उसको ग्रहण करने लगता है। इसे शरीर का सुनना कहते हैं और रोगी इस तरह स्वस्थ होने लगता है।

आबोतानी एक महत्त्वपूर्ण पूर्वज माने गए हैं। उन पर आधारित अनेक कथाएँ मिलती हैं। अन्य तानी कथाओं और आबोतानी की कथाओं में फर्क करना थोड़ा कठिन है। ध्यान से शोध करने पर ही इस अन्तर का पता चलता है। आबोतानी से सम्बन्धित कथाओं में कल्पना का सहारा अन्य तानी कथाओं के मुकाबले बहुत कम लिया गया है। अधिकांश लोगों को तानी और आबोतानी में अन्तर का भी पता नहीं है। इसीलिए प्रत्येक तानी कथा को आबोतानी से जोड़ दिया जाता रहा है जबकि सभी कथाएँ आबोतानी की नहीं हैं, कई कथाएँ अज्ञात तानियों की हैं।

आबोतानी अति महत्त्वपूर्ण पात्र अवश्य हैं, परन्तु उन्हें नायक मानकर पूजने का रिवाज नहीं है, न ही उनके कोई प्रतीक बनाए जाते हैं। चूँकि उनका नाम और काम ही हमारे सामने कथाओं की शक्ल में मौजूद है, इसलिए उनके रूप-आकार को मूर्त रूप देने के लिए मूर्ति इत्यादि गढ़ने की जरूरत महसूस नहीं की गई। नायकवाद कहीं भी इस समाज में देखने को नहीं मिलता। उनकी कथाओं में वे कहीं भी अतिमानव अथवा महानतम नायक के रूप में प्रतिष्ठित नहीं किए गए। उनमें अनेक चरित्रगत खामियाँ भी बेझिझक दर्शाई गई हैं। वह चालाक, धूर्त, स्त्रियों के प्रति कमजोर, चंचल मन वाले और हत्यारे तक भी बतलाए गए हैं।

लोग बात-बात पर गुस्से में उन पर थूकते भी हैं, लेकिन नफरत का भाव लेशमात्र भी नहीं होता। इन सारी कमियों के बावजूद लोगों के भीतर अपने उस पूर्वज के प्रति अगाध प्रेम है; क्योंकि उनमें कोमलता है, बुद्धि है, सज्जनता है, स्त्रियों के प्रति प्रेम है, बच्चों-सा सुन्दर मन है; वे बहुत ही मनमौजी हैं, हास्य उनके रग-रग में बसता है। वे जीवन को सरलतम ढंग से जीते हैं। गम्भीर बातों में भी हास्य पैदा करते हैं। वे रक्षक हैं, प्रेमी हैं। बार-बार टूटकर भी प्रेम

में पड़ जाना आसान काम नहीं है। वे शत्रु से घृणा नहीं करते। उनसे मित्रता स्थापित करने के लिए हमेशा तत्पर रहते हैं। योद्धा हैं, परन्तु किसी का प्राण अपने शौक अथवा अहंकार की तुष्टि के लिए नहीं लेते। लोक कल्याणकारी चरित्र है उनका।

कहते हैं, आबोतानी की तीन आँखें थीं, जिन्हें 'न्यीम-दूरंग' अथवा 'कोगा-मिरी' कहा गया है। दो आँखें आगे हैं, एक पीछे है। वे भूत, भविष्य और वर्तमान, तीनों के ज्ञाता हैं। बुद्धि और ज्ञान का प्रतीक हैं। उनके घुटनों में गजब की शक्ति थी। अनेक पहाड़ों पर तेजी से चढ़ते-उतरते और अपनी विजय पताका फहराते थे। वे एक महान यात्री माने गए हैं। उन्होंने ही तानी समाज को भिन्न-भिन्न फसलों के बीज दूर-दराज के इलाकों से लाकर दिए और उनको खेती-बाड़ी करने के तरीके सिखाए थे। उन्होंने तानी वंश की रक्षा अपने बल और बुद्धि से की। अनेक कमजोर कबीलों की रक्षा भी अन्य शक्तिशाली कबीलों से की। वे पशु-पक्षियों, पेड़-पौधों और पत्थरों से संवाद करते थे। शेर-चीते उनके मित्र थे और चींटियाँ उनकी सहेली। वे अजगर पर बैठकर सुस्ताते थे। शत्रु को अपना मित्र बना लेते थे। समाज के सबसे कमजोर, अस्वीकृत और निकम्मे लोगों को भी वे अपना सहयात्री बना लेते थे।

वे साजिश रचना जानते थे, लेकिन बुरे आदमी नहीं थे। उनमें आत्मरक्षा का भाव था। भावी जीवन का सपना था। वे प्रगतिशील मानव थे और विकास-यात्रा का एक प्रतीक भी। वे समाज को कोई नियम नहीं देते।

स्वतंत्रता से ही स्वभाव के अनुसार अनुशासन उत्पन्न होना चाहिए। इसी में प्रेम पल सकता है। यह प्राकृतिक धर्म है। जानते हुए भी शत्रु पर बार-बार भरोसा कर लेना एक भोले-भाले इनसान का ही स्वभाव है। यह इस बात का प्रमाण है कि उनका भीतरी संसार कितना निर्दोष है।

आबोतानी का चरित्र आम नहीं है। इसी कारण इस समाज ने उन्हें 'उईयु' का दर्जा भी दिया। वह प्रेम-पात्र हैं, पूजनीय नहीं। वे इतने खास लगते हैं कि मन श्रद्धा से भर जाता है। इतने धूर्त भी हैं कि मन उनको कोसने लगता है। इतने मजाकिया और मसखरे हैं कि हँसा-हँसाकर लोगों का मनोरंजन करते हैं। इतने साधारण और स्वाभाविक हैं कि अपने जैसा लगते हैं।

न्यीसी लोग कहते हैं कि तानी कभी मरते नहीं हैं। इसीलिए ऐसी कोई कथा नहीं मिलती जिसमें आबोतानी की मृत्यु का जिक्र हो। उनकी मृत्यु कब हुई? वह किस स्थान पर दफनाए गए, ऐसी कोई भी जानकारी नहीं मिलती। भले ही कोई अपनी कल्पना से ऐसी बात गढ़ ले।

वे आगे कहते हैं—आबोतानी सशरीर अब नहीं दिखते, परन्तु सदा मौजूद हैं। एक कुत्ते के साथ सूरज की किरणों में धरती पर आने के लिए अस्पष्ट चेहरा लिये वह दौड़ने को तैयार। अपनी सन्तानों के संकटों को अपने ऊपर फिर से लेने के लिए तैयार। लोग तो यहाँ तक भी कहते हैं कि सूखी मिर्ची के चूर्ण से वह छींकते हुए किसी बाँस की बोतल से निकल आएँगे या फिर चूल्हे के ऊपर लटक रहे 'राब्खिया' पर रखे किसी पशु की सूखी हड्डियों से वह 'आह' कहते हुए जीवित निकल आएँगे।

मनुष्य के दैनन्दिन के उपयोग में आनेवाली चीजों में ही उनसे जुड़ी सारी कल्पनाएँ अब भी दिखती हैं। उनके अतिमानवीय रूप को तानी समाज शायद स्वीकार नहीं करना चाहता क्योंकि यह उनको पूजना नहीं बल्कि प्रेम करना चाहता है। इसीलिए जब भी वे आएँ, सिर्फ और सिर्फ अपने उसी रूप में आएँ ताकि जीवन की सत्यता बनी रहे...।

यह समाज पुनर्जन्म में विश्वास नहीं करता, परन्तु यह वाली बात अपवाद है। एक तरह से कहें—मृत्यु है ही नहीं। मनुष्य के रूप में अपने उस पूर्वज की अनुपस्थिति को स्वीकार करना कठिन है। इससे स्पष्ट है कि यह आबोतानी के प्रति अगाध प्रेम से भरे मन की एक प्रबल आकांक्षा मात्र है कि काश! वे फिर से लौट आएँ।

चार लोकों की कल्पना

तानी समाज में चार न्योकों (लोकों) की अवधारणा मिलती है—उईयु न्योक, ओराम न्योक, निलि न्योक और न्यीया या सचंग न्योक। इन चारों लोकों के अपने-अपने कायदे-कानून हैं, लेकिन 'उईयु' अर्थात कर्मकांड करते समय इन्हीं चारों के बीच संवाद स्थापित होता है। इन्हीं के समन्वय से जीवन प्रवाह की निरन्तरता। जब इनका आपसी सन्तुलन बिगड़ता है तब प्रकृति में अनहोनी घटित होती है।

उईयु न्योक/म्योक

निग तानी, निब तानी, नीबंग तानी, नीमा तानी, न्यीदक तानी, नीया तानी—ये सभी प्रकृति की अदृश्य शक्ति के प्रत्यक्ष रूप हैं। इन्हीं शक्तियों को उईयु कहा गया है। जिमी-जमा को भी उईयु ही कहा गया है जिनसे सभी प्रकार के उईयु संचालित हैं।

मनुष्य और प्रकृति के अन्य रूपों के बीच पारिवारिक रिश्तेदारी हैं। ये सभी सहोदर हैं, लेकिन मनुष्य का स्वभाव अन्य सभी से भिन्न है, अत: इसकी अपनी भिन्न दुनिया है। उईयु और नीया अर्थात मानव ने इसी कारण एक-दूसरे के बीच एक 'दापो' (सीमा रेखा) का निर्धारण किया। दोनों का अपनी-अपनी सीमा में रहना आवश्यक है। उन्हें एक साथ रहते हुए भी अपनी-अपनी दुनिया में, एक अनुशासन के तहत, अलग-अलग रहना है। सीमा का अतिक्रमण वर्जित है। अन्यथा सजा होती है। इसीलिए मनुष्य प्रकृति से कुछ भी लेना हो

तो अनुनय-विनय करता है। ऐसा नहीं होने पर विनाशकारी घटनाएँ घट सकती हैं। कुछ लोग इसे 'पोई तानी' अर्थात प्रकृति-शक्ति भी कहते हैं।

पहले के लोग प्रकृति से बिलकुल एकमेक थे; अत: वे उईयु को देख सकते थे, उनकी भाषा समझ सकते थे। उनसे बातें कर सकते थे। बाद में उईयु को नहीं देख सकने की स्थिति में कई तरह के विश्वासों ने जन्म लिया, जिनके चलते आज भी उईयु और मनुष्य के बीच आदान-प्रदान कायम है, जिसे आमतौर पर बलिप्रथा के रूप में देखा जा सकता है।

तानी कथाओं में बलिप्रथा का जिक्र सिर्फ एक बार आता है जहाँ आबोतानी को पादने का रोग लग जाता है। उसे ठीक करने के लिए मिथुन की बलि दी जाती है, परन्तु रोग फिर भी बना रहता है। यह तानी कथा अवश्य है, परन्तु इसका आबोतानी की कथा होना सन्दिग्ध है। दरअसल, आबोतानी किसी भी प्रकार से अन्धविश्वासी नजर नहीं आते। अत: मुझे यह बाद में उनके साथ जोड़ दी गई कथा लगती है।

बलिप्रथा पर आधारित एक और कथा है जो बहुत ही महत्त्वपूर्ण है—कहते हैं, उईयु ने आबोतानी की 'न्यीम-दूरंग'—जिसे 'कोगा मिरी' भी कहा गया है—को छल से छीन लिया। इसी शक्ति के कारण उनकी शक्ति उईयु के बराबर हुआ करती थी, वह अदृश्य चीजों को भी देख सकते थे, दूसरे के मन को पढ़ सकते थे; भविष्य उनकी मुट्ठी में, भूत उनके पैरों तले और वर्तमान उनके रक्त में था। इसी के चलते उईयु आबोतानी को पराजित नहीं कर पाते थे, लेकिन न्यीम-दूरंग से वंचित होकर आबोतानी बहुत ही साधारण, कमजोर तथा भयातुर हो गए। उनके अन्दर नैराश्य और कुंठा ने जन्म लिया। वे पशु-पक्षियों का कलेजा चीर-फाड़कर देखने लगे। वह जानना चाहते थे कि इन पशुओं के मन में क्या चल रहा है? अपनी ही उँगलियों को भी काट-कूटकर देखने लगे।

सभी लोग आबोतानी का अनुसरण करते थे। उनकी इस गतिविधि को लोगों ने आबोतानी का इशारा माना और पशु-पक्षियों को मारकर उनके कलेजे द्वारा जानने का प्रयास करने लगे कि प्रकृति-शक्ति के मन में मनुष्य के प्रति क्या है, जिसे जानकर रोगों अथवा अनहोनी से बचा जा सकता है। माना जाता है कि उसी समय से बलिप्रथा का प्रारम्भ हुआ।

इस कथा से स्पष्ट है कि बलिप्रथा का अस्तित्व पूर्व में नहीं था। बाद में मनुष्य के मनोरोग से यह उत्पन्न हुआ। इस कथा को भी मैं आबोतानी की कथा नहीं मानती क्योंकि उनकी तीसरी आँख को ज्ञान का प्रतीक कहा जाता है। ज्ञानी व्यक्ति कभी भी अन्धविश्वास को साथ लेकर नहीं चलता। इस कथा में आबोतानी को भयातुर बताया गया है, जबकि तमाम कथाओं में उन्हें भयमुक्त और साहसी व्यक्तित्व वाला बताया गया है। वह प्रकृति के साथ परम संवाद में लीन हैं। यही उन्हें अनुशासित करता है। अत: यह कथा अवश्य ही बाद के तानियों की ईजाद है।

तानी मनुष्य की विकास-यात्रा का भी प्रतीक हैं। यहाँ विकास से आशय अनेक नियम और प्रथाओं के निर्मित होने से है, जिन्होंने मनुष्य को उसके प्राकृतिक स्वभाव से दूर कर दिया है। इसी के चलते मनुष्य प्रकृति के साथ संवाद करने की कला से वंचित हो गया। उसकी संवेदनाएँ अन्य रूप लेने लगीं। पशुबलि इसी बदलाव का एक उदाहरण है।

उईयु शब्द के सन्दर्भ में एक और बात ध्यान देनेवाली है—विचार कोई वस्तु नहीं है, उसका कोई रूप-रंग, आकार-प्रकार नहीं है—अत: हाथों से उसे पकड़ा नहीं जा सकता, न ही उसका स्पर्श किया जा सकता है। वह अनुभव की वस्तु है। अत: विचारों से जो उत्पन्न होते हैं—जैसे, जो षड्यंत्र और ईर्ष्या से भरे रहते हैं, बुरे कर्म करते हैं; उन लोगों को भी उईयु कहा गया है। उनके विचारों अथवा व्यवहारों से वातावरण में अनहोनी की आशंका पैदा होती है।

इसके विपरीत बुद्धिमान लोग हिरण के कान जैसे होते हैं, जहाँ से सूर्य की किरणें आर-पार नहीं दिखतीं। ये लोग विचित्र आँख वाले होते हैं। उन्हें भी उईयु कहा गया है। इससे सम्बन्धित एक कहावत है—सुदुम न्युरुंग दोंयी ये कापिक मादो—हिरण के कान को सूर्य की किरणें आर-पार नहीं कर सकतीं अर्थात बुद्धिमान व्यक्ति को पढ़ना आसान नहीं है। वह पूर्वग्रहों से नहीं चलता। इस तरह के लोग समाज में कल्याणकारी वातावरण उत्पन्न करते हैं।

इसीलिए आबोतानी को उईयु भी कहा गया है। प्रत्येक चर-अचर में मौजूद प्राण को भी उईयु कहा गया है। त्योहारों में इन्हीं का आह्वान किया जाता है। इनके भिन्न-भिन्न नाम हैं। उनमें से कुछ इस प्रकार हैं—

चर्म उईयु

धान को आम/आमू/एमो/एमू कहा जाता है और इनमें मौजूद प्राण को 'चर्म'। धान पालनहार है। भंडार में लाते समय इसका स्वागत शानदार ढंग से किया जाता है। न्यीसी लोगों में इस दिन कुत्तों का बड़ा सम्मान होता है। सबसे पहले उन्हीं को भोजन कराया जाता है। इस समाज के लिए धान के बीज लाने में कुत्तों ने आबोतानी की मदद की थी। इस दिन गीत गाए जाते हैं। चावल के चूर्ण बनाए जाते हैं और उसे हल्के-हल्के चबाते हुए भंडार या गोदाम में जीभ से आकृतियाँ बनाई जाती हैं।

अदरक के लम्बे-लम्बे पत्ते स्त्री-केशों की तरह लम्बी वेणी बनाते हुए लटकाए जाते हैं। यह एक प्रकार से स्त्री-शक्ति का पर्व होता है। धान के ऊपर चावल से बने 'पोना' (दारू) और अदरक को जंगली पत्तों में रख दिया जाता है। यह चर्म के लिए होता है। धान के बीज को 'अम्ली' कहा जाता है जो फिर से धान बनता है। यह जीवन की निरन्तरता का प्रतीक है। यही पूर्वज था, यही माता-पिता है और यही भावी सन्तान भी।

तेमी/सरसि

इसमें मौजूद उईयु/प्राण को 'मीलिय' कहा जाता है। इसका स्वागत 'धान' की तरह नहीं किया जाता क्योंकि लोग इसके बिना भी जी सकते हैं। यह मनुष्य की थकान को मिटाकर उसको थपकियाँ देता है; उसके आनन्द में सहयोग देता है। इसलिए इसका भी सम्मान किया जाता है। इससे दारू बनाई जाती है, जिसे 'ओप्पो' अथवा 'ओ' कहा जाता है।

तानी संस्कृति में ओप्पो का अपना ही महत्त्व है। बच्चे-बूढ़े, स्त्री-पुरुष सब खुलेआम पीते हैं। यह हमारे पूर्वजों से जुड़ा ज्ञान है, अत: इसके प्रति श्रद्धा का भाव रहता है। यही कारण है कि लोग दारू पीते जरूर हैं, परन्तु इसी में डूबे नहीं रहते। इसे सामान्य माना गया है, इसलिए लोग दारू पीने को किसी तरह के पाप-पुण्य अथवा आपराधिक भाव से जोड़कर नहीं देखते। शारीरिक स्वास्थ्य का खयाल भले ही रखें, ऐसे में लोग अपने-आप

ही इसके प्रति लगाव या अलगाव का भाव पाल लेते हैं और सन्तुलित रहते हैं।

इसे मैं स्वतंत्रता से उत्पन्न अनुशासन कहती हूँ। इसमें किसी तरह का दुराव-छिपाव और बनावटीपन नहीं होता। कर्मकांडों अथवा त्योहारों के समय भी लोग पीते हैं।

अपाप

यह नए धान के चावल से बनता है। चावल के चूर्ण से लोई बनाई जाती है जो कुछ दिन बाद सफेद रंग का सख्त 'अपाप' बन जाता है। इसके बाद ओप्पो अथवा पोना बनाने में इसका प्रयोग किया जाता है। इसके बिना ओप्पो नहीं बनता। इसमें जो प्राण तत्त्व है, वह भी उईयु है। आमतौर पर गाँव वाले मिलकर इसे बनाते हैं। इसे बनाते वक्त जितना हो सके, बातचीत करने की मनाही होती है। सफाई का विशेष ध्यान रखा जाता है। उस वक्त किसी भी तरह की कृत्रिम चीज को घर पर नहीं लाया जाता; जैसे साबुन इत्यादि गन्ध वाली चीजें। यहाँ तक कि नीबू भी नहीं लाते अन्यथा ओप्पो के खट्टा हो जाने की आशंका रहती है और यह होता भी है। हवा के कारण नीबू की गन्ध इसे छूती है और यह खट्टा हो जाता है। माना जाता है कि अधिक बातचीत से यह नाराज हो जाता है, जिसके चलते दारू पीने के बाद लोग उत्पाती हो जाते हैं। इसमें सुनने की अद्‌भुत क्षमता होती है।

इन सबके अलावा कई प्रकार के उईयु हैं—

दोंयी उईयु (सूर्य), न्योदी (पर्वत) उईयु, जल उईयु, घर के प्रत्येक कोने में मौजूद उईयु जो शान्ति और प्रेम को बनाए रखता है, पुजारियों को जन्म देनेवाला उईयु, पालतू पशुओं को पालने और नाश करनेवाला उईयु, धरती का पालनहार उईयु, ज्ञान का उईयु—इसे स्त्री के गर्भ का दर्जा दिया गया है, फसलों के उईयु, बारिश का उईयु, भ्रम से रक्षा करनेवाला उईयु, भ्रमित करनेवाला उईयु, हड्डियों को जोड़ने-तोड़नेवाला उईयु, मनुष्य को सजा

देनेवाला उईयु, शैतानी शक्तियों वाला उईयु इत्यादि। ये सभी धरती पर ही प्राण तत्त्व के रूप में मौजूद हैं।

यहाँ एक बात ध्यान दिए जाने की है; उईयु को भगवान नहीं माना जाता। ये मनुष्य के रिश्तेदार हैं और दोनों एक-दूसरे के काम आते हैं। इनका एक ही रूप-रंग, आकार-प्रकार नहीं हैं। वस्तुत: ये अरूप हैं परन्तु इनका असंख्य रूप हैं। चूँकि उईयु का एक ही रूप नहीं होता, अत: इसे किसी भी प्रकार की मूर्ति द्वारा इंगित नहीं किया जा सकता।

उईयु मात्र नकारात्मक अथवा सकारात्मक नहीं होता। इसके साथ तो रूठना-मनाना चलता है। ये हमारे पूर्वज थे, सहचर हैं और हमारी अगली पीढ़ी भी। ये हमारी बहुत मदद करते हैं। इनके बिना मनुष्य का जीवन सम्भव नहीं है इनसे आदान-प्रदान चलता रहता है।

ओराम न्योक/म्योक

ऐसा माना गया है कि व्यक्ति यदि जीते-जी अपनी इच्छाओं को पूरा नहीं कर पाता अथवा जैसा जीना चाहिए था वैसा नहीं होता तो मृत्यु के बाद उसकी आत्मा शरीर के आस-पास ही भटकती रहती है। मुख्यत: इसी को 'ओराम' कहा गया है। मृतात्मा पूर्वजों के पास जाने लगती है, परन्तु 'चीगो-बो' और 'दोगो-बो' उसका रास्ता रोकते हैं।

'चीगो' शब्द चीत/सीसी/सिचि (धरती) से निकलता है। 'बो' लगाने से यह पुरुष वाचक शब्द हो जाता है। विशालकाय सर्प के रूप में मार्ग में लेटा हुआ चीगो-बो मृतात्मा से सवाल-जवाब करता है। जैसे, क्या उसने रिश्तों को निभाया? पूर्वजों का मान रखा? धन कमाया, उसका सही तरीके से भोग किया? कहीं वह किसी और की मेहनत पर तो नहीं जिया? इस शरीर को किस प्रकार सार्थक किया? मन को किस तरह संयमित रखा? कोई हत्या तो नहीं की? अपने समुदाय का खयाल रखा?

यदि मृतात्मा इन सवालों का सटीक उत्तर नहीं दे पाती तो आगे नहीं जा सकती। शरीर रूपी धरती उसका रास्ता रोकती है। इसमें मृतात्मा

शरीर के मोह से बँधी रहती है, जिसके कारण अगले पड़ाव की ओर बढ़ नहीं पाती।

इसी तरह की कल्पना है 'दोगो-बो'। 'दोगो' शब्द 'दोत्त' अर्थात आकाश तत्त्व से सम्बन्धित है। सांसारिक जीवन को जिसने सन्तुलित तरीके से नहीं जिया, परन्तु मृत्यु के बाद उसकी आत्मा 'चीगो-बो' के प्रश्नों का उत्तर देने में सक्षम होती है—तो वह दोगो-बो तक पहुँच जाती है। यहाँ भी कई सवाल-जवाब होते हैं। उत्तर से यदि यह सन्तुष्ट हुआ तो उसको आगे जाने की इजाजत मिल जाती है और वह अपने पूर्वजों की दुनिया में पहुँच जाती है, लेकिन जवाब न दे पाए तो पूर्वजों तक नहीं पहुँच पाने के कारण मुक्त नहीं हो पाती और भटकती रहती है। इस अवस्था में उसे शरीर की आवश्यकता नहीं होती, परन्तु बेचैनी के कारण वह नकारात्मक वातावरण पैदा कर सकती है। एक समय सीमा के बाद पूर्वज उसकी मदद करते हैं, उसे अपने साथ ले जाते हैं, और वह मुक्त हो जाती है।

कहते हैं, अतृप्त मृतात्माएँ अपने रिश्तेदारों के आस-पास भटकती रहती हैं। कोई इच्छा अपूर्ण रह गई, जिसे वह जीते-जी पूरा करना चाहती थी—तब वह जीवित लोगों से संवाद स्थापित करना चाहती है। ऐसे में उसके सम्पर्क में आया व्यक्ति रोगग्रस्त हो जाता है। कभी-कभी पूर्वजों की दुनिया में पहुँच चुकी आत्माएँ भी अपनी जीवित सन्तानों से मिलने आती हैं। ऐसी आत्माओं को ओराम कहा जाता है। इनके आने से व्यक्ति बीमार हो जाता है। कर्मकांडों के माध्यम से इन आत्माओं को मनाया जाता है।

ऐसी बात नहीं है कि इस समाज में भय जैसा कुछ नहीं है, परन्तु इन्हीं मान्यताओं के कारण भय का गलत उपयोग कोई कर नहीं पाया। चूँकि तानी लोग हर बात को अपने पूर्वजों से जोड़कर देखते हैं तो भय के सारे कारण मिट जाते हैं।

यह एक रहस्य है जिस पर निर्णायक रूप से कुछ भी कहना कठिन है। कर्मकांडों की बुनियाद में रहस्य छिपे हैं। रहस्य को छोड़कर प्रतीकों, कर्मकांडों इत्यादि को ही जब अधिक महत्त्व दिया जाता है तो इसका अर्थ कहीं दब जाता है। आज भी रहस्यवादी लोग हैं, लेकिन विरले हैं।

माना जाता है—व्यक्ति की मृत्यु के ढंग पर निर्भर करता है कि ओराम खतरनाक है या नहीं। अप्राकृतिक मृत्यु वाले व्यक्ति की आत्मा शरीर के प्रति अपने मोह को छोड़ नहीं पाती। ये सांसारिक दुनिया के प्रति लालायित रहती है। इसलिए आगे की यात्रा पर नहीं निकलती बल्कि जीवित लोगों के शरीर पर आसन जमाने लगती है। वह हर जगह अपना शिकार ढूँढ़ती रहती है। इस विश्वास ने कई प्रकार के भ्रम पैदा किए हैं।

अप्राकृतिक मृत्यु पर तानी लोग कई बार कुछ विचित्र कर्मकांड भी करते हैं। यह बहुत भयानक दिखता है, परन्तु ध्यान से देखने पर पता चलता है कि उसकी तह में रहस्यात्मक बातें हैं, जिनका जिक्र मैं यहाँ नहीं करना चाहती। इतना बता देना आवश्यक समझती हूँ; यह शरीर और मन से संवाद का एक तरीका है। इसका असर व्यक्ति के मनोभावों पर पड़ता है।

माना जाता है कि मृतात्मा तीन दिनों तक शरीर से अलग हो जाने की सच्चाई पर यकीन नहीं कर पाती, जिसके चलते वह उसी के आस-पास रहने की जिद करती है। इसके अलावा जीवित लोगों के मन पर इसका असर देर तक रहता है। भय के चलते आदमी मानसिक रोग से ग्रस्त हो सकता है। उससे कोई अशुभ घटना घट सकती है। अत: भयानक, विचित्र कर्मकांड का किया जाना जरूरी होता है ताकि लोग हमेशा के लिए भयमुक्त हो जाएँ और स्वस्थ रह सकें। उन्हें लगे कि मृतक के भूत को इन कर्मकांडों के द्वारा दूर कर दिया गया है, अत: भयभीत रहने की आवश्यकता नहीं है।

अज्ञात लोगों की अतृप्त आत्माएँ भी इसी तरह अपनी इच्छा किसी के भी द्वारा पूरा करना चाहती हैं। वे बेहद साधारण चीजों की भी माँग करती हैं, जैसे—ताम्बूल, पान, खैनी, मीट, सिगरेट इत्यादि। इसी के चलते आज भी कई गाँव वाले कुछ भी खाने से पहले थोड़ा-सा भोज्य पदार्थ अज्ञात आत्माओं के नाम पर फेंक देते हैं। इसी तरह जीवित लोगों की सोच का भी व्यक्ति पर सकारात्मक-नकारात्मक, दोनों प्रकार का असर होता है। कई बार कुछ लोग गलत इरादों से, अतृप्त आत्माओं से जुड़े कर्मकांड करते हैं जो मेरी राय में भ्रमजाल के अतिरिक्त कुछ नहीं है।

इस विषय का महत्त्व इस बात से है कि लोग इसके चलते अच्छे कर्म

करने का प्रयास करते हैं, सन्तुलित रहते हैं। लेकिन एक और बात ध्यान देने की है कि चीगो-बो और दोगो-बो पर चर्चा न के बराबर होती है। इसलिए अधिकतर लोग इसको लेकर अनभिज्ञ ही हैं। ऐसा मालूम पड़ता है कि हमारे पूर्वजों ने व्यक्ति मन को बारीकी से समझा था—इसलिए अपने वंशजों को अनुशासित करने के लिए इन विश्वासों के प्रति आस्था जगाने का प्रयास किया होगा।

कब्र-निर्माण के ढंग पर पहले भी कुछ बातें कर चुकी हूँ, परन्तु यह भी बताया जाना जरूरी है कि उसके निर्माण में इस प्रकार की आस्थाओं का भी महत्त्वपूर्ण स्थान है। व्यक्ति की मृत्यु के ढंग और उम्र को ध्यान में रखकर भिन्न-भिन्न आकृतियों में इसका निर्माण किया जाता है। उसमें जो पड़ाव-प्रतीक बनाए जाते हैं, वे सांसारिक जीवन से लेकर मृतात्मा की यात्राओं तक को इंगित करते हैं।

कब्रों का निर्माण घरों के आस-पास आँगन, बागान इत्यादि में किया जाता है। इससे व्यक्ति के भीतर मृत्यु का स्मरण सदा बना रहता है, लेकिन आदी समुदाय के लोग कब्रिस्तान बनाते हैं, जिसे 'आगो-गोलुंग' अर्थात सामुदायिक कब्रिस्तान कहा जाता है।

मृतक को दफनाने के बाद कुछ दिनों तक हर रात कब्र के पास आग जलाई जाती है। मृतक और उसके जीवित परिजन, दोनों आग के जलने-बुझने के क्रम को देखते रहते हैं और सांसारिक मोह से मुक्त हो जाते हैं। इससे मृत्यु अथवा मिट जाने का भय भी दूर हो जाता है।

न्यीसी और आपातानी लोगों की कब्रों की आकृति त्रिभुजाकार होती है। सबसे ऊपर वाला हिस्सा आकाश की तरफ खुल जाता है। यह जिमी-जमा का प्रतीक है। इसका न कोई प्रारम्भ है और न ही कोई अन्त। इस प्रकार की आकृति मनुष्य शरीर का भी प्रतीक है। सबसे ऊपरी हिस्सा सिर का प्रतीक है। इसी आकृति में 'माजी' होता है जिस पर आगे चर्चा की गई है।

कब्र का निर्माण बाँसों से किया जाता है। समय के साथ बाँस सड़-गलकर समाप्त हो जाते हैं। इसके बाद उस जमीन का उपयोग अपनी जरूरत के अनुसार किया जा सकता है। कोई भी पारम्परिक कब्र जमीन पर युगों तक

कब्जा नहीं करती। मृत्यु को जीवन का अंग मानकर स्वीकार किया जाता है। इसे सामान्य प्रक्रिया के रूप में देखा जाता है, लेकिन अब इसके मायने बदलने लगे हैं। आत्मा की अमरता में यकीन करनेवाले तानियों के वंशज वर्तमान में शरीर के मोह से बँधते जा रहे हैं।

अब बाँसों से कब्र बनाने की परम्परा को छोड़कर आधुनिक ढंग की पक्की कब्र बनाने का चलन बढ़ रहा है। सीमेंट, पत्थर, टाइल इत्यादि से बनी कब्रों से जमीन घिरती जा रही है। अब वे दार्शनिक आधार टूटने-से लगे हैं, जिनमें हमारी संस्कृति और आध्यात्मिक इतिहास छिपा हुआ है।

निलि न्योक/म्योक

यह हमारे पूर्वजों का निवास स्थान है। मृत्यु के बाद तृप्त और शान्त आत्माएँ यहीं पहुँचती हैं। हमारे पूर्वज मृत्यु के बाद आत्मा को दंडित नहीं करते बल्कि जब कोई मरता है तो वे इस संसार में उसका स्वागत करते हैं। पुजारी कहते हैं कि वे लेने भी आते हैं। उनके और हमारे बीच प्रेम ही सेतु है जो मृत्यु के बाद भी नहीं टूटता। मार्ग में 'चीगो-बो' तथा 'दोगो-बो' के द्वारा उत्पन्न संकटों से बचने में भी वे सहायता करते हैं।

पूर्वजों का अत्यधिक सम्मान किया जाता है। वे उतना ही सत्य हैं जितना यह जीवित शरीर। कीमती पारम्परिक वस्तुओं की कीमत भी पूर्वजों के अनुसार तय होती है। जितना पुराना उतना महत्त्वपूर्ण।

न्यीया न्योक अथवा सचंग-न्योदो

न्यीया अर्थात मनुष्य। न्योक अर्थात लोक। सचंग अर्थात धरती। न्योदो अर्थात आकाश। इस लोक में जीवित मनुष्य का परिवार, समाज, गाँव, देश इत्यादि के अलावा पशु-पक्षी, पेड़-पौधे भी आते हैं। यह मृत्यु लोक या भौतिक दुनिया है। जन्म लेना और मरना यहीं होता है। व्यक्ति को कर्मों के अनुसार सजा इसी संसार में मिलती है।

यहाँ सन्तुलन का नियम चलता है—मनुष्य और प्रकृति के बीच, रिश्तेदारियों के बीच। महत्त्वपूर्ण अवसरों, कर्मकांडों, शादी-विवाह अथवा त्योहारों के समय सन्तुलन के नियम को दर्शाने के लिए प्रतीक के तौर पर 'दापो' बनाया जाता है। वेदी निर्माण भी इसी के अन्तर्गत आता है।

प्रत्येक समाज में शुभ-अशुभ, आस्था-विश्वास, अन्धविश्वास आदि देखे जा सकते हैं। तानी समाज में भी ये बातें मिलती हैं, किन्तु पाप-पुण्य, स्वर्ग-नर्क की कल्पनाएँ इस समाज में नहीं हैं। यहाँ यह कहना आवश्यक है कि अन्धविश्वास को किसी भी समाज के लिए उचित नहीं माना जा सकता।

तानी भाषा

अनेक विद्वानों ने अपने-अपने अनुभव, समझ और ज्ञान के आधार पर भाषा को परिभाषित किया है, जैसे प्लेटो ने 'सोफिस्ट' में विचार और भाषा को लेकर लिखा है, "विचार आत्मा की मूक या अध्वन्यात्मक बातचीत है, पर वही जब ध्वन्यात्मक होकर होंठों पर प्रकट होती है तो उसे भाषा की संज्ञा दी जाती है।" स्वीट कहते हैं, "ध्वन्यात्मक शब्दों द्वारा विचारों को प्रकट करना ही भाषा है।" वेन्द्रीय कहते हैं, "भाषा एक तरह का संकेत है। संकेत से आशय उन प्रतीकों से है, जिनके द्वारा मानव अपने विचार दूसरों पर प्रकट करता है। ये कई प्रकार के होते हैं, जैसे नेत्रग्राह्य, कर्णग्राह्य और स्पर्शग्राह्य। वस्तुत: भाषा की दृष्टि से कर्णग्राह्य प्रतीक ही सर्वश्रेष्ठ है।"

इसी तरह अनेक विद्वानों ने अनेक परिभाषाएँ दी हैं। यहाँ मैं भाषा वैज्ञानिक की भूमिका में नहीं हूँ, न ही हो सकती हूँ। मेरी रुचि केवल तानी भाषा का परिचय प्रस्तुत करने में है। इसलिए यहाँ इसकी चर्चा करूँगी कि तानी भाषा को किस भाषा-परिवार के अन्तर्गत रखा गया है।

कोई भाषा किस भाषा-परिवार के अन्तर्गत आती है, इसका निर्णय कई साक्ष्यों के आधार पर किया जाता है—

भौगोलिक समीपताएँ

एकाधिक भिन्नताओं के बावजूद भौगोलिक समीपताओं के आधार पर भाषाओं में कई समानताएँ पाई जाती हैं। संस्कृति, रहन-सहन इत्यादि में भी समानताएँ देखी जा सकती हैं। किसी स्थान पर पाए जानेवाले शब्दों का सम्बन्ध वहाँ

मूल रूप से पाए जानेवाले पेड़-पौधों से होता है। जिस तरह के पेड़-पौधे पाए जाते हैं—उससे सम्बन्धित शब्द वहाँ बनाए जाते हैं। जिन स्थानों में यही पेड़-पौधे नहीं पाए जाते—वहाँ उनसे सम्बन्धित शब्द मौजूद नहीं होते। इसी तरह कई भौगोलिक कारण होते हैं, जिनसे भिन्न-भिन्न शब्द और उसके उच्चारण पैदा हो जाते हैं।

अधिक गर्मी अथवा अधिक ठंड के कारण भी उच्चारण में समानताएँ-भिन्नताएँ पाई जाती हैं। इस कारण एक ही शब्द भिन्न दिखने लगता है। इसे पूर्णत: वैज्ञानिक नहीं कहा जा सकता क्योंकि कई भाषाएँ भौगोलिक समीपता के बिना भी एक ही भाषा-परिवार के अन्तर्गत आ सकती हैं।

आवश्यकता के चलते चीजें निर्मित की जाती रही हैं। साथ-साथ शब्द भी बनते गए और भाषाओं का निर्माण होता गया। इसके चलते भी भिन्नताएँ निर्मित होती गईं। इस तरह कह सकते हैं—प्रकृति ने मानवीय भाषा निर्माण में स्वत: ही मनुष्य का साथ निभाया है।

शब्दानुरूपता, व्याकरणगत समानताएँ

समान शब्द जिन भाषाओं में पाए जाते हैं—उन्हें एक ही भाषा-परिवार के अन्तर्गत रखा जाता है। यह कई कारणों से हो सकता है—राजनैतिक, शैक्षिक, सांस्कृतिक आदान-प्रदान आदि, लेकिन तानी समुदायों की भाषाओं में स्वत: ही समानताएँ अधिक हैं, भिन्नताएँ कम हैं। कई बार एक-दूसरे की बोलचाल की भाषाओं को समझने में हमें थोड़ी-बहुत मेहनत करनी पड़ सकती है—किन्तु कर्मकांडों में 'न्यूब' (पुजारी) द्वारा प्रयुक्त शब्द समान होते हैं। उनमें अन्तर नहीं होता।

ध्वनि साम्यताएँ

विश्व की सभी भाषाओं का अपना-अपना ध्वनि-सिद्धान्त होता है। यह सबसे विश्वसनीय आधार है। इसी के आधार पर आसानी से पता किया जा सकता है कि कौन-सी भाषा किस भाषा-परिवार के अन्तर्गत आती है?

व्याकरणिक आधार

व्याकरण भाषा को अनुशासन में रखने का काम करता है। पद-रचना, काल, स्त्रीलिंग-पुल्लिंग इत्यादि इसी के आधार पर तय किए जाते हैं।

इन्हीं आधारों पर, तानी भाषाएँ किस भाषा परिवार के अन्तर्गत आती हैं, इसे समझने के लिए संक्षेप में भारतीय आदिवासी भाषाओं के वर्गीकरण को देखना आवश्यक है—

1. इंडो-आर्यन परिवार—गोजरी, गुर्जरी, गुजराती, बांग्ला आदि।
2. तिब्बत-बर्मा परिवार—इसमें पूर्वोत्तर भारत की अधिकांश आदिवासी भाषाएँ आती हैं—तानी भाषा समूह, बोडो, बुगुन, लेपचा, राल्ते, शेरपा, नागा आदि।
3. द्रविड़—गोंडी, कोटा, मलयालम, तमिल, तेलुगू आदि।
4. आस्त्रेक-एशियाटिक परिवार—असुरी, भूमिज, खासी, काकू, कुर्मी, मुन्दरी आदि।
5. अंडमानी परिवार—जारवा, औंग, सन्तली, बो, अंडमानी।
6. चीनी—खाम्ती (एक अरुणाचली बोली)।
7. अवर्गीकृत समहू—मोंवाट।

इस वर्गीकरण से स्पष्ट है—तानी भाषा समूह तिब्बत-बर्मा भाषा परिवार से उत्पन्न हुई है। इसके अन्तर्गत आदी, न्यीसी, आपातानी, गालो, तागिन, मिसिंग और मिरी बोलियाँ आती हैं। इन बोलियों के उच्चारण में भिन्नता पाई जाती है। इसी के आधार पर इन्हें पहचाना जाता है।

तानी भाषा पर भी किसी ने कोई शोध अथवा लेख नहीं लिखे हैं, लेकिन पूरे उत्तर-पूर्वीय भाषा के सन्दर्भ में जॉर्ज ग्रियर्सन को बार-बार उद्धृत किया जाता है। उन्होंने कहा है—"तिब्बतीय-बर्मी जातियों के निष्क्रमण की गतिविधियों पर विचार करते समय यह कहा जा चुका है कि सांग्पो नदी के साथ तिब्बत नदी में प्रवेश करने के उपरान्त इस जाति के कुछ लोग हिमालय को पार कर उसके दक्षिण ढाल की ओर चले गए। इसके पूर्व में

तवांग से लेकर असम प्रदेश के सबसे पूर्वी कोने तक तथा उसके भी और आगे ब्रह्मपुत्र के उत्तर के पहाड़ों में चार जातियाँ निवास करती हैं, जिनकी भाषाओं का ठीक-ठीक वर्गीकरण सन्दिग्ध है। पश्चिम से पूर्व की ओर बसी क्रमशः अंक, अंगक, हुस्से, दफ़ला, आबोर, मिरी, मिश्मी हैं। इनमें से अधिकांश ब्रिटिश क्षेत्र के बाहर निवास करती है। अतएव इनके सम्बन्ध में हमारा ज्ञान अपूर्ण है।"

इसमें जिसे 'दफ़ला' कहा गया है, वह न्यीसी है, और जिसे आबोर कहा गया है, वह आदी है। पहले आदी और गालो को एक साथ 'आदी-आबोर' भी कहा जाता था। यह शब्द-पद तानी भाषा का नहीं है, बल्कि बाहरी लोगों द्वारा तानी लोगों को अपमानित करने के लिए व्यवहृत किया गया था। इसका अर्थ है—जंगली, असभ्य और बर्बर। वर्तमान में इस शब्द-पद को हटा दिया गया है। इसके लिए यहाँ के लोगों को लम्बा संघर्ष करना पड़ा था।

तानी भाषा-समूह की अपनी कोई लिपि नहीं है। किंवदन्तियों के अनुसार, किसी वक्त इनकी अपनी लिपि थी। कहते हैं, तानियों को अपने स्थान से पलायन करना पड़ा था। नए, सुरक्षित, उपजाऊ भूमि की तलाश में वे पहाड़ों और जंगलों में भटकते रहे। लिपि को हिरण की खाल पर लिखकर लाए तो थे, परन्तु भूख से व्याकुल होने के बाद उन्होंने विवश होकर उस खाल को भूनकर खा लिया। इस तरह तानियों की अपनी लिपि खो गई।

इस किंवदन्ती पर कितना यकीन किया जाना चाहिए, यह कहना मुश्किल है, परन्तु इतना अनुमान तो लगा ही सकते हैं कि कहीं-न-कहीं लिपि अवश्य रही होगी। धीरे-धीरे समय के साथ लोग भूलते गए। हिरण जंगल का प्रतीक है। खाल को खा जाने का अर्थ है कि खानाबदोश जीवन जीते हुए साक्षर होना कठिन है, वह भी जंगलों में। आदमी पेट के लिए मरे, नाना प्रकार के जानवरों से अपनी रक्षा करे कि पढ़े-लिखे? लेकिन हमारे पूर्वजों ने इन कठिनाइयों के बावजूद एक नायाब मार्ग खोज लिया था। आभूषणों में, पूजा की वेदियों में, माजी में, ताल में, कब्र निर्माण में उन्होंने संकेतों के रूप में अपनी लिपि को उकेरने का रिवाज बनाकर यह मार्ग खोजा था। आज भी इन संकेतों को तिब्बत के बौद्ध संन्यासी आसानी से पढ़ लेते हैं।

कुछ लोग यह भी कहते हैं कि जब तिब्बत में बौद्ध धर्म का प्रवेश हुआ (जो कि छठी-सातवीं सदी तक वहाँ का एक महत्त्वपूर्ण धर्म बन गया था) तब उस वक्त के राजा ने सबको बौद्ध बनने पर मजबूर किया, जिससे हमारे तानी पूर्वजों ने इनकार किया, जिसके चलते उनका शोषण होने लगा। विवश होकर वे वहाँ से अन्य स्थानों की तरफ चल पड़े और खानाबदोश जीवन जीने पर मजबूर हुए।

जहाँ तक मेरी अल्प जानकारी है, बौद्धों ने आज तक हिंसा, अन्याय अथवा शोषण के माध्यम से किसी का भी धर्म परिवर्तन नहीं किया। फिर भी, यदि तानियों का पलायन हुआ होगा तो और कोई कारण रहे होंगे। खैर, तानी संस्कृति बौद्धों से भी पुरानी है, अति प्राचीन। मौन का महत्त्व इसमें प्रारम्भ से ही है, जिसे वर्तमान में भी गाँवों में देखा जा सकता है।

तानी भाषा अथवा बोलियाँ गहरे में जिमी-जमा अर्थात मौन की परिकल्पना से बहुत अधिक प्रेरित हैं, जैसे नाम-शब्दों का कोई अर्थ नहीं होता। अर्थ वाले नाम-शब्दों का महत्त्व नहीं है क्योंकि उससे अनावश्यक विचार उत्पन्न होते हैं। कल्पनाओं का अत्यधिक प्रयोग नहीं किया जाता। भाषा में लिंग-भेद नहीं होता। यहाँ तक कि किन्नरों के लिए भी अलग से लिंगों का निर्माण नहीं किया गया है। वैसे इस पर एक दिलचस्प बात है; किन्नरों का अस्तित्व वर्तमान में ही दिखता है। पूर्व में उनके होने के संकेत नहीं मिलते। किसी भी कथा-कहानी में वे नहीं मिलते, न ही पुजारी द्वारा गाए जानेवाले सृष्टि-गीतों में मिलते हैं। कुछ लोग इस पर मजाक में कहते हैं, "ये (किन्नर) भौतिक विकास की सन्तान हैं।"

खैर, लिंग की बात करते हैं—जैसे हवा न स्त्रीलिंग है, न पुल्लिंग और न ही वह नपुंसक लिंग है। वह न बहती है और न ही बहता है। उसका बहना ही प्रमुख है। यदि मान भी लें कि वह पुरुष है, तो भी उसको इस रूप में अभिव्यक्त करने के लिए लिंगों का कोई प्रावधान नहीं है। हवा बस हवा है। उस पर अलग से विचार-विमर्श नहीं किया जाता। वह है जैसे सूरज है, जैसे चाँद है, जैसे तारे हैं, जैसे पेड़-पौधे हैं इत्यादि। ये विचारों से नहीं चलते। इनके साथ संवाद स्थापित किया जा सकता है, परन्तु यह काम विचार से उत्पन्न भाषा के जरिये नहीं हो सकता।

भाषा की बनावट इस तरह से है कि तानी समाज के लोग भूलकर भी प्रकृति को अपने से कमतर अथवा निम्न मान ही नहीं सकते। मसलन, छिपकली को 'सोपिन' कहा जाता है—आदमी का नाम भी सोपिन है। उसी प्रकार तापिन (चमगादड़), ताबी (बाँस), ताकार (तारे), ताब (साँप), याखा (काली), ताखा (काला), यालंग (लाल), यापुंग (श्वेत) इत्यादि। तानी भाषा में ये सारे शब्द गाली अथवा घृणा का भाव उत्पन्न नहीं करते।

तानी भाषा में ध्वनि-संकेत महत्त्वपूर्ण है। उसके माध्यम से किसी शब्द विशेष का उच्चारण किया जाता है। उसी से मिलते-जुलते शब्दों के बीच के अन्तर को दर्शाया जाता है, यथा; म-अ-नाम। इसकी सटीक ध्वनि को प्रदर्शित करने में नागरी लिपि भी सक्षम नहीं है। म-अ-नाम का अर्थ है सोचना अथवा चाहना। इसके कई और अर्थ हैं—बनाना, बनाया हुआ अथवा झूठ। उच्चारण और वाक्य में प्रयोग के अनुसार इसके अन्तर को समझा जा सकता है। यह ध्वनि इस भाषा-समूह का मूल है। इसी के चलते लोग अन्य भाषाओं के लिपि को अपनाने से कतराते रहे हैं। वर्तमान में रोमन लिपि में 'w' अथवा 'v' को इसका संकेत-चिह्न मानकर लोग लिख रहे हैं, लेकिन अधिकांश लोग इसे पढ़ पाने में दिक्कत महसूस करते हैं।

शब्दों के निर्माण के तरीके बहुत आसान हैं जैसाकि पहले भी थोड़ा-बहुत बताया गया और आगे कथाओं में भी संक्षिप्त उदाहरण दिए गए हैं। पिता के नाम-शब्द के अन्तिम अक्षर से एक नया शब्द बनाया जाता है, यथा; रंका का कादाप। कादाप को तादाप भी कह सकते हैं, परन्तु वंशावली-गणना के समय कादाप ही कहना होता है। न्यूब (पुजारी) भी पूजा के वक्त कादाप शब्द का ही उच्चारण करते हैं। इससे कई पूर्वजों के नामों को गिना जा सकता है, क्योंकि इससे पता चल जाता है कि अमुक व्यक्ति किसकी सन्तान है?

इस प्रकार देख सकते हैं कि आमतौर पर नाम-शब्दों का कोई शाब्दिक अर्थ नहीं होता, लेकिन वे अर्थवान होते हैं। अन्य शब्दों के निर्माण की प्रक्रिया थोड़ी अलग है, यथा—

(क) दुम्पो (सिर) से दुम (बाल), पोदुम (माथे पर घुमावदार तरीके से बाँधे गए लम्बे बाल), दुमरक (सिर का ऊपरी हिस्सा), दुम्पी

(बेनी), दुम्ची (सिर दर्द), दुम्गाक (सिर का पिछला हिस्सा)।

(ख) आनियिक (आँख) से निग्मी (पलकें), न्यितुर (खुली सूखी आँखें), न्यसी (आँसू), न्यितुम (बन्द आँखें), न्यिब्यो (खुली आँखें), न्यिकुंग (बहुत ही छोटी आँखें), न्यिसो (सुस्त आँखें)।

(ग) आलाक (हाथ) से लाक्चिंग (उँगली), लाग्ची (बाएँ हाथ), लाग्बिक (दाएँ हाथ), लाग्चिकोरो (हथेली), लापीय (थका हुआ हाथ)।

(घ) लपा (पाँव) से लचंग (पैर की उँगली), लसो (लम्बी पाँव), लनिया (छोटी पाँव), लसुर (पाँव फैलाना), लपीय (थका हुआ पाँव)।

प्रत्येक समुदाय की बोली में उसके पास-पड़ोस के दूसरे समुदाय से भिन्नता है, परन्तु सभी समुदायों के लिए, पुजारी द्वारा मंत्रोच्चार की भाषा एक होती है। गाँव वाले आसानी से इन्हें समझ लेते हैं, चाहे वे किसी भी समुदाय के हों। इससे बड़ा उदाहरण और क्या हो सकता है कि पाँचों तानी समुदाय एक ही स्रोत से निकले हैं। पहले लोग अपने उपनाम में 'तानी' शब्द का ही प्रयोग किया करते थे, बाद में आबोतानी के समय से इसका रूप बदलने लगा। अपने किसी एक पुरखे के नाम को उपनाम के रूप में अपनाया जाने लगा। वर्तमान में पाँचों तानी समुदायों के अलग-अलग नामों का यही कारण है—न्यीसी, आपातानी, आदी, तागिन और गालो। इन सभी के मूल में 'तानी' है।

प्रत्येक वस्तु के लिए भिन्न शब्द होता है, जिसका पूजा-पाठ के वक्त उच्चारण किया जाता है। वेदियों पर भी प्रतीक के तौर पर मंनुष्य के उपयोग में आनेवाली वस्तुएँ ही बनाई जाती हैं। माना जाता है कि अप्रत्यक्ष शक्ति का भी अपना शरीर होता है, अपनी आवश्यकताएँ होती हैं। इससे इस बात का पता चलता है कि यह समाज प्रत्येक चर-अचर का अपने जैसा ही जीवित जानकर आदर करता है। घर के हर एक कोने के कान होते हैं। प्रत्येक वस्तु सुनती है। यही इस समाज के लोगों को युगों से अनुशासित करता रहा है।

तानी समुदायों की बोलियों में कुछ-कुछ भिन्नताएँ हैं, परन्तु उनके स्रोत-शब्द एक हैं। इस तरह भाषा में एक पूरे समाज का इतिहास और दर्शन निहित है। तानी बोलियों का कोई औपचारिक नाम नहीं है।

आध्यात्मिक प्रतीकात्मक वस्तुएँ और सामूहिकता

तानी समाज का मूल दर्शन एक है, लेकिन इसके प्रत्येक समुदाय के अपने-अपने रिवाज एवं मान्यताएँ हैं। उन्हें निभाने के ढंग में भी कुछ सूक्ष्म भिन्नताएँ देखी जा सकती हैं—जैसे वस्त्रों और आभूषणों की रूपरेखा में। परन्तु कुछ प्रचलित समानताएँ भी हैं, जिनकी चर्चा करना यहाँ प्रासंगिक है।

न्यूबू

इन्हें अन्य समाजों के पुजारी के समान माना जा सकता है, परन्तु ये उनसे एकदम भिन्न भी हैं। मंत्र इत्यादि इन्हें सिखाया नहीं जाता। इनकी प्रतिभा जन्मजात होती है और न्यूब होने के गूढ़ रहस्य को ये अपने बड़ों से सीखते हैं। आगे जाकर अचानक किसी सही वक्त पर यह प्रतिभा खिलने लगती है। यह बिलकुल वैसा ही है, जैसे कोई फूल अपने-आप खिल गया, कोई पौधा अपने-आप उग आया, कोई पंछी अपने-आप गाने लगा। प्रकृति और पूर्वजों से जो गहनतम रूप से जुड़ सकता है—वही न्यूब हो सकता है। इसीलिए यह पूर्णतः प्राकृतिक है। ये लोग प्रकृति से संवाद करने में निपुण होते हैं। जो जितने गहरे उतरकर यह संवाद कर सकता है, वह उतना ही अधिक महत्त्वपूर्ण माना जाता है।

अमूमन 'न्यूब' सहज ही समाधिस्थ किस्म के लोग होते हैं। जो जितना अधिक समाधिस्थ होता है, वह उतना ही बड़ा न्यूब होता है। वंशावली-गणना, पूर्वजों का ज्ञान, सृष्टि निर्माण इत्यादि को गाने का विशिष्ट ढंग होता है।

भविष्यवाणी करना, रोगी की आत्मा को वापस उसके शरीर में स्थित कर देना इनका काम होता है। हर न्यूब का अपना-अपना ढंग होता है। कोई शब्द निश्चित नहीं होता, परन्तु गाने का ढंग एक ही तरह का होता है। ओप्पो खूब पीने के बावजूद जब ये मंत्रोच्चार करते हैं, बिलकुल होश में होते हैं।

तानी समाज में न्यूब का बहुत अहम स्थान है। उनका ऊँचा दर्जा होता है। पूर्व में जब इलाज का और कोई विकल्प नहीं था, तब इनका अपना ही महत्त्व हुआ करता था। इनके भिन्न-भिन्न स्तर होते हैं। कुछ बड़े कर्मकांडों को सम्पन्न करते हैं, कुछ छोटे कर्मकांडों को। कुछ न्यूब, बड़े न्यूब के सहायक भी होते हैं।

सी दोंयी, न्योकुम, ड्री, मोपिन, सोलुंग जैसे त्योहारों में सृष्टि और मनुष्य के एक होने को उत्सव के रूप में मनाया जाता है। फसलों को धन्यवाद देते हुए उसी से धन-धान्य की कामना की जाती है और प्रत्येक चर-अचर का आह्वान किया जाता है। ऐसे तमाम अवसरों पर न्यूब मनुष्य और प्रकृति के बीच सेतु का काम करते हैं। पूजा के वक्त वेदी-निर्माण से लेकर कई काम इन्हीं के निर्देशानुसार किए जाते हैं। शिकार पर कुछ दिनों की रोक लगाना, जंगली पशुओं का मीट न खाना, जंगल न जाना, मिट्टी पर किसी तरह की चोट न करना, फल-सब्जी न खाना इत्यादि न्यूब के ही निर्देश से होते हैं। न्यूब होने के लिए किसी प्रकार का कोई पारम्परिक नियम अथवा बन्दिशें नहीं हैं। कोई भी व्यक्ति जो इस प्रतिभा से पूर्ण है, वह न्यूब बन सकता है।

माजी/माज

यह बहुत ही महत्त्वपूर्ण और प्रतीकात्मक वस्तु है। 'मा' का अर्थ है—नहीं। 'जी' लगाने पर 'ऐसा ही है' का भाव आता है। इसका शाब्दिक अर्थ हुआ—नहीं है, परन्तु यही है। इससे जिमी-जमा दर्शन प्रत्यक्ष हो जाता है। यह एक विशेष प्रकार की मिट्टी से बनता है। यह जंगली कुकुरमुत्तों और ओस की सहायता से बनाया जाता है और बहुत ही नाजुक होता है। यह कभी भी टूट सकता है, इसलिए इसका खास खयाल रखना पड़ता है। यह हजारों साल पुराना हो

सकता है। इसी से इसका महत्त्व है। यह शरीर का भी प्रतीक है। कब्र निर्माण भी इसी की तर्ज पर किया जाता है। यह एक लम्बी कथा को साथ लिए चलता रहता है।

माजी का महत्त्व उसके निर्माण के समय से तय होता है। सूर्योदय से पूर्व, सूर्योदय के बाद, दोपहर, शाम और रात्रि में बने माजी का महत्त्व अलग-अलग होता है। यह घंटी जैसा दिखता है, परन्तु घंटी नहीं है। इसे बजाया नहीं जाता। पूर्वजों के प्रति आस्था और श्रद्धा का यह सुन्दर उदाहरण है। हजारों पूर्वजों के हाथों के स्पर्श को लेकर वर्तमान से भावी पीढ़ियों तक लगातार यह यात्रा करता रहता है। जिन-जिन वंश के यहाँ से होते हुए यह वर्तमान के लोगों तक पहुँचता है—यात्रा की उन कथाओं को गाया या स्मरण किया जाता है। उसी के अनुसार रिश्तेदारी का सम्मान भी बढ़ जाता है। पुराने समय में इसी प्रथा के जरिये युद्ध रोके जाते थे। शान्ति स्थापित की जाती थी।

इसमें पूर्वजों की मौन ध्वनि विद्यमान होती है और वर्तमान के लोग भी इसका स्पर्श करके इस शृंखला में जुड़ते चले जाते हैं। इसलिए यह सर्वाधिक सम्मान की वस्तु है। यह पहाड़ की आकृति लिये हुए होती है। अटल, अचल। इसके तल का प्रत्येक कोना ऊपर चोटी रूपी सिर पर जाकर एक हो जाता है। वहाँ से जीवन रूपी जल की धारा पत्थरों को चीरते हुए निरन्तर फूटती रहती है।

माना जाता है कि यह पूरे खानदान की परोक्ष रूप से रक्षा करता रहता है। आमतौर पर इसे पुत्र को हस्तान्तरित किया जाता है। सारे गाँव वालों तथा रिश्तेदारों को इसकी खबर दे दी जाती है। क्योंकि इसमें अनेक लोगों का स्पर्श और श्रद्धा मौजूद रहती है, अत: यदि किसी ने इसे लड़ाई-झगड़े से हासिल किया है तो माना जाता है कि यह जिस किसी के भी पास होगा, उसके कुल का नाश हो जाएगा।

विवाह में माता-पिता आशीर्वाद के तौर पर अपनी पुत्री और दामाद को भी माजी सौंप सकते हैं। उस वक्त 'माजी' को पूर्वजों का स्मरण दिलाया जाता है कि उस पर किन-किन लोगों के हाथों का स्पर्श है—उन पूर्वजों के नामों को गिना जाता है। इसके बाद किसी और खानदान में भेजे जाने का

कारण बताते हुए इसे समझाया जाता है कि उसको नए परिवार और खानदान की रक्षा करनी है।

शरीर का जन्म शरीर से होता है, यह ज्ञात सत्य है। इसीलिए ज्ञात-अज्ञात पूर्वजों का सम्मान किया जाता है। उनके नामों के रूप में उनके शरीरों का स्मरण किया जाता है। उनके सिखाए सृजनात्मक कार्यों को धन्यवाद दिया जाता है। कीमती पारम्परिक वस्तुओं में मानव-स्पर्श का महत्त्व भी इसी पर आधारित है। इसकी विदाई भी दुल्हन की तरह ही की जाती है। इस समय दूल्हे वाले अथवा इसे लेनेवाले जो भी देते हैं, उसका सभी रिश्तेदारों में बँटवारा होता है। इस प्रथा को बेचने के अन्तर्गत नहीं रखा गया है। चारों दिशाओं के लोगों तक इसकी खबर पहुँचाई जाती है। माना जाता है कि ऐसा नहीं करने पर इसकी मौन शक्ति का लोप हो जाता है।

समय-समय पर इससे संवाद स्थापित करते हुए पूजा-पाठ किया जाता है। इसको चावल के भीगे आटे का लेप लगाया जाता है। बुजुर्ग और समझदार लोग इसका स्पर्श करते हुए इसके बाहर-भीतर बनी आकृतियों का परीक्षण-निरीक्षण करते हैं। प्रत्येक रेखा का अर्थ निकाला जाता है। कितने वर्ष पुराना है, इसका अनुमान लगाया जाता है। आबो लोमा के हाथों से बना है अथवा बाद के लोगों द्वारा, इसका पता लगाया जाता है। यदि लोमा का स्पर्श लिये आया है तो उसका महत्त्व बहुत अधिक होता है। इसे आमतौर पर मिट्टी के भीतर ही रखते हैं। इससे इसका मटमैला रंग बहुत ही शानदार दिखता है। हल्का हरापन उस पर किसी गहरी झील की मानिन्द खिलता है।

इन्हें जीवित माना जाता है। गाँव वाले कहते हैं कि कोई अशुभ घटना घटनेवाली होती है तो उसका संकेत इस पर उभर आता है। कई लोग कहते हैं कि इससे पूर्वजों के रोने की आवाजें भी आती हैं। जाहिर है, ये तमाम बातें माजी के प्रति तानी लोगों की आस्था का उदाहरण हैं।

यह पूरे खानदान और एक कबीले की एकता का केन्द्र होता है। इससे सामूहिकता की भावना मजबूत होती है। आपराधिक मानसिकता के साथ इसका स्पर्श वर्जित है। इस बात को लोग स्वयं समझकर इसके स्पर्श से दूरी बनाते हैं। ऐसा नहीं होने पर इसका असर व्यक्ति पर तो पड़ता ही है, इस पर भी रह

जाता है जो आगे जाकर शुभ नहीं होता। पूर्वजों का स्पर्श एक शक्ति के तौर पर अपना काम करता है।

इस प्रकार जीवन-मूल्यों की रक्षा इसने अप्रत्यक्ष ढंग से सदियों तक की है। पहले इसे बेचने का नियम नहीं था, परन्तु अब लोग लाखों में इसका सौदा कर लेते हैं। इससे इसका आध्यात्मिक महत्त्व घटता जा रहा है। यही कारण है कि सांस्कृतिक आधार अथवा जड़ों की कथा खोती जा रही है। किन-किन लोगों से होते हुए यहाँ तक यह आया है, इस पर भी लोग अब ध्यान नहीं दे रहे। निश्चय ही यह चिन्ता का विषय है।

तालो/ताल

यह ताँबे से बना थालीनुमा वाद्ययंत्र है। इसे पूजा, विवाह इत्यादि शुभ अवसरों पर बजाया जाता है। इससे जो ध्वनि निकलती है, उसका खास महत्त्व होता है। इसी के तर्ज पर मानव-ध्वनि के रूप में लोग—हुम्म्ममम्म...हो...का स्वरनाद करते हैं। पूर्व के लोग इस ध्वनि का प्रयोग युद्ध के वक्त भी किया करते थे। इससे आन्तरिक शक्ति मजबूत होती थी। आनन्द को अभिव्यक्त करने अथवा शुभ कार्यों को प्रारम्भ करते समय भी इसका उद्घोष किया जाता है, जिससे पूरा वातावरण खुशनुगा हो जाता है।

तालो की आकार और प्रकार की भिन्नताओं को तानी गाँवों के लोग आसानी से पहचान लेते हैं। इसका निर्माण भी माजी की तरह प्रातः, सुबह, दोपहर, शाम, संध्या और रात्रि के वक्त भिन्न-भिन्न तरीकों से किया जाता है। उसी के अनुसार इसका महत्त्व भी निर्धारित होता है। इसे बनाने के लिए जंगली वस्तुओं का इस्तेमाल किया जाता है। बाजार में बनाए गए तालो, माजी और इस प्रकार के तालो-माजी में जमीन-आसमान का फर्क देखा जा सकता है।

इसे भी माजी की तरह विवाह में पुत्री को दे सकते हैं। पुत्र को भी दे सकते हैं, लेकिन इसे माजी के मुकाबले कम रुतबा हासिल है क्योंकि यह शोर करता है जबकि माजी बिना बोले ही बोलता है। इसकी विदाई भी उस तरह से नहीं की जाती जिस तरह माजी की की जाती है।

तालो का महत्त्व उनकी पुरातनता के अनुसार निर्धारित होता है। विवाह इत्यादि अवसरों पर इसी पर 'माजी' को रखा जाता है। माजी जब चलता है तो अकेला नहीं चलता। यह आदमी का सिर है अर्थात बुद्धि का भी प्रतीक है। उसके साथ कई नौकर-चाकर, रक्षक इत्यादि होने चाहिए अत: साथ ही कई चीजें रखते हैं जो शतरंज के पासे जैसी लगती हैं।

पशु-पक्षी

तानी समाज में पशु-पक्षियों का बड़ा ही महत्त्वपूर्ण स्थान है। वे मनुष्य से पहले इस पृथ्वी पर जन्मे हैं, इसलिए उन्हें तानी खुद से बड़ा मानते हैं। वे हमें जीवन देते हैं। इसलिए आवश्यकता से अधिक पशु-पक्षियों का शिकार करना अथवा मांस खाना अशुभ माना गया है। माना जाता है कि उईयु इसके लिए सजा देता है। आदमी कई तरह के रोगों का शिकार हो सकता है, अप्राकृतिक मृत्यु को भी प्राप्त हो सकता है। गर्भवती स्त्रियों का पति जंगली पशुओं का मांस खाए तो इसका असर होनेवाले बच्चे पर पड़ता है। पशुओं का स्वभाव उसमें आ सकता है। गर्भवती माता भी कई पशुओं का मांस नहीं खा सकती।

कहा जाता है कि साँपों का मांस आदमी के लिए बहुत ही हानिकारक होता है। मृत्यु के बाद साँप की आत्मा शरीर से पृथक् हो चुकी होती है, परन्तु उसका शरीर तब भी हिलता-डुलता रहता है। ऐसे विश्वासों के चलते लोग पशु-पक्षियों के प्रति अटूट श्रद्धा रखते हैं और उन पर ज्यादती करने से बचते हैं।

न्यीशी समाज के बड़े-बुजुर्ग और गाँव वालों के लिए आज भी यह शर्म की बात होती है कि किसी व्यक्ति को साँप ने डस लिया। इसका अर्थ है कि वह व्यक्ति, जिसे साँप ने डसा है—वह प्रकृति की भाषा को नहीं समझता। उसको इतना भी ज्ञान नहीं था कि साँप के डसने तक की नौबत आने से रोक पाता। इसी शर्म के कारण लोग सर्प दंश के बाद गोदामों में तीन-चार दिन तक छुपकर रहते थे। किसी को अपना चेहरा नहीं दिखाते थे। एकान्त में वे चिन्तन-मन्थन करते थे कि उन्हें इसी तरह की गलती फिर से नहीं दोहराना चाहिए अन्यथा साँप उन्हें दोबारा डस सकता है।

इस प्रथा को न तो वैज्ञानिक कहा जा सकता है और न ही अवैज्ञानिक। यह अपनी ही तरह का ज्ञान है। जीवनधारा को समझने का अपना अनोखा ढंग। प्रकृति के साथ चलने का तरीका।

पशुओं के नाम पर गालियों वाले शब्द नहीं बनाए गए, बल्कि लोग उनके जैसा दिखने अथवा होने के लिए कई कलात्मक चीजें बनाते हैं। लोग सम्मानपूर्ण व्यवहार करते हैं। यह तभी सम्भव है जब हम प्रकृति से खुद को भिन्न मानने के बजाय उसी का ही एक अंग मानकर चलें। पूरा चराचर जगत एक परिवार है; सब सामान्य और अनोखे हैं। इसी मान्यता से प्रेरित होकर लोग पशु-पक्षियों के पंखों, चोंच, सींग, चमड़े, पूँछ, बाल इत्यादि से अपने शरीर को सजाते हैं। गोदना से अपने शरीर को सजाना भी इसी मान्यता से निकली एक परम्परा है।

लोग चेहरे पर भिन्न-भिन्न ढंग से गोदना गुदवाते थे। यह मात्र सुन्दरता के लिए नहीं किया जाता था। इसके पीछे सन्देश भी होता था। बड़े पुरुष शिकारियों अथवा योद्धाओं के चेहरों पर जो आकृतियाँ बनती थीं, वे खतरनाक पशुओं से जिस तरह भय उत्पन्न होता है, उसी तरह के भाव उत्पन्न करती थीं। इन्हीं से उनकी शक्ति, बुद्धि और अनुभव का अन्दाजा लगाया जाता था। सम्मान भी समाज में इसी के अनुसार प्राप्त था। इनमें एक कथा-इतिहास छिपा होता था।

पशु से मनुष्य श्रेष्ठ नहीं है। पशु मनुष्य से अधिक शक्तिशाली है। पशु जीवन देता है, हमारे पास उसे कुछ देने की शक्ति नहीं है। यही कारण है कि मनुष्य उसकी नकल करता है। हथियार और बुद्धि के बिना मनुष्य पशु के सामने कुछ नहीं है। सम्भव है, बलिप्रथा के उद्‌भव में मनुष्य की इसी विवशता का हाथ रहा हो।

खैर, गोदना-परम्परा में कहने-सुनने के बजाय देखकर ही समझ लेने की अनोखी बात हुआ करती थी। यह भी मौन संवाद का ही एक उदाहरण था। कुछ समुदाय के सारे लोग अपने चेहरों पर एक खास ढंग की आकृतियाँ इसलिए भी बनवाते थे ताकि वे अन्य समुदायों से भिन्न दिख सकें और आसानी से एक-दूसरे को पहचान सकें। इन आकृतियों से उनके भीतर सामूहिकता का भाव प्रबल हो जाता था। इससे उनकी आपसी एकता मजबूत होती थी।

सामूहिकता से उत्पन्न शक्ति से जीवन में समृद्धि आती है। इसमें अपने ही ढंग का सौन्दर्य दिखता था।

आपातानी समाज के स्त्री-पुरुषों के लिए उनके वस्त्र और चेहरे पर गोदना 'यूनिफॉर्म' की तरह होते हैं। उनके घरों की आकृति और आकार-प्रकार भी समान होते हैं। सभी घर एक ही पंक्ति में बहुत पास-पास बनाए जाते हैं और जमीन का बँटवारा भी समान रूप से होता है।

एक तो उनका क्षेत्रफल कम है, इस कारण भी यह व्यवस्था बहुत ही कारगर है। इससे सामूहिकता की भावना प्रबल होती है और वातावरण में एक तरह की समरसता उत्पन्न होती है। चेहरे पर गोदना गुदवाने की परम्परा को लेकर आपातानी बुजुर्गों का कहना है, "सामूहिकता से धन-धान्य आता है। कोई भूखा नहीं रहता। सब समान होते हैं। इसी से प्रसन्नता और आनन्द पैदा होते हैं। इसी आनन्द को प्रकट करने के लिए हम अपने चेहरे को सजाते हैं, खुशी प्रकट करते हैं।"

गोदना आदिवासियों की सुन्दरतम परम्पराओं में से एक रहा है। आज लोग इससे दूर हो रहे हैं। परम्पराओं में समय परिवर्तन स्वाभाविक है। कई चीजें छूट जाती हैं, कई साथ-साथ चलती रहती हैं। कई नए रीति-रिवाज बनते रहते हैं। किसी भी समाज को अपनी परम्पराओं की जानकारी होनी चाहिए, उसके निहितार्थों का पता होना चाहिए। यह उस समाज की जीवनदृष्टि और विश्वदृष्टि से परिचित होने के लिए जरूरी है। उसके पीछे उसका अपना दर्शन हो सकता है।

पाँचों तानी समुदायों में पशुओं के सम्बन्ध में समान रूप से कुछ मान्यताएँ हैं, जिनके द्वारा हम इस समाज के दर्शन को समझ सकते हैं।

सब/सिन्यी

पालतू पशुओं में 'सब'अर्थात मिथुन और सिन्यी अर्थात मादा मिथुन का सबसे महत्त्वपूर्ण स्थान है। यह श्वेत, काला या चितकबरा होता है। बड़े सींगों वाला यह जानवर आकार में गाय से बड़ा होता है। यह पालतू है, परन्तु जंगली है।

इसे घरों में नहीं पाला जाता। इसके मालिक समय-समय पर इसको नमक चटाने जंगल जाया करते हैं। इससे दोनों के बीच जान-पहचान के साथ-साथ गहरा सम्बन्ध स्थापित हो जाता है। इसको जंगलों में ढूँढ़ते समय लोग विचित्र प्रकार की आवाजें निकालते हैं जिसे यह पहचान लेता है और स्वयं पास आ जाता है। कान पर पहचान के लिए भिन्न-भिन्न निशान अंकित किए जाते हैं। शादी-विवाहों में, किसी झगड़े के निपटारे में, सामान की खरीद-फरोख्त इत्यादि में इसका उपयोग किया जाता है। यह सभी पशुओं में सबसे अधिक कीमती होता है। जिसके पास जितने ज्यादा, तब उसके उतने ही ठाठ माने गए हैं। यह ऐश्वर्य का भी प्रतीक है। व्यक्ति का इसके साथ लगाव बहुत ही गहरा होता है।

तानी समुदायों में सबको लेकर एक कथा प्रचलित है—पहले सिन्यी अर्थात मादा मिथुन प्रकट हुई; इसके कुछ क्षण बाद 'बिन्यी' अर्थात मानव स्त्री। भूख से सर्वप्रथम दोनों बहनों का परिचय हुआ। दोनों ने चारों तरफ नजरें दौड़ाईं। पेड़-पौधों को देख सिन्यी के मुँह में पानी भर आया। उसने कच्ची घास खाना शुरू कर दी। बिन्यी भी बहुत भूखी थी, परन्तु वह घास-फूस नहीं खा सकती थी। सिन्यी ने कहा, "मेरी प्यारी बहन, मेरे इन बड़े-बड़े कानों को देखो। इन्हीं की तरह 'उप्पी' (चावल साफ करने का उपकरण) बनाओ। सींगों की तरह हथियार बनाओ। पत्थर तुम्हें आग देगा। हवा तुम्हारी सहेली है। जल तुम्हारा साथ देगा। मेरी तरह कच्चा नहीं, पकाकर तुम खा लेना" यह कहते हुए उसने बहन को सब कुछ सिखाया। बिन्यी ने उसके कहे अनुसार किया।

कुछ समय बाद धीरे-धीरे सिन्यी का मानव शरीर पशु में बदलने लगा। दोनों का स्वभाव बिलकुल अलग हो चुका था। अब साथ रहना सम्भव नहीं था, यह समझकर दोनों बहनें रोने लगीं। सिन्यी ने कहा, "चलो, तैराकी की एक प्रतियोगिता करते हैं। नदी के इस पार से उस पार जाना होगा। जो जीतेगा, उसी की बात मानी जाएगी।"

दोनों तैरने लगीं। सिन्यी अपने भारी-भरकम शरीर के बावजूद आसानी से बिना डूबे तैरते हुए नदी के उस पार पहुँच गई। इधर छोटी बहन बिन्यी डूबने लगी। बड़ी बहन ने उसको बचाया। बिन्यी हार गई। अब सिन्यी की बात माननी थी।

विजेता सिन्यी ने कहा, "बिन्यी, मेरी प्यारी छोटी बहन, भूख में, विवाह में, झगड़े इत्यादि के निपटारे में, कीमती आभूषण अथवा सामान के खरीद-फरोख्त में मैं तुम्हारे काम आऊँगी। बड़ी बहन का फर्ज निभाऊँगी। तुम्हें हर मुसीबत से बचाऊँगी। इस तरह हम अलग-अलग रहते हुए भी साथ-साथ ही चलेंगे।"

कहते हैं, सिन्यी के कहने के अनुसार ही उसका उपयोग आज भी तानी समुदाय के लोग करते हैं। इस कथा को स्त्री के साथ ही जोड़कर दिखाने की कई व्याख्याएँ हो सकती हैं, परन्तु यहाँ मेरा उद्‌देश्य भिन्न है। इस कथा से इस बात का संकेत मिलता है कि प्रकृति ही गुरु है। विराट की भाषा समझना इसकी प्रथम शर्त है। मानव समाज उसी से अनुचालित हो तो अनावश्यक कल्पनाएँ गौण हो जाती हैं।

सिन्यी अर्थात मिथुन का सर्वाधिक सम्मान किया जाता है। न्यीशी समुदायों में इसकी बलि के वक्त यही कथा गाई जाती है, जो बड़ी ही हृदय-विदारक होती है। बलि कभी-कभार ही होती है। बड़े अवसरों पर इसे खाया जाता है। तीन-चार सालों या इससे भी अधिक अन्तराल में ही इसका उपयोग किया जाता है। इसी कारण इसकी संख्या अपने-आप ही सन्तुलन में रहती है। परन्तु वर्तमान में बाजार के आ जाने से इस पर संकट आने लगा है। शहरों के लोग अब शौक के लिए मिथुन का मांस खाने लगे हैं। यह दुखद है!

इकी

माना जाता है इकी अर्थात कुत्ते ने धान के बीजों को लाने में आबोतानी की मदद की थी। उसने अपनी जान तक को जोखिम में डाला था। यही कारण है कि उसका सम्मान किया जाता है। न्यीसी लोग तो धान कटाई के वक्त इकी की खूब खातिरदारी करते हैं। सबसे पहले उसी को भोजन कराया जाता है, लेकिन कुछ समुदायों में उसका मांस भी खाया जाता है। एक बुजुर्ग से इस बाबत मेरी चर्चा हुई तो वह कहने लगे, "मानते तो हम भी हैं कि उसने आबोतानी की मदद की थी। धान के बीज लाया था। न जाने कैसे और कब

हमने उसे खाना शुरू कर दिया!" यह बताते हुए बुजुर्ग के चेहरे पर अफसोस की रेखाएँ उभर आई थीं।

इकी आदमी का सबसे करीबी मित्र है, रक्षक है, सहयोगी और मार्गदर्शक है। प्रत्येक तानी के घर में इसकी उपस्थिति देखी जा सकती है। ऐसा माना जाता है कि इनके पास उईयु अर्थात अदृश्य शक्ति को देख सकने की शक्ति होती है।

यह कई अनहोनी घटनाओं से भी बचाता है। इनके भौंकने के तरीकों से अनुमान लग जाता है और आदमी सतर्क हो जाता है। अन्य पशु-पक्षियों के पास भी इस शक्ति के होने को स्वीकारा जाता है। मुर्गे, बकरी इत्यादि पालतू पशुओं की आवाजों से आदमी को प्रकृति में होनेवाली घटनाओं का संकेत मिल जाता है। उसी अनुसार वे अपनी तैयारियाँ करते हैं।

सअ

सअ अर्थात गाय। तानी समाज में पारम्परिक रूप से सअ का उपयोग मांसाहार के लिए ही होता है। अब कुछ लोग इसका दूध भी पीने लगे हैं। यहाँ तक कि इसकी मदद से खेती भी करने लगे हैं। परम्परा को देखें तो सअ का खेती-बाड़ी करने, माल इत्यादि ढोने में कभी उपयोग नहीं किया गया। इसके गोबर का उपयोग भी किसी प्रकार से नहीं किया गया। इसके दूध को भी इसके बछड़ों का आहार माना जाता है, इसलिए उसका उपयोग भी स्वीकार्य नहीं रहा।

सअ घर और जंगल, दोनों में अपनी मर्जी से रहती हैं—पूरी स्वतंत्रता से। इनके मालिक इनके कान पर पहचान के लिए निशान बनाते हैं। समय-समय पर अपने हाथों से नमक चटाते हैं। इन्हें सिन्यी की बहन माना जाता है।

स्पष्टत: तानी समाज पशु-पक्षियों के प्रति विशिष्ट दृष्टिकोण रखता है, जिसमें उन जीवों के प्रति अपनत्व और साहचर्य की भावना की प्रधानता है। तानी लोग मांसाहार भी करते हैं, लेकिन पशु-पक्षियों का प्रकृति में सन्तुलन बना रहे, इसका विचार उनके व्यवहार में निहित है।

तानी कथाएँ

पूंग चुब्नाम

न्यीसि ग हानाम[1]

सुपुंग नामक एक स्थान था। उसके ऊँचे पहाड़ों वाले जंगल में भिन्न-भिन्न प्रजाति के पंछी, साँप, बिच्छू, बन्दर इत्यादि रहते थे। पूंग प्रजाति का 'आत्त न्युद' नामक एक पक्षी था। वह बरगद के तनों में खोखल बनाकर अपने परिवार के साथ रहता था। पूंग पंछियों की 'तरलो-तरलो-तरलो-तरलो' आवाजों से पूरा जंगल गूँजा करता था।

एक दिन आत्त न्युद बेप्प (बन्दर), तब (साँप) और तादतारी (जमीन पर चलनेवाले पंछीनुमा पशु) के साथ पोम्सा लेने नीचे पहाड़ों पर उतरने लगे। अचानक अज-पादा-पो ने विकराल रूप धारण कर लिया। उसने पेड़-पौधों को गिराना प्रारम्भ कर दिया। आकाश मूसलाधार जल बरसाने लगा। रात-दिन आँधी-तूफान चलने लगे। यह थमने का नाम नहीं ले रहा था।

दिन बीते, सप्ताह बीते; तबाही चरम पर थी। न बारिश रुकी, न तेज हवा का बहाव रुका। लगता था, धीरे-धीरे धरती जल में समाती जा रही है। आकाश काले बादलों से अन्धकार फैला रहा था। हर तरफ हाहाकार मचा हुआ था। प्रकृति नए सृजन में लगी थी। जो जीवित थे, जिनका अस्तित्व था—उन्हें उस सृजन में अपनी आहुति देनी थी। पहाड़ दो भागों में बँटने लगे। जमीन अपनी जगह से खिसकने लगी। एक ही नदी कई-कई भागों में बँटकर बहने लगी। मटमैली नदियों का जल स्तर बढ़ने लगा। पहाड़ खाई में, खाई पहाड़

1. 'न्यीसि ग हानाम' का अर्थ है—मानव जीवन में आँसू का प्रवेश होना।

में बदलने लगे। जहाँ गाँव थे, वे धरती में धँसकर गायब हो गए और उनकी जगह कीचड़ के तालाब नजर आने लगे। मगरमच्छ पहाड़ की चोटी पर रेंग रहे थे, पशु-पक्षी जल में तैर रहे थे।

सब लोग पहाड़ों की तरफ ही भागे। घबराहट में अपने-अपने रास्तों से वे भटक गए। एक ऊँचे पहाड़ पर मजबूती से खड़े विशाल वृक्ष के नीचे आत्त न्युद, तादतारी, अब और बेप्प ने शरण ली। वे एक-दूसरे के हाथ थामे हुए थे। साथ होने के एहसास और अपने परिवार से फिर से मिलने की इच्छा ने उन्हें जिन्दा रखा हुआ था। भूखे-प्यासे कई दिन बीत गए। थकान से शरीर चूर हो गया। धीरे-धीरे बारिश की गति और हवा का बहाव कम होने लगा।

"मैंने अपने परिवार को विशालकाय पत्थर के नीचे गुफा में रखा था। पत्थर भी जल से ही निर्मित हुए हैं, मेरे परिवार की चिन्ता किए बिना, वह विशाल पत्थर तो और तेजी से जल में समा गया होगा," यह कहते हुए तादतारी जोर-जोर से रोने लगा।

"मेरा परिवार तो घास-फूस के बीच था! जमीन खिसक गई होगी! वे नहीं बचे होंगे," यह कहते हुए अब रोने लगा।

"वृक्षों को मैंने बिना जड़ों के मानिन्द गिरते देखा था। मेरा घर भी गिर गया होगा! खिसकती मिट्टी के साथ...मेरे छोटे-छोटे बच्चे! ओह, मैं क्या करूँ?" यह कहकर बेप्प रोने लगा।

आत्त न्युद ने सन्तोष के साथ कहा, "बरगद की मजबूती पर मेरा अटूट भरोसा है। वह वृक्षों में सबसे मजबूत है। वह बहुत ही ऊँचा है, जल में डूब नहीं सकता। हवा की क्या औकात कि उसे गिरा सके! यहाँ से मैं बरगद को गर्व से वहीं पर खड़ा देख रहा हूँ।" उसे सुनकर बाकी लोग और भी जोर-जोर से रोने लगे।

उसी वृक्ष की शाख पर आच्च पिंच (बड़ा भाई चमगादड़) झूल रहा था। उसने कहा, "न्युद, न्युद, तुम्हारे परिवार को लेकर वह बरगद का विशालकाय वृक्ष देखते-ही-देखते खिसकती जमीन के साथ बहकर जल में समा गया! मैं वहीं से उड़ते-उड़ते यहाँ तक पहुँचा हूँ।"

न्युद को विश्वास नहीं हुआ। वह इस बात को मान ही नहीं सकता था—"अरे, उसकी शाखें टूटकर गिर गई होंगी! मेरा परिवार तो उसके विशाल तने के भीतर बने खोखल में है। वह सुरक्षित ही होगा," उसने लापरवाही से कहा।

खैर, बारिश थमी तो आकाश का नीलापन साफ दिखने लगा। जैसे-जैसे जल स्तर उतरने लगा, वैसे-वैसे रोने-चिल्लाने और कराहने की आवाजें बढ़ने लगीं। सब कुछ तहस-नहस हो चुका था। किसी को भी अपना घर नहीं मिल पा रहा था। आत्त न्युद की बेचैनी बढ़ने लगी; उसे अपना घर-परिवार नहीं मिल रहा था। वह रोते-चिल्लाते यहाँ-वहाँ भटकने लगा। उसका घर अपनी जगह पर नहीं था। पता ही नहीं चल रहा था कि घर कौन-सी जगह पर था! उसे यकीन ही नहीं हुआ, जब उसने पाया कि उसके तीनों साथियों का परिवार उनके घर के साथ ही बिलकुल सुरक्षित था। लेकिन आत्त न्युद को अपना घर नहीं मिला। वह जंगल-जंगल, पहाड़-पहाड़ बरसों तक 'तरलो-तरलो-तरलो-तरलो' करते हुए भटकने लगा। उसके रुदन से सारा जंगल कराह उठा।

एक दिन एक छोटा बालक उस जंगल में शिकार के लिए आया। उसका नाम था—दोन्यो तानी। उसके हाथ-पाँव बहुत ही मजबूत थे। उसकी दो प्यारी जिद्दी आँखों में आकाश समाया हुआ था। लम्बे, घुँघराले, बिखरे केशों के बीच झाँकता उसका चेहरा; यूँ दमक रहा था जैसे कोई चाँद। सूरज का तेज उसके व्यक्तित्व में था। छोटी सी अवस्था में भी उसके अंग-अंग से वीरता और निडरता झलक रही थी। उसने तरलो-तरलो-तरलो की आवाज सुनी, "अहा! कैसी सुन्दर आवाज, कैसा मधुर गीत," उसने प्रफुल्लित होकर सोचा।

आत्त न्युद की आँखों से जल की बूँदें मोतियों की लड़ियों-सी पत्तों पर टपक रही थीं। पत्ते उनसे टकराकर क्षण-भर के लिए काँप-काँप जाते थे। उन बूँदों से मिलकर पत्ते कितने आनन्दित थे!

"आत्त न्युद अपनी कला इन्हें बाँट रहा है! ओह, कैसा सौन्दर्य है यह! मुझे भी सीखना है," उसने भावविभोर होकर सोचा। कन्धे से लटक रहे तूणीर-धनुष को उसने अलग रखा और मस्ती में आँखें बन्द कर नाचने लगा। उसकी रग-रग आनन्दविभोर थी। इस अवस्था में अस्त्र-शस्त्रों की कोई जरूरत नहीं थी। आनन्द और बचपन एक ही सिक्के के दो पहलू हैं।

उसने अपने दोनों नन्हे हाथों को फैलाकर कहा, "आत्त न्युद, आत्त न्युद! मुझे भी सिखा दो न यह कला!" आत्त न्युद दंग रह गया। उसने गहन पीड़ा के साथ कहा, "तानी, यह कला नहीं, मेरा रुदन है, पीड़ा है। मैंने अपनों को खोया है!" बालक जिद में अड़ गया। यह उसका स्वभाव था। लगातार बिना रुके वह आत्त न्युद के पीछे-पीछे दौड़ता रहा। न्युद ने हारकर जल की दो बूँदें उसकी नन्ही हथेलियों पर टपका दीं। तानी ने उन्हें अपनी दोनों आँखों से लगा लिया। उसकी आँखें सा-सेलि अर्थात विशाल झील थीं; कभी न सूखनेवाली झील। उसके नन्हे हाथ फूलों की सुन्दर पंखुड़ियाँ थीं; जल की वे दो बूँदें उनमें मोतियों-सी चमक उठीं।

कुछ दिनों बाद दोन्यो तानी के पिता की मृत्यु हुई। उसकी माँ ने पति के शरीर को ठंडा होने से पूर्व तुरन्त ही इस तरह बना दिया, जैसे जन्म से पूर्व गर्भ में शिशु रहता है। अपने पूर्वजों का स्मरण करते हुए, उनकी आत्माओं का आह्वान किया, ताकि वे आकर मृतक की आत्मा को अपने साथ ले जाएँ। इसके बाद श्वेत वस्त्र से ढककर मृत देह को जमीन में दफना दिया। इसके बाद माँ अपने दु:ख को स्वयं सहन न कर सकी और गश खाकर गिर पड़ी। अब वह भी जा रही थी सदा के लिए...बच्चों को छोड़कर।

"मृत देह का क्रिया-कर्म उसी तरह करना, जैसा मैंने सिखाया है," मरणासन्न अवस्था में माँ ने अपने छोटे-छोटे बच्चों को कहा।

"आपने कैसे और कहाँ से सीखा यह तरीका? क्या यह रिवाज है?" तानी की बड़ी बहन दोरिंग चीजिंग ने माता से पूछा।

"यह रिवाज नहीं है, तरीके हैं, जिन्हें यह प्रकृति सिखाती है। ताई-रुंगरी को देखो, वे कैसे मिट्टी के अन्दर अपना छत्ता बनाती हैं। गुफा इस तरह बनाती हैं कि बारिशों में पानी उनमें ठहरता नहीं। आत्तुम-चारुम को देखो, वह अपने शरीर को कैसे मोड़कर रखती है। दोनों घुटनों से सिर मिल जाता है। जन्म से पूर्व गर्भ में हमारा शरीर ऐसा ही था। जिमी-जमा के गर्भ में हम इसी तरह लौटते हैं। इसके बाद श्वेत वस्त्र से शरीर को ढक देना।" माँ ने कहा।

"श्वेत वस्त्र ही क्यों माँ?" बच्चों ने पूछा।

"क्योंकि हम फिर से अ-शरीर होकर दोषमुक्त हो जाते हैं। श्वेत रंग उसी का प्रतीक है।"

बालक दोन्यो तानी का मृत्यु से इस तरह कभी परिचय नहीं हुआ था। पहले भी लोगों की मृत्यु होती थी, लेकिन इस बार यह कुछ भिन्न था...। पिता के मृत शरीर को देखकर उसको यकीन नहीं हुआ था। अब वह माता के शरीर को भी मिट्टी में दफन होते देख रहा था। उसके सीने में भारीपन उतर आया। आँखों से बेतहाशा जल-बूँदें झरने लगीं। बिछोह के आँसू से उसका यह पहला सामना था। वह फूट-फूट कर रोने लगा।

सूर्य-पुत्र तानी के जीवन में वेदनायुक्त आँसू का प्रवेश हो गया। इसके बाद उस स्थान को हमेशा के लिए छोड़कर तानी पूर्वज पहाड़ों से नीचे की तरफ उतरने लगे। इस तरह एक नई यात्रा प्रारम्भ हुई...

गेम्पू आहू—कोलंग[1]

किसी समय मनुष्य और बन्दर एक साथ रहते थे। तब बन्दर पेड़ों पर नहीं रहते थे। इसीलिए जमीन के टुकड़ों के लिए मनुष्यों और बन्दरों के बीच युद्ध होते रहते थे। इससे प्रकृति का सन्तुलन बिगड़ रहा था।

उन्हीं दिनों नर्बा नामक स्थान पर तानी कबीलों ने अपनी बस्ती बसाई और वनों को काटकर खेती-बाड़ी करने लगे। नर्बा के जंगलों में सुन्दर और लम्बी पूँछों वाले, घमंडी और बेहद उत्पाती बन्दरों का एक पूरा खानदान रहता था। संख्या में वे मनुष्यों और अन्य जानवरों से अधिक थे। सारे पशु-पक्षी उनसे परेशान थे। बन्दर मनुष्यों के खेतों को चट कर जाते थे। वे जीभ निकालकर मनुष्यों को चिढ़ाते भी थे। अन्य जीवों का मन करता कि वे उन बन्दरों की पूँछों के साथ उनकी जीभ को भी काटकर फेंक दें। तानी के पास रोज शिकायतें आतीं। एक वही थे जो उन शैतानों को सबक सिखा सकते थे।

एक दिन तानी ने लोगों की शिकायतों से तंग आकर उन बन्दरों को सबक सिखाने की सोची। उन्होंने तामीन नामक पौधों को जंगली बेंत के साथ पानी में खूब पकाया। जब वह लाल हो गया, तो उससे महीन रस्सियाँ बनाईं और एक लम्बी, सुन्दर पूँछ बुन ली। उसे अपनी कमर पर लपेटा और उसका एक

1. 'कोलंग' शब्द दो शब्दों 'कोयुंग' के 'को' और 'लंग्चंग' के 'लंग' से मिलकर बना है। कोयुंग का अर्थ है नितम्ब और लंग्चंग का अर्थ है लाल रंग। इस प्रकार कोलंग का शाब्दिक अर्थ हुआ—नितम्ब पर लटकती लाल पूँछ। इससे पुरुषों का यौनांग ढका जाता है। इसे 'गेम्पू-आहू' भी कहा जाता है।

हिस्सा पीछे नितम्ब पर लटका लिया। बस, उनकी पूँछ तैयार हो गई—लम्बी, सुन्दर, लटकती लाल पूँछ! सूरज की रौशनी में वह पूँछ चमक उठती थी।

पूँछ लगाकर तानी इतरा-इतराकर बन्दरों के सामने से, आसपास से गुजरने लगे। उनकी पूँछ देखकर बन्दरियाँ उनकी तरफ खूब आकर्षित होने लगीं। वे शरमाती हुई तिरछी नजर से तानी को देखतीं और सोचतीं, "ओह, तानी के हाथों में जादू है! कितनी कलात्मकता है। काश वह बन्दर होता; और मैं उसकी बन्दरिया!" बन्दरों के लिए यह असहनीय था। बन्दरियाँ उन्हें अनदेखा जो कर रही थीं।

बन्दरों ने मंत्रणा की—तानी की हत्या कर दी जाए? नहीं-नहीं, उससे कोलंग बनाने की तरकीब ही सीख ली जाए? अपनी-अपनी पूँछें तो हैं ही; इन्हीं को लाल करवा लेते हैं! तानी की शक्ति और बुद्धि से लोहा लेना आसान नहीं है। एक वही है जो हमारे टक्कर का पैदा हुआ है। अरे, हम सारे बन्दरों के लिए वह एक ही काफी है। अभी बालक ही तो है; लेकिन देखो, हमसे कितना तेज है!

बीच में एक बन्दर ने खीजते हुए कहा, "हे भगवान, इन बन्दरियों को वश में रखने के लिए क्या-क्या करना पड़ता है?"

अन्त में तय हुआ, तानी से मित्रता की जाए और अपनी-अपनी पूँछों को ही लाल करवा लिया जाए। इसके बाद तमाम बन्दर तानी को मनाने-फुसलाने की कोशिशें करने लगे। वे झिझकते हुए उनके अगल-बगल, आगे-पीछे खुजलाते; उनके करीब जाकर खुशामद में खी-खी-खी करते। बन्दरियों के हाव-भाव में उत्सुकता और जिज्ञासा साफ झलकने लगी। हँसी-ठिठोली भी खूब हुई।

एक दिन लकड़ियों की गठरी कन्धों पर लादकर, तानी बन्दरों के सामने से गुजरे। उसके नितम्ब पर उनकी सुन्दर, लाल, चमकदार पूँछ लहराती हुई अत्यन्त सुन्दर लग रही थी। वह उनकी दोनों टाँगों के बीच आगे-पीछे हिल रही थी। उसका आधा हिस्सा कमर पर लिपटे कमरबन्द-सा था। आह! कितना सुन्दर दृश्य था। ईर्ष्या कहती—"जा, उसे मार दे।"

बुद्धि कहती—"नहीं-नहीं, तरीके सीख लो। शक्ति से समझौता कर लेना चाहिए, वह भी तब, जब इससे अपना स्वार्थ सधता है!"

स्वार्थ ने मित्रता का चोला ओढ़ लिया। बन्दरों ने रहस्यमय ढंग से एक-दूसरे को देखा, और तानी के अगल-बगल चलने लगे।

"तानी, तुम्हारा गेम्पू (पूँछ) कितना सुन्दर है? कैसे बनाया तुमने?"

"यह तो बहुत ही आसान है।"

"अच्छा? कैसे?"

"संगरी (पीपल) जंगल में एक विशाल वृक्ष है। उसके मोटे तने में एक खोखल है। मैं उसके अन्दर घुसकर बैठ गया। मेरे मित्रों ने खूब सारी लकड़ियाँ घुसाकर उसमे आग लगा दी। आग की गर्मी से यह लाल पूँछ मेरे शरीर में उग आई। तुम लोग आग का इस्तेमाल नहीं करते हो न, इसीलिए इसकी शक्ति से परिचित नहीं हो।"

"तानी-तानी, हमारी पूँछों को भी लाल कर दो न!"

"इसके लिए खूब सारी लकड़ियाँ चाहिए।"

"हम सब लकड़ियाँ ले आएँगे। जितनी तुम कहो।" सब ने जोश-खरोश के साथ एक स्वर में चिल्लाते हुए कहा।

दूसरे दिन—सभी बन्दरों ने संगरी जंगल के खोखल वाले उस विशाल वृक्ष के सामने लकड़ियों का ढेर लगा दिया। तानी अपने कई मित्रों के साथ वहाँ आ गए। उन्हें देखते ही सारे बन्दर—नर और मादा वृक्ष के खोखल में अपनी-अपनी पूँछों को इधर-उधर करते हुए, घुटनों के बल एक-दूसरे को ठेलते-धकेलते, खी-खी-खी करते बैठते हुए कहने लगे, "तानी-तानी, और प्रतीक्षा नहीं होती हमसे। जल्दी आग लगाओ। हमारी पूँछों को लाल कर दो न!" और क्या चाहिए था? तानी और उनके मित्रों ने सारी लकड़ियाँ ठूँस-ठूँसकर अन्दर भर दीं। अन्दर से आवाजें आईं, "आइया, आइया, आई, आई! तानी, दर्द हो रहा है!" तानी ने कहा, "थोड़ा सब्र तो करो। बस, थोड़ी देर और। सुन्दर बनने के लिए दर्द तो सहना ही पड़ेगा न।"

आग लगा दी गई। खोखल धू-धू करके जलने लगा। इधर तानी के सारे मित्र उसे तेज करने के लिए चावल साफ करनेवाली 'उप्पी' से हवा करने लगे। कुछ लोग दौड़-दौड़कर जलते खोखल में लकड़ियाँ डालने लगे। अन्दर से बन्दरों के खाँसने, छींकने, केर्रे-केर्र-केर्र करके रोने-चिल्लाने की आवाजें

आने लगीं, "तानी, बस करो! हम मर रहे हैं। हमे बाहर निकालो। पूँछ गई भाड़ में! हमें सुन्दर नहीं बनना!"

लेकिन बन्दरों के बाहर निकलने के सारे रास्ते बन्द हो चुके थे। धीरे-धीरे उनकी आवाजें बन्द होती गईं। अग्नि उन्हें लील चुकी थी। कुछ जलकर मर गए, कुछ की दम घुटने से ही मौत हो चुकी थी। सारा जंगल सन्न था। सारे प्राणी साँस थामे बिना हिले-डुले यह अप्रत्याशित कांड देख रहे थे।

खोखल के अन्दर के ऊपरी हिस्से में एक छोटा-सा छेद था यह डूबते को तिनके का सहारा था। एक नर और मादा बन्दर वहाँ से किसी तरह निकल भागने में सफल रहे। तानी उनके पीछे-पीछे दौड़ने लगे। उनके घुटनों में चमत्कार था।[1]

तेज और फुर्तीले धावक थे। उन्होंने पलक झपकते दोनों को पकड़ लिया। भयभीत बन्दर दम्पती ने कहा, "तानी, हमें छोड़ दो! तुम जो कहो, हम उसे करने को तैयार हैं।"

"हम साथ नहीं रह सकते। तुम हमसे दूर रहो—जंगलों में, वृक्षों पर, कहीं भी। क्या तुम्हें मंजूर है?" बन्दर दम्पती ने सिर झुकाकर हामी भरी। बन्दरिया ने रोते हुए करुण स्वर में गाना शुरू किया—

आजिया[2] री-री, सो रीली तो री-री
सुन्सुंग[3] आ री-री, सो रिली तो री-री
आने बो री-री, दोन्यी नो री-री
काया बो री-री, तबुका री-री...

---

1. तानी के घुटनों में निहित चमत्कार को तानी-भाषा में 'लुदपुमि' कहा जाता है। यह दो शब्दों के मेल से बनता है—लुद+पुमि। 'लुद' अर्थात घुटना, 'पुमि' माने शक्ति।
2. हवा को सामान्य तानी-भाषा में 'दोर्री' कहा जाता है, परन्तु जब उसके साथ संवाद स्थापित किया जाता है, तब 'आजि/आजिया' कहा जाता है।
3. 'सुन्सुंग' का अर्थ हवा के चलने के उस ढंग से है, जो अरोग्यकर अथवा कल्याणकारी है। इन शब्दों में वह मात्र हवा नहीं होती, प्राण रक्षक होती है। इसी रूप को 'उईयु' कहा गया है। इसमें आध्यात्मिकता का भाव रहता है। कर्मकांडों में इसी तरह प्रकृति से संवाद स्थापित किया जाता है।

अर्थात, हे हवा, हमें बचा लो। शरीर जल रहा है। ठंडक पहुँचा दो। तेरी ताकत और निष्पक्षता पर हमारा भरोसा है। माता सूरज साक्षी रहे। तुम देखते रहना।

इसके बाद धूप खिल गई। हवा आई। वृक्ष के तने झुक गए...उसके सहारे वे ऊपर चढ़ गए।

हर्बदुल

तानी अपने प्रिय कुत्ते कीपुंग[1] के साथ भोजन की तलाश में जंगल-जंगल, पहाड़-पहाड़ भटक रहे थे। भटकते-भटकते वे एक घने जंगल में पहुँच गए। वहाँ उन्हें हर्बदुल नामक एक आदमी मिला। उसका चेहरा लम्बोतरा था; हाथ-पैर पतले-पतले थे और पेट किसी तुम्बे की तरह गोल और फूला हुआ था। उसके गाल पिचके हुए थे और आँखें बाहर को निकली हुई थीं मानो हड्डियों का ढाँचा हो। पेट की खातिर वह भी वहीं भटक रहा था। उसने तानी के बाजू में लटकता चाकू देखकर कहा, "तानी-तानी, देखो उस संगरी स-अन (पीपल) को। उसके मोटे तने में एक खोखल है; उसके अन्दर बहुत सारा मधु है। चलो, मिलकर उसे निकालते हैं।"

खोखल बहुत गहरा और सँकरा था। तानी ने कीपुंग और हर्बदुल की मदद से बहुत सारे सूखे पत्ते, घास और लकड़ियाँ एकत्रित कीं। उन्हें उसके अन्दर डाला। पत्थर को लकड़ी पर रगड़-रगड़कर आग जलाई और खोखल में डाल दी। आग धू-धू करके जलने लगी। सारी मधुमक्खियाँ मर गईं। तानी ने अपने चाकू से गोद-गोदकर उस खोखल के मुँह को हर्बदुल के घुसने लायक बना दिया और कहा, "भाई हर्ब, अब तुम अन्दर घुसकर मधु बाहर निकालो।" वह तैयार था ही, झट-से अन्दर घुस गया।

लेकिन बहुत देर बाद भी हर्ब बाहर नहीं निकला तो तानी सशंकित हुए। वे हर्ब को आवाज लगाने लगे। बहुत देर बाद अन्दर से आवाज आई,

1. 'कीपुंग' तानी का पालतू कुत्ता था जो उन्हें उनके दामाद ने दिया था। कीपुंग और तानी एक-दूसरे के परम प्रिय संगी बन गए थे।

"अहा, क्या स्वाद है! मैं इसे किसी के साथ हरगिज नहीं बाँटूँगा। मेरी खोज है यह।" तानी ने बहुत अनुनय-विनय किया, लेकिन हर्ब बाहर आने को तैयार नहीं हुआ।

भूख से बेहाल, क्रोधित तानी उस पेड़ की छाल को चाकू की मदद से छील-छीलकर खोखल का मुँह बन्द करने लगे।

अन्दर से आवाज आई, "तानी-तानी, जिरी नकः, जिरी नक—दे रहा हूँ, दे रहा हूँ।"

तानी ने कहा, "तुम जानवर, मैं भी जानवर। भूख में सारा जगत् जानवर!" और वह कीपुंग के साथ बिना पीछे मुड़े अनजान दिशा की ओर दौड़ गए।

कहते हैं, खोखल में बन्द हर्बदुल मेढक बन गया—पेड़ पर रहनेवाला मेढक।

वह आज तक तानी से माफी माँगते हुए कहता फिरता है—जिरी नकः, जिरी नकः, जिरी नकः अर्थात दे रहा हूँ, दे रहा हूँ, दे रहा हूँ।

योमा तानी[1]

गरीबी हर-हमेशा आबोतानी के साथ लगी रहती थी। उसने उनका साथ कभी नहीं छोड़ा।

र-अत-रोंगों के लिए कठोर परिश्रम करने के बावजूद गरीबी उनके साथ चलती रही।

एक बार की बात है, उन्होंने हर बार की तरह र-अत-रोंगों बनाया। घने जंगलों की जो मिट्टी होती है, वह बहुत उपजाऊ हुआ करती है। बड़े-बड़े पेड़ों को काटकर गिराया और उन्हें सूखने को छोड़ दिया। कुछ समय बाद आबोतानी उन सूखे पेड़-पौधों और घासों को जलाने लगे। बादल से यह देखा नहीं गया। उसने बरसना प्रारम्भ कर दिया। वह रुकने का नाम ही नहीं ले रहा था। आबोतानी ने सोचा, ओह! इस तरह चलता रहा तो सबको भूखों मरना पड़ेगा।

उन दिनों बेहद विशालकाय मानवों का भी अस्तित्व हुआ करता था। वे आम मनुष्यों की तरह सामान्य कद-काठी वाले नहीं होते थे। उनमें से कुछ प्रजातियों के लोग आदमखोर भी होते थे, जिन्हें 'अपा पलंग' कहा जाता था। वे लोग सामान्य मनुष्यों से अलग अपनी ही दुनिया में रहते थे। विशालकाय मानवों की कुछ प्रजातियाँ ऐसी थीं जिनका खाना-पीना सामान्य मनुष्यों की तरह ही था, परन्तु उस प्रजाति का एक ही आदमी सौ सामान्य मनुष्यों के बराबर खाना अकेले खा जाता था।

1. 'योमा तानी' का मतलब है, गरीब तानी। योमा का अर्थ है—दरिद्रता।

रंकाम जामजाम नामक एक आदमी था—मोटा-तगड़ा, विशालकाय। तानी ने उसकी मदद लेने की सोची। उन्होंने अपने कुत्ते की तरफ देखते हुए कहा, "हमारा मोटा-तगड़ा सूअर 'रिप-तारो' है। उसे मारकर खिला देंगे। वह काफी है। क्या सच में उस विशालकाय मानव का पेट भरने के लिए यह काफी होगा? वह और अधिक भोजन माँगे तो? जो होगा, देखा जाएगा। खेती तो करनी ही पड़ेगी न।" बहुत सोचा उन्होंने। और कोई चारा भी तो नहीं था।

उन्होंने रंकाम जामजाम से कहा, "भाई रंकाम, असी ताजाम[1] ने परेशान कर रखा है। जब भी खेतों में आग लगाता हूँ, वह आकर बुझा देता है। तुम सारे सूखे पेड़-पौधों को उठाकर किनारे लगा दो, ताकि जलाने की जरूरत ही न पड़े।" रंकाम ने वैसा ही किया। उसने सूखे ठूँठों को भी उखाड़-उखाड़ कर फेंकना शुरू कर दिया। शीघ्र ही खेत इस तरह साफ हो गया, मानो किसी का मुँड़ा हुआ सिर हो।

तानी ने रंकाम के लिए अपने सूअर रिप-तारो को मार गिराया। बिना टुकड़े किए ही उसे आग में पकाया। खूब सारा 'ओप्पो' (दारू) बनाया। भोजन का विशाल ढेर लगा दिया। दोपहर को रंकाम आया। पके हुए सूअर को देखकर वह कहने लगा, "इतना छोटा चूहा? इससे क्या होगा? इतना थोड़ा-सा ओप्पो?" उसने पलक झपकते सारा भोजन एक ही झटके में निगल लिया। यह देख तानी की आँखें बाहर निकल आईं। वह भौचक्का थे। तभी रंकाम चिल्लाया, "और लाओ।"

मेहनत और भूख से पतले-दुबले हो चुके तानी थर-थर काँपने लगे। क्रोधित रंकाम ने उनका 'नासुंग' (गोदाम) ही उखाड़ लिया। उसके अन्दर थोड़े-से

---

1. 'असी ताजाम'—यह मात्र पुरुष सूचक नाम-शब्द है। इसमें 'असी' का अर्थ है जल और ताजाम का कोई अर्थ नहीं है। तानी संस्कृति में नाम-शब्द को अर्थ के साथ जोड़कर नहीं रखा जाता। इसमें जल को पुरुष सूचक नाम दिया गया है, परन्तु माना जाता है माता। वह स्त्री है, परन्तु उसका स्वभाव पुरुष का है। वह न स्त्री है और न ही पुरुष। वह मात्र जीवन्त है, जीवन है—इसलिए उसमें जो प्राण तत्त्व है, उसी को सम्मान देने के लिए उसे व्यक्ति का नाम दिया गया है। उसको अलग से पूजने का कहीं कोई रिवाज नहीं है। वह सुननेवाला है, लेकिन मनुष्य की आज्ञा माननेवाला नहीं है। वह प्रत्येक चीज का मात्र साक्षी है।

बीज रखे थे जिन्हें खेतों में बोया जाना था। उसे लेकर रंकाम डगमग-डगमग डोलते हुए अपने घर की तरफ जाने लगा। तानी की रुलाई छूट गई। बीज नहीं, उनके प्राण थे वे। अब वे भी जा रहे थे।

तभी एक 'ख्योकाम' (चील) हवा में चींयाँ-चींयाँ करते हुए आई और तानी के आस-पास मँडराने लगी। तानी ने एक बार उसकी मदद की थी—उसके बच्चों को साँप से बचाया था। माँ थी, कैसे भूल सकती थी वह यह एहसान? तानी ने उसकी तरफ देखते हुए कहा, "आह, आजिंग ख्योकाम। न्यों तर्दे कुने बो—आह मित्र चील, मैं गरीबी और भूख से मर जाऊँगा।" ख्योकाम सब कुछ समझ गई। वह वहाँ से तुरन्त उड़कर चली गई।

उधर रंकाम लम्बे-लम्बे डग भरते हुए जा रहा था। ख्योकाम ने उसकी आँखों पर वार करना शुरू कर दिया। इस अचानक हुए आक्रमण से रंकाम का सन्तुलन बिगड़ गया। 'नासुंग' उसके हाथों से छूटकर नीचे गिर पड़ा, उसमें रखे बीज बिखर गए। तानी दौड़ते हुए आए और गिरे हुए बीजों को उठा लिया।

ताप नन मेंजोनाम[1]

मेकार-मेरांग गाँव में ताप नामक एक आदमी रहता था—मोटा-तगड़ा, मन्दबुद्धि, बदसूरत परन्तु शरीर से बेहद शक्तिशाली। गाँव से दूर जंगलों में वह नितान्त अकेला रहता था। कभी-कभी जरूरत के सामान के लिए वह गाँव में आया करता। लोग छेड़ते—"उल्लू आया, उल्लू आया! अपा पलंग आया।" उसे देखते ही लड़कियाँ घबराकर भाग जातीं।

एक रोज वह नमक के लिए गाँव की तरफ जा रहा था। उसी समय कुछ लड़कियाँ लकड़ियाँ बीनने जंगल की तरफ हँसती-गाती आ रही थीं। उनमें एक लड़की बेहद खूबसूरत थी। वह कूदती-फाँदती चल रही थी। उस पर ताप की नजर पड़ी तो वह देखता ही रह गया—अहा! क्या सौन्दर्य है। उसने सोचा, लड़की को कूदना-फाँदना पसन्द है। और वह, 'हय्या, हय्या, हो, हो' करते हुए उन लड़कियों के आगे-पीछे, दाएँ-बाएँ कूद-कूद कर नाचने लगा। उसके शरीर की चर्बीयुक्त त्वचा कपड़ों की तरह हिलने-डुलने लगी। चेहरा किसी जंगली फल की तरह उछलने-कूदने लगा। उसके बिखरे, रूखे-सूखे बाल पागलों की तरह लहराने लगे। वह इतना विचित्र था कि लड़कियों की हँसी छूट गई। रास्ते के दोनों किनारे खेतों में काम कर रहे लोगों ने भी उसे देखा और हँस पड़े।...अब चारों तरफ हँसी गूँज रही थी।

---

1. 'ताप नन मेंजोनाम' का अर्थ हुआ, ताप को मारने के बदले जो मिला। इसमें 'मेंजोनाम' का अर्थ है—हत्या के बदले। यह दो शब्दों से मिलकर बना है—मेंजो+नाम। 'मेनाम' अर्थात हत्या, और इसमें 'जो' लगाया तो इसका अर्थ हो गया—के बदले। 'नन' का अर्थ है—को।

आज तक लोगों ने उसका मजाक उड़ाया था। उसने कभी किसी से बदला नहीं लिया, लेकिन इस बार उसे कुछ अच्छा नहीं लगा। अपमानित महसूस करने लगा वह। और वह लड़की...वह लड़की अब भी हँसे जा रही थी। क्रोध उसके सीने से होते हुए माथे पर पहुँच गया और फिर सारे शरीर में विष बनकर फैल गया।

उसने उस दिन कई लोगों की जान ली। खून की नदी बहा दी। उन सारी लड़कियों को खत्म कर दिया उसने। उसे भी जिसे देखकर उसका दिल धड़क उठा था। वह इतना शक्तिशाली था कि उस पर किसी का भी बस नहीं चल रहा था। गाँव वालों ने लाचार होकर ताप से दया की भीख माँगने लगे। इस पर उसने एक शर्त रखी, "ठीक है, हर सप्ताह एक आदमी को मारूँगा। इस तरह धीरे-धीरे सारे गाँव को खत्म कर दूँगा। सबसे बदला लूँगा! तब तक साँस लेने का आनन्द लो तुम सब!" यह कहकर वह जंगल वापस चला गया। वादी स्तब्ध रह गई। हवा ने बहना बन्द कर दिया। हाहाकार मच गया।

ताप को इसी तरह निरंकुश नहीं छोड़ा जा सकता था। गाँव वाले सोचने लगे, जल्दी ही कुछ करना होगा। एक-एक कर सब मारे जाएँगे। किसी और कबीले की मदद नहीं ले सकते, क्योंकि वे मेकार-मेरांग की खुशहाली से जलते हैं। उन पर भरोसा नहीं किया जा सकता। सुना है, तानी नामक एक आदमी सुदूर प्रदेश में रहता है—तीक्ष्ण बुद्धि वाला, युद्ध-कला में माहिर, तेज-तर्रार तीरबाज। किसी भी तरह उसे इधर लाना ही होगा। इसके लिए कुछ भी कीमत अदा की जाएगी। गाँव के बुजुर्गों से सलाह-मशवरा लेकर दो-तीन लोग 'तानी-मोमेन' की तरफ रवाना हो गए।

कुछ दिनों बाद आबोतानी अपने बड़े भाई पिंच्च के साथ मेकार-मेरांग पहुँच गए। मेकार-मेरांग के लोगों ने इन्हें घेर लिया। बहुत ही भव्य ढंग से स्वागत-सत्कार किया गया। भिन्न-भिन्न प्रकार के भोजन परोसे गए। तानी को व्यस्त पाकर पिंच्च कहीं खिसक गए। वे किसी अजनबी के घर जा जमे। तानी का भाई होने के कारण उनकी खूब खातिरदारी हुई। यहाँ उन्होंने पहली बार 'ओप्पो' पिया। अहा! क्या स्वाद था। रात हुई तो नशे में धुत्त होकर वहीं सो गए।

दूसरे दिन, ताप लम्बे-लम्बे डग भरते हुए इस ओर आता दिखा। लोग घबराकर इधर-उधर भागने लगे। तानी ने उन्हें शान्त रहने को कहा। साँस रोके गाँव वाले जहाँ जगह मिली वहीं छिप गए। तानी ने धनुष की प्रत्यंचा चढ़ाई और एक तीर ताप के सीने के आर-पार कर दिया। फिर ताबड़-तोड़ कई तीर उसकी तरफ दाग दिए। ताप गश खाकर जमीन पर धड़ाम-से गिर पड़ा। तानी तेजी से दौड़कर उसके करीब गए। देखा, वह अभी मरा नहीं था—उन्होंने उसके शरीर में धँसे तीरों को निकाला और अच्छी तरह उन सारे तीरों को उसके शरीर में फिर से धँसा दिया।

"तानी, क्या चाहिए तुम्हें? वस्त्र, आभूषण, मिथुन, सूअर, बकरी...कुछ भी माँगो!" मेकार-मेरांग के लोगों ने प्रसन्नतापूर्वक तानी से पूछा। तानी सोच में पड़ गए।

"ओप्पो बनाने का सामान और तरीका पूछ लो!" पिंच्च ने उनके कान में फुसफुसाते हुए कहा।

"ओप्पो? यह क्या है?" तानी ने हैरानी जताते हुए कहा।

"अरे, यह एक पेय पदार्थ है, जिसे पीने के बाद आदमी बादलों में चलने लगता है।" पिंच्च ने जवाब दिया।

"इससे क्या होगा? बादलों में चलकर क्या करना है?"

"यह नशा है नशा!"

"नशा क्या होता है?"

"ओफ्फो, इसे पीने के बाद आदमी अपना दुःख-दर्द भूल जाता है। दिन भर की थकान मिट जाती है।" उन्होंने तानी की मूर्खता पर खीजते हुए कहा।

"ओह, तो ऐसा कहो न।" तानी ने ओप्पो बनाने के तरीके और बीज माँग लिए।

कहते हैं, इस तरह तानी संस्कृति में ओप्पो का प्रवेश हुआ।

दोर्यंग सब[1]

एक नदी थी। उसके किनारे एक गाँव था। वहाँ ताज ताकार नामक एक धनवान व्यक्ति रहता था। उसने अपनी मेहनत और लगन से कई मिथुन, जमीन-जायदाद खरीदे। वह अनाथ था। गाँव वाले उसे बहुत पसन्द करते थे। उसकी विवाह की तैयारी चल रही थी। मिथुन, सूअर, मछली, गाय इत्यादि के मांस सुखाए जाने लगे। सास-ससुर के लिए जंगल से दस मिथुन लाए गए। गाँव की औरतों ने ढेर सारा ओप्पो बनाया। इसके बाद उन्होंने उपयोग के बाद बेकार हो चुके 'कोखाम-उक्क' (एक विशेष पत्ते) को नदी में बहा दिया।

इधर नदी के निचले हिस्से में आबोतानी अपने मिथुन की तलाश में भटक रहे थे। उन्होंने नदी की धारा में बहकर आते बहुत सारे पत्ते देखे। आची

---

1. 'दोर्यंग सब' का अर्थ हुआ—दस मिथुन। 'दोर्यंग' दो शब्दों से मिलकर बनता है—दोर्र + यंग। दोर्र से संकेत मिलता है कि वह कोई पशु है। जैसे—दोर्र्कन (एक), दोर्न्यी (दो), दोर्रुम (तीन)...दोर्यंग (दस)! 'यंग' से मिलाने पर संख्या 'दस' का पता चलता है। 'सब' का अर्थ है—मिथुन।

गणना करने का ढंग तानी भाषा में बहुत ही अनोखा है। मसलन, यदि किन्हीं गोल चीजों का संकेत देना हो तो शब्दों के उपसर्ग में 'प' लगाया जाता है, जैसे–पकिन (एक), पन्यी (दो), पउम (तीन)...।

इसी तरह यदि लम्बे डंडों का संकेत देते हुए गिनना हो तो—दाकिन, दान्यी, दाउम...। पतली हल्की लम्बी चीजों का संकेत देना हो तो—सोकिन, सोन्यी, सोउम...सोर्रेंग! गिलास अथवा मग का संकेत देना हो तो—ताकिन, तान्यी, ताउम...! गिनती के ढंग से ही चीजों का पता चल जाता है कि किन चीजों की गिनती की जा रही है।

(बड़े भाई) पिंज भी वहीं पर भटकते हुए आ गए। उन्होंने कहा, "भाई तानी, तुम मूर्ख हो। इधर कहाँ मिथुन की तलाश कर रहे हो? उधर ऊपर ताज ताकार ने तुम्हारे सारे मिथुन पकड़ लिए हैं। उसका विवाह हो रहा है। सारे-के-सारे मिथुन काट डाले जाएँगे।" यह सुनकर आबोतानी बहुत ही चिन्तित हो गए।

पिंज भड़काने और झूठ बोलने में माहिर थे, लेकिन कई बार सच भी तो बोलते थे। आबोतानी मुर्तुबुद्दू[1] नामक एक बहुत ही ऊँचे पहाड़ पर चढ़ गए जो उस गाँव के ही नजदीक था। उन्होंने जंगली केले के एक मोटे तने को काटा। उसमें मुर्तुकोम लकड़ी घुसाकर हाथ-पैर और सिर बनाए। लाल रंग के एक वस्त्र से ढकने के बाद उसे इस प्रकार खड़ा कर दिया, मानो कोई स्त्री खड़ी हो। इसके बाद वे गाँव में गए। उन्होंने देखा, दस मिथुन खूँटे से बँधे हुए हैं। उनमें उनका मिथुन कहीं नहीं था, लेकिन इतने सारे मिथुनों को एक साथ मार दिया जाएगा, यह सोचकर वे बेचैन हो गए। उन्होंने सोचा, इन मिथुनों को बचाना होगा।

"सुनो ताज ताकार, एक साथ इतने सारे मिथुन को काट गिराना खतरनाक है। यह अच्छी बात नहीं है। इसके लिए कुछ नियमों का पालन करना चाहिए, नहीं तो इन पशुओं की आत्माएँ तुम्हें परेशान करेंगी। तुम्हारी होनेवाली पत्नी और भावी सन्तानों पर मुसीबतें आएँगी।" आबोतानी ने ताज ताकार से कहा।

"क्या करना होगा?" ताज ताकार ने घबराकर पूछा।

"मेरी माँ कुछ बता सकती हैं। वह इस काम में निपुण हैं। वह बहुत बड़ी पुजारिन हैं। इस वक्त मुर्तु पहाड़ पर अदृश्य आत्माओं से सम्पर्क बनाते हुए रहस्यमय ज्ञान अर्जित कर रही हैं! वह तुम्हारी मदद कर सकती हैं।"

"मै तो जानता ही नहीं हूँ उनको! वह पहाड़ में किस जगह बैठी हैं, यह भी नहीं जानता। वह मेरी मदद क्यों करेंगी?"

---

1. 'मुर्तुबुद्दू' दो शब्दों से मिलकर बना है—मुर्तु+बुद्दू। 'मुर्तु' अर्थात एक विशेष प्रकार का पेड़, तथा 'बुद्दू' का अर्थ है खाई। तो मुर्तुबुद्दू का अर्थ हुआ—खतरनाक खाइयों वाला पहाड़! इस पहाड़ पर मुर्तुकोम नामक पेड़ अधिक मिलते थे; इसलिए इसी के नाम पर इसको रखा गया—मुर्तुबुद्दू।

“मैं जानता हूँ उस पहाड़ के कोने-कोने को।” चूहेनुमा चेहरे-मोहरे वाले एक छोटे कद-काठी के आदमी ने कहा जो वहीं खड़ा था।

“मुर्तु की सबसे ऊँची चोटी पर वह खड़ी हैं। तुम ‘आने पुम्तु, आने पुम्तु’ कहते हुए लाठी से उनको हल्के-हल्के धक्का देते हुए जगाना। वह खड़े-खड़े सोती भी हैं।” आबोतानी ने कहा।

वह आदमी मुर्तुबुद्दू पहाड़ की चोटी पर पहुँचा। उसने लाठी से बार-बार आने पुम्तु को हिलाया। कुछ देर बाद आने पुम्तु गहरी खाई में गिर गई। निराश, हताश और भयभीत होकर वह चूहेनुमा आदमी गाँव लौट आया। सब कुछ सुनकर आबोतानी क्रोधित हो गए। वह चूहेनुमा आदमी ताज ताकार का दास था। ताकार ने आबोतानी को मनाने का बहुत प्रयास किया, लेकिन वे नहीं माने। तब ताकार ने उनसे पूछा, “आखिर आप क्या चाहते हैं?” इस प्रश्न पर आबोतानी ने दस मिथुनों की माँग कर दी। मिथुन नहीं दिए गए तो युद्ध हो जाता। मजबूर होकर ताकार ने आठ मिथुन दे दिए। आबोतानी ने उन सारे पशुओं को सुदूर जंगलों में ले जाकर छोड़ दिया। इस तरह उन्होंने उन सब निरीह पशुओं की जान बचाई।

सन्न यानिया[1]

कहते हैं, एक बार आबोतानी को एक अजीब रोग ने घेर लिया—बदबूदार पाद मारने का। कई दिनों तक यह चलता रहा। अनेक जंगली फलों, पौधों और पत्तों से बनी औषधियों का प्रयोग करने के बावजूद रोग दूर नहीं हुआ। वे लगातार पादते जाते थे जो इतना बदबूदार था कि लोग आबोतानी से दूर भागने लगे। परेशान आबोतानी ने सोचा, कब तक यह चलेगा? इसका हल तो निकालना ही होगा।

बुजुर्गों ने विचार-विमर्श किया। पुजारी द्वारा मुर्गी के चूजों को पकड़कर कुछ मंत्र-जाप करवाया गया। इसके बाद चूजों के कलेजे को निकालकर उनमें पड़नेवाली रहस्यात्मक रेखाओं को पढ़ सकने में सिद्धस्थ लोगों ने देखा—ओह, यह क्या! चूजे के कलेजे पर अदृश्य शक्तियों ने अपनी शर्त रख दी है! देखो, कैसे आड़ी-तिरछी रेखाओं के माध्यम से वे अपनी बात मनुष्य तक पहुँचा रहे हैं। वे तानी की प्रिय मिथुन सन्न यानिया की बलि चाहती हैं।

सन्न यानिया की बलि? तानी के रोंगटे खड़े हो गए। वह माँ है। उसने उनका पालन किया है, उसी की बदौलत वे जीवित रहे...और उसी की बलि!

“अरे मूर्खो! यह क्या कह रहे हो? सन्न यानिया के बिना मैं नहीं रह सकता। उसने मेरी गरीबी के दिनों में बहुत साथ दिया है। उसके बच्चों

---

1. ‘सन्न यानिया’ का अर्थ हुआ—यानिया नामक मादा मिथुन। ‘सन्न’ का अर्थ है ‘मादा’। मिथुन को ‘सब’ कहा जाता है। ‘यानिया’ स्त्री सूचक संज्ञा है।

को बेच-बेच कर मैंने अपने लोगों का पेट पाला है। उसकी बलि हरगिज नहीं होगी। यह पेट में गड़बड़ी का मामला है, बिना पूजा-पाठ के ही ठीक हो जाएगा।"

"तानी, सुनो मेरे प्यारे भाई। सब यही चाहते हैं कि तुम जल्दी ठीक हो जाओ और हम साथ-साथ, पास-पास रहें, चलें और खेती-बाड़ी करें। तुम्हारी इस बदबू के साथ यह सम्भव नहीं है। इसलिए बलि तो होगी, जरूर होगी।" उनके बड़े भाई तास ने दृढ़ता से कहा।

"बलि से मैं गरीब हो जाऊँगा और मेरी बीमारी भी इससे ठीक नहीं होगी!"

सारे गाँव वाले जमा हो गए। कोई तानी की नहीं सुन रहा था। सुनें कैसे? यह सब उसकी भलाई के लिए ही तो हो रहा था। जंगल से सन्न यानिया को रस्सी में बाँधकर लाया गया। पूजा-पाठ प्रारम्भ हो गया। अकेले तानी अपने कुत्ते कीपुंग को पकड़कर रोते रहे। कई दिनों तक पूजा चलती रही, बुरी शक्तियों को मनाने का सिलसिला चलता रहा कि सन्न यानिया के बदले वे कुछ और ले ले, लेकिन वे मानने को तैयार नहीं हुईं। हर चूजे के कलेजे पर वही माँग—सन्न यानिया ही चाहिए।

तानी को उसके करीब जाने नहीं दिया गया। सन्न यानिया के भीतर अथाह पीड़ा थी। उसने मन-ही-मन तानी से कहा, "आह निया तानी, ना गाबे रियुन्ग्रा देकुन नेबो—अर्थात हे तानी, तेरी सेवा में मेरी जिन्दगी बीत गई। सारे बच्चों को कुर्बान किया तुझ पर। आज मुझको अपनी मर्जी की मौत तक नहीं मिल रही है। एक बार मुझसे आँख तो मिला लेते।"

आखिर वह वक्त आ ही गया। पुजारी मंत्रोच्चार कर रहे थे। चारों तरफ लोग खड़े थे। पंछी पेड़ों पर शोर मचा रहे थे। सूअर, कुत्ते, बकरियाँ इत्यादि अजीब ढंग से अपनी-अपनी आवाजें निकाल रहे थे। यानिया के गले में रस्सी थी। वह खूँटे से बँधी थी। वह अपना सिर ऊपर की ओर उठा नहीं पा रही थी। औं-औं-औं की आवाजों से उसने तानी को पुकारा। इधर घर के भीतर तानी दहाड़ मारकर रोने लगे। कुछ लोगों ने उन्हें पकड़कर रखा हुआ था। वह हिल नहीं सकते थे।

एक आदमी कुल्हाड़ी लिये सन्न यानिया के ठीक गर्दन के पास खड़ा हो गया। पुजारी ने जोर-से चिल्लाते हुए कहा, "गर्दन उड़ा दो!" एक ही झटके में उस आदमी ने यानिया के सिर को उसके धड़ से अलग कर दिया।

तानी दौड़कर बाहर आए। यानिया के कटे सिर को रोते हुए उठाने ही वाले थे कि एक जोरदार, बदबूदार पाद 'पो-ओ-क' करके निकल गया!

"आह, तानी एप्प-ए पलेह लाल दो—तानी का पाद भी उसी की तरह जिद्दी है," यह कहते हुए लोग अपने-अपने नाक को हाथों से, कपड़ों से ढकते हुए भाग खड़े हुए।

आबोतानी सन्न यानिया के मृत शरीर से लिपटकर रोते ही रह गए...।

कुस्सुक-दूरंग[1]

पतझड़ का मौसम था। पीले पत्ते शाखाओं से टूट-टूट कर गिर रहे थे। हवाओं में उनका लहराते हुए धीरे-धीरे गिरना कितना सुन्दर लगता है! पेड़ों पर, जमीन पर उनकी मर्मर ध्वनि युवतियों की सुन्दर चुहलबाजी-सी लगती है। आबोतानी बहुत ही ध्यान से यह सब देख रहे थे। उनका शरीर नृत्य की लय में थिरकने लगा। उनको होश ही नहीं रहा कि कुछ लड़कियाँ उन्हें देख रही हैं। जब वे हँसने-खिलखिलाने लगीं; तब उनकी आवाज सुनकर अचानक वे रुक गए। आबोतानी ने देखा—कितनी प्यारी लड़कियाँ हैं; पेड़ों पर नाचते पत्तों-सी। उन्होंने सोचा, वे लकड़ियाँ बीनने आईं होंगी।

उन्हीं में एक दुबली-पतली और अलसाई-सी आँखों वाली सुन्दर-सी लड़की थी। उसका नाम था दुरंग। दोनों की आँखें चार हुईं। प्रथम प्रेम पनप चुका था...। बिना किसी लाग-लपेट और छान-बीन के, दोनों साथ रहने लगे।

कम उम्र में ही दोनों माता-पिता बन गए। उनके चार बच्चे हुए। तानी को पहली बार पारिवारिक जिम्मेदारियों का अहसास हुआ। वे रात-दिन एक करते हुए भोजन-पानी का इन्तजाम करने लगे। पत्नी सूखे पत्तों सी संवेदनहीन थी। बहुत ही सुस्त। उसका अपना कोई निर्णय नहीं होता था, न ही बच्चों पर उसका

---

1. 'कुस्सुक-दूरंग' का अर्थ होता है—सूखा पत्ता।

इसी कथा से तानी समाज में एक मुहावरा प्रचलित हुआ—'ओस्स बू न्यी-अ-तारुंग-तापिक हबे रीदू नला।'—सुस्त लोग मक्खी-मच्छरों जैसे तकलीफदेह, कोपजनक और चिढ़ पैदा करनेवाले होते हैं।

नियंत्रण था। तानी उसे 'कुस्सुक-दूरंग' कहकर बुलाने लगे क्योंकि उसमें मानो कोई प्राण ही न था। वह हवा की मर्जी से चलती-फिरती थी।

उस स्त्री से जो सन्तानें जन्मीं, वे मक्खी-मच्छरों की तरह पिता का खून चूसनेवाली थीं। शरीर आदमी का, परन्तु मन और बुद्धि से पशु। सुस्त और निकम्मे। पानी लाने को कहो, तो जोंकों की तरह 'न' में सिर झुका लेते। भरपेट खाओ, पड़े रहो। चटाई की तरह सुबह जिस तरह रखा गया, शाम तक वैसे ही पड़े रहो। स्वयं करवट तक नहीं लेना। लकड़ियाँ लाने को कहो, तो करवट बदलकर सो जाते। शिकार पर चलने को कहो, तो आसमान सिर पर उठा लेते।

वे लोग जंगली केलों और उसके तनों को उबाल-उबाल कर खाते थे। फल और सब्जियाँ उन्हें बचाते थे। भोजन की तलाश में तानी दिन-रात जंगलों का खाक छानते-फिरते। जिस दिन शिकार नहीं मिलता, भूखे पेट रहना होता था। घर था, लेकिन वह उनका अपना ही नहीं था। भोजन के लिए किं-किं, छिं-छिं करते परिवार में वह नितान्त अकेले हो गए। पत्तों का मर्मर तानी को सुनाई नहीं देता था अब, न ही उनका हवा में लहराकर गिरना दिखाई देता था। अब उनका ध्यान सिर्फ भोजन पर था।

अपरिपक्व उम्र थी; स्त्री-पुरुष के मिलकर चलने का अर्थ वे अभी नहीं समझ सके और दोनों से अपना परिवार सँभाला नहीं गया। पर्याप्त भोजन के अभाव और अपने निकम्मेपन के कारण बच्चे कुपोषण के शिकार हो गए। बहुत कम उम्र से ही जिन्दा रहने के तरीके सीखने पड़ते थे, जो वे नहीं सीख सके। भूख और बीमारी से सबकी मृत्यु हो गई...।

कुस्सुक-दूरंग तानी को छोड़कर अपने माता-पिता के पास लौट गई...।

बेप्प रुक-सिब्ब गाक[1]

सौन्दर्य के प्रति आबोतानी की दृष्टि सबसे अलग थी। वह रूप-अरूप के हिसाब-किताब में नहीं पड़ते थे। उन्हें पत्नी के रूप में एक परम मित्र की तलाश थी—और इसमें बाहरी रूप का महत्त्व कम था।

कहते हैं, एक मित्र की मदद से उनको 'बेप्प' समुदाय की एक पत्नी मिली—बन्दर जैसी दिखनेवाली। जैसा रूप वैसा ही स्वभाव था उसका—लाल चूतड़ वाले बन्दरों-सा। उत्पाती, झगड़ालू। किसी से झगड़ा हो जाए, और उसका पक्ष कमजोर लगने लगे, तो वह अपना नग्न चूतड़ दिखाने लगती थी। थू-थू करके शत्रु की तरफ थूकती थी। उस वक्त वह बहुत ही घिनौनी लगती थी। वह छीना-झपटी में माहिर थी। इसीलिए तानी कबीले के लोगों ने उसको 'न्यिचिंग बेलिंग' अर्थात लाल चूतड़ वाली बन्दरिया के नाम से बुलाना शुरू कर दिया।

वह तानी के लिए सिरदर्द थी। उसके रिश्तेदार भी उससे किसी भी तरह कम नहीं थे। वह सेर थी, तो उसके परिवार वाले सवा सेर, "तानी हमारा दामाद है। तानी हमारा दामाद है। कौन हमारा क्या बिगाड़ लेगा?" यह कह-कह कर वे लोगों के नाक में दम कर देते थे। वे चोरी, लूट-पाट में बहुत ही आगे थे। मार-पीट और हत्या रोज का काम था उन लोगों का। वे लोग तानी कबीले के भी कई लोगों की हत्या कर चुके थे।

---

1. 'बेप्प रुक-सिब्ब गाक' उत्पाती, झगड़ालू, चोर, लुटेरे किस्म के स्वभाव वाले लोगों को कहा जाता है। बेप्प का अर्थ है—बन्दरों-सा स्वभाव। 'गाक' का अर्थ है—षड्यंत्रकारी।

हर दिन की शिकायतों से तानी तंग आ गए। कभी मिथुन, कभी सूअर, कभी मुर्गियों इत्यादि से उनके अपराधों का जुर्माना भरते-भरते बेहाल हो गए। पत्नी थी कि हर बात पर अपने मायके वालों का ही पक्ष लेते हुए, उनको भी उन्हीं का साथ देने को विवश करती रहती। उससे मुँह लगना ही अपने लिए मुसीबत को बुलाना होता था।

जो बच्चे उस स्त्री से जन्मे, वे बिलकुल अपनी माँ, मामा-मामी, मौसा-मौसी और नाना-नानी पर गए। हर काम उलटा ही करते थे। सब कुछ बिगाड़ देते। कहते थे, "संसार में हमारा राज है! तानी की सन्तानों का राज है।" हर बात बढ़ा-चढ़ा कर करते थे। कबीले वाले उनके उत्पात और आतंक से सदा डरे रहते। तानी इन सब कारणों से बहुत दुखी रहने लगे।

एक रोज तानी उन सभी को एक साथ बिठाकर समझाने का प्रयास करने लगे। लेकिन वे लोग समझने के बजाय लड़ने-झगड़ने लगे। मार-पीट पर उतर आए। पत्नी ने रो-रो कर आसमान सिर पर उठा लिया और बच्चों को लेकर मायके चली गई।

बेटी का इस तरह वापस घर लौटना अपमान है। अब तो युद्ध होना ही था, लेकिन 'तानी-गंग्रियंग' अर्थात तानी की तेज बुद्धि और शक्ति से लड़ना आसान नहीं था। उसके लिए अच्छी तैयारी आवश्यक थी। तानी की चालाकियों का कोई भरोसा नहीं; क्या जाने सारे पुरुष युद्ध में वीरगति को प्राप्त हो जाएँ और पीछे भूखों मरते परिवार को छोड़ जाएँ।

बेप्प कबीले के लोग युद्ध की तैयारी करने लगे। उन्होंने कई महीनों के लिए भोजन एकत्रित कर लिया। विषैले तीर बनाकर जमा कर लिए। इधर तानी कई दिनों बाद चैन की साँस लेते हुए आराम कर रहे थे। उन्होंने कोई तैयारी नहीं की। वे जानते थे, क्रोधी लोगों को बेवकूफ बनाना उनके बाएँ हाथ का खेल है। परिवार का खयाल था, वरना पहले ही सारा खेल खत्म किया जा सकता था।

एक दिन शत्रु पक्ष के सारे पुरुष मछली पकड़ने नदी को चले गए—मछलियाँ सुखाकर महीनों खाई जाती थीं। नदी किनारे उनके तीर-धनुष रखे हुए थे। उन सभी लोगों का ध्यान नदी पर था। तानी ने 'अप्प-त-अर' जमा

किया। उसे पीस-पीस कर महीन चूर्ण बनाया। उसके साथ सड़े हुए बदबूदार मांस मिला दिए।

अप्प-त-अर एक प्रकार की जंगली लताएँ हैं, जिसकी गन्ध बिलकुल आदमी के पाद की तरह होती है। कई बार लोग उलझन में पड़ जाते हैं कि किसने पाद मारा? खैर, तानी दबे पाँव आए; महीन चूर्ण को सारे तरकशों के अन्दर डाल दिया। ढक्कनों को मजबूती से बन्द करते हुए, उनकी रस्सियों का ऐसा ताना-बाना बुना कि कोई आसानी से उन्हें खोल न पाए। इसके बाद तानी खुद झाड़ियों के अन्दर छिप गए।

शाम को उन लोगों ने अपने तरकशों को देखा तो चकित रह गए। अरे, यह ताना-बाना किसने बुना? सारे तरकश बड़ी मुश्किल से खोले गए। बदबू अपना काम भयंकर रूप से करने लगी। "उहू, उहू, उहू, छी, छी इसमें तो बदबू घुस गई है। यह तो उस बदमाश तानी का ही काम होगा! ओह, अब यह किसी काम का नहीं है," कहते हुए वे अपने-अपने तीर, तरकशों को नदी में फेंकने लगे। धनुर्धारी तानी ने बिना मौका दिए तुरन्त उनकी तरफ तीरों की बरसात कर दी।...सारे के सारे मारे गए।

तानी इस युद्ध में अकेले थे। अपने कबीले के लोगों की जानें वह यूँ ही कभी गँवाते नहीं थे।

नीमा-सोर्खा[1]

किसी समय तानी की मुलाकात पलंग कबीले की एक स्त्री से हुई और वे पति-पत्नी बन गए। बहुत ही प्रेम करनेवाली स्त्री थी वह। समय के साथ गर्भवती हुई। उसकी सेवा में तानी ने कोई कसर नहीं रखी। एक कुशल शिकारी होने के कारण उन्होंने अपनी गर्भवती पत्नी के लिए स्वादिष्ट मांस-मछली की बिलकुल कमी नहीं होने दी। दूर-दराज के इलाकों से उसकी मनपसन्द जंगली सब्जियाँ तोड़कर भी ले आते।

गर्भवती स्त्रियों का मन कब, किस चीज को खाने के लिए मचलने लगे; कहना मुश्किल होता है। उसकी इच्छा पूरी नहीं हुई, तो कहते हैं—भावी बच्चे की जीवन भर लार टपकती रहती है, वह जल्दी बोलना भी सीख नहीं पाता, मन्दबुद्धि होता है। इसी चक्कर में होनेवाले पिता पत्नी की मनपसन्द चीजों को जुटाने में लगे रहते हैं। पत्नी का पेट बढ़ता और शरीर दुबला होता जा रहा

---

1. माना जाता है कि 'नीमा-सोर्खा' नामक बहुत ही छोटे कद वाले इनसान घने जंगलों में रहा करते थे। वे सामान्य मानवों से अलग थे। भूख ने किसी समय उन छोटे लोगों को सामान्य मानवों का भोजन बना दिया था। इसी के चलते नीमा-सोर्खाओं ने अपनी अलग दुनिया बसा ली थी। वे सामान्य मानवों से नफरत करते थे। परिस्थितियों ने उन्हें छुपने में माहिर बना दिया था।

   नीमा शब्द में 'नी' तानी अर्थात मानव का प्रतीक है। एक शब्द के अन्तिम अक्षर से एक नया शब्द बनाया जाता है जैसे—ता-नी = नी+मा = नीमा। नीमा का और एक अर्थ है—वह जो गायब हो जाता हो। 'नी' परसर्ग से पता चलता है कि नीमा सोर्खा भी मानव ही है। इसमें 'सोर्खा' का अर्थ है पृथक् अर्थात सामान्य मानवों से अलग मनुष्य। यह नकारात्मक अर्थ में है।

था। धीरे-धीरे उसकी हड्डियाँ तक दीखने लगीं। तानी की चिन्ताएँ बढ़ने लगीं। क्या चाहिए उसे? वह बताती नहीं थी। बहुत जिद करने पर एक दिन उसने पति को बताया, "मुझे मायके के भोजन की याद आती है। एक बार उसका स्वाद चख लूँ तो...।" तानी ने कहा, "क्या मैं उस भोजन का इन्तजाम यहीं पर नहीं कर सकता?" वह कुछ नहीं बोली।

उसका मायका बहुत दूर था। वह स्वयं उस अवस्था में नहीं जा सकती थी। सो, तानी पौ फटने के पूर्व ही यात्रा पर निकल पड़े और साँझ ढले गन्तव्य पर पहुँचे। किसी के बिना पूछे ही तानी ने धीमी आवाज में कहा, "आपकी गर्भवती बेटी ने भेजा है।" लेकिन किसी ने कोई जवाब नहीं दिया।

तानी-समुदाय के लोगों का एक स्वभाव है—महत्त्वपूर्ण बातें शाम को नहीं करते। 'कैसे हो' तक नहीं पूछते। मौन संवाद होता है उनके बीच। हाव-भाव से स्वागत-सत्कार का पता चलता रहता है। इससे बातचीत में गहराई आती है। औरतें बिना बोले ही 'ओप्पो' (दारू), भोजन इत्यादि परोसती रहती हैं। वाचाल से वाचाल लोग भी इस समय कम ही बोलते हैं क्योंकि इस समय वे हर तरह के विचारों से शून्य रहते हैं। ज्यादा बोलने का मन ही नहीं करता। महत्त्वपूर्ण संवाद के लिए यह सटीक क्षण होता है। कम-से-कम शब्दों और वाक्यों में जो कहना है, वह कहा जाता है। इस समय जो भी कहा जाए, वह आमतौर पर निर्णायक माना जाता है। यही कारण है कि गाँव वाले आज भी सुबह-सुबह ही किसी के घर पहुँच जाते हैं।

अगले दिन, तड़के ही घर वाले तीर-धनुष लिये, गु-गु-गु-गु की ध्वनियों से कुत्तों को बुलाते हुए शिकार के लिए निकल गए। कई शिकारी कुत्ते भौं-भौं-भौं करते हुए उनके पीछे-पीछे दौड़ने लगे। तानी यह सब चुपचाप देख रहे थे। उनसे रहा नहीं गया। सास के बहुत मना करने के बावजूद वे उनके पीछे-पीछे दौड़ने लगे। ऐसा कौन-सा पशु अथवा पक्षी है, जिसे तानी अपनी प्यारी पत्नी के लिए नहीं ला सकते थे? उन्हें जानना था, देखना था—सब कुछ।

कुत्ते इधर-उधर मुँह मारते-सूँघते, भौंकते हुए दौड़ रहे थे। आदमी उनके पीछे-पीछे दौड़ रहे थे। घने जंगल में पहुँचकर उन लोगों ने घेरा बनाकर

वनखंड को घेर लिया ताकि शिकार को भागने न दें। तानी नीचे ढलान पर छुपकर खड़े हो गए। पूरा दिन लग गया; कोई शिकार न मिला। शिकारी फिर भी मायूस नहीं दीख रहे थे। बड़ा ही रहस्यमय था सब कुछ।

सूरज ढलने लगा। अन्धकार अपनी काली चादर बिछाने को तैयार हो गया। अचानक थर-थर काँपता, लम्बी दाढ़ी-मूँछों और बहुत ही छोटे कद-काठी वाला नन्हा-सा एक आदमी तानी के सामने से तेजी-से दौड़ते हुए गुजर गया। वह उनके घुटनों तक ही पहुँचता था। "रुको, रुको! कोई शिकार अभी तक मिला ही नहीं है। तुम कहाँ भागे जा रहे हो? सबके साथ नहीं जाना?" तानी ने आवाज लगाई। वह छोटा आदमी वापस मुड़ा, उनके करीब आया, तानी की आँखों में झाँका, और अचानक उनके चेहरे की तरफ 'थूह' करके थूक दिया। थूक वापस उसी के चेहरे पर गिर गया...तानी उसके सामने विशालकाय जो थे। और वह कुछ समझते, इसके पहले ही वह व्यक्ति पलक झपकते वहाँ से गायब हो गया। तानी वहीं अवाक् खड़े रह गए।

थोड़ी देर बाद तानी के ससुर दौड़ते हुए आए और उनसे कहने लगे, "मुझे पता था तुम यही करोगे। आ ही गए न पीछे-पीछे? खैर छोड़ो, क्या तुमने उस मुच्छड़ को देखा?"

"हाँ, लेकिन वह तो नीमा-सोर्खा था न," सकपकाते हुए तानी ने जवाब दिया।

"उफ! मूर्ख इनसान। सारा दिन बेकार चला गया।" ससुर खीज गए। तानी के शरीर में सनसनी-सी हुई।

उस दिन शिकार नहीं मिला। मायूस होकर सब घर लौट आए। अगले दिन तानी को घर पर ही रहने की सख्त हिदायत देते हुए वे फिर शिकार पर निकल गए। शाम को जब वे लौटे; तो उनके पास पत्तों में लिपटी कोई चीज थी। तानी की जिज्ञासा अपने चरम पर थी लेकिन औरतों के इशारों से मना करने पर वह मन मारकर चुप रह गए। आधी रात में 'तोंग, तोंग, तोंग' की आवाज आने लगी। स्पष्ट था कि कुछ काटा जा रहा था। बहुत अँधेरा था, इसलिए तानी देख नहीं पाए कि क्या काटा जा रहा था। थोड़ी देर बाद आग जलाई गई। कुछ पकाया भी जाने लगा।

तड़के ही तानी यात्रा के लिए तैयार हो गए। सास ने कुछ चीज पत्तों में बाँधकर उनके 'नारा' (बेंत से बना थैला) में डालते हुए कहा, "इसी के लिए मेरी बच्ची सूख रही होगी। रास्ते में तुम इसे हरगिज खोलकर मत देखना, वरना अनर्थ हो जाएगा। बच्चे पर आफत आएगी। घर पहुँचकर भी जब वह इसे खाए तो मत देखना। समझे!" तानी हामी भरते हुए वापस घर की राह पर चल पड़े।

वे हर पड़ाव पर पत्तों में बँधी उस चीज को देखने का प्रयास करते, लेकिन भीतर से आवाज आती, "त्लोक-त्लोक, मना किया था न! अपने होनेवाले बच्चे की परवाह ही नहीं है तुम्हें?" यह सुनते ही तानी का हाथ ठहर जाता। दूसरा पड़ाव आता, उत्सुकता जोर मारने लगती और फिर वही आवाज फिर आती।

घर पहुँचने से पहले तानी ने एक बार फिर उस चीज को देखने का प्रयास किया। लेकिन इस बार भी भीतर से एक आवाज आई—"आह, तानी रील्ह लाल दो—अर्थात तानी बेहद जिद्दी है।" उनका हाथ इस बार भी ठहर गया। उन्होंने खीजते हुए उस चीज को घर से कुछ दूरी पर बने गोदाम के बरामदे में लगभग फेंकते हुए रख दिया। बाँस और लकड़ियों से बना बरामदा था—उसमें से 'ठोंग' की आवाज हुई। पत्नी हाथ में टूटी हुई कुल्हाड़ी लेकर दौड़ती हुई आई। उसकी लार टपक रही थी। उसने एक बार भी पति से यह नहीं पूछा कि उसकी यात्रा कैसी रही? क्या-क्या किया...इत्यादि। उसकी नजरें बरामदे पर पड़ी उस चीज पर थीं। चेहरे से प्रसन्नता टपक रही थी! वह बहुत जल्दी में थी। वह वही प्रिय पत्नी नहीं थी, जिसे तानी छोड़कर गए थे। मात्र एक भोज्य पदार्थ ही बदल सकता है प्रेम को? तानी का मन भारी हो गया! वह डूबने लगे...।

वे पास की झाड़ियों में छिप गए। उन्होंने देखा—हाथ, पाँव, नाक, कान, माथा—सब छोटे आदमियों के थे। तो यह नीमा-सोर्खा का मांस है! पत्नी चबा नहीं रही थी, निगल रही थी! आह, इसे देखने से पूर्व तानी क्यों नहीं मर गए। शरीर मानो खंड-खंड होकर बिखरने लगा। वह झाड़ियों के भीतर बेहाल होकर धम्म-से बैठ गए।

तो 'न्यीपो समुदाय' के लोग आदमखोर हैं? नहीं, नहीं, वे उसके साथ एक पल भी नहीं रह सकते। प्राणों से प्रिय पत्नी...वह तानी जैसी नहीं थी।

भावी सन्तान पर माँ का असर अधिक होगा। वह मानव-समुदाय के लिए अनिष्टकारी ही होगी। एक मानव-समाज का निर्माण—उनका स्वप्न था—जिसमें आदमियत हो...स्थिरता हो।

एक दिन तानी ने पत्नी से कहा, "चलो, मैं तुम्हें उस स्थान पर ले चलूँ, जहाँ हमारी सन्तान आराम से जन्म ले सके।" वह पहले जैसी बिलकुल भी नहीं थी। आबोतानी उसे सुदूर जंगल में ले आए, जहाँ शिकार की कमी कभी नहीं रहती थी। एक विशालकाय पत्थर के नीचे बनी गुफा में उन्होंने अपनी गर्भवती पत्नी को रखा। कई तरह के जानवरों का शिकार किया और उसके सामने ढेर लगा दिया। पत्नी का ध्यान सिर्फ और सिर्फ मांस पर था।

प्रेम और अथाह पीड़ा से युक्त आँखों से देख रहे अपने पति की तरफ उसने एक बार भी ध्यान नहीं दिया। वह पशु बन चुकी थी। तानी उससे दूर जा रहा था...उसको इसकी भी परवाह नहीं हुई। वह भारी कदमों से अपनी दुनिया की तरफ लौटने लगे...अकेला, नितान्त अकेले...प्रेम में पराजित... आदमियत की खोज में...एक सतत यात्रा की तरफ।

दर्रलोन[1]

आबोतानी की नीमो यारंग नामक पुत्री ने उनके बहुत मना करने के बावजूद गिर्र तालंग[2] नामक लड़के से विवाह किया—जो लुटेरे, हत्यारे और निर्धन कबीले से था। विवाह में मिथुन के बदले दामाद ने ससुर को श्वेत रंग का एक कुत्ता दिया। आबोतानी ने उसका नाम कीपुंग[3] रख दिया। कीपुंग और तानी परम मित्र बन गए। वे एक-दूसरे के सुख-दुःख के साथी थे। कीपुंग एक पल के लिए भी तानी से अलग नहीं होता था, परन्तु तानी तो तानी थे—उन्हें स्त्री की कमी खलती थी। उसके बिना वह कभी भी पूरे नहीं होते थे।

---

1. तानी समूह के लोग दरिद्रता की मारक शक्ति को 'दर्रलोन' कहते हैं। इसमें 'दर्र' का अर्थ है—गरीबी, 'लोन' का अर्थ है—शक्ति। त्योहारों में आज भी लोग इसको भगाने का उपक्रम करते हैं।

   सगंग यर्लंग तामंग को भी दर्रलोन कहा जाता है। न्यीसी समुदाय के लोग फसलों के कटाई के बाद मनाए जानेवाले 'न्योकुम' त्योहार पर इस रिवाज को आज भी निभाते हैं। फटे-पुराने कपड़े पहने, गन्दा-सा एक आदमी अपने को बचाते हुए, अजीब-अजीब मुख-मुद्रा बनाते हुए आगे-आगे भागता है, स्वाँग रचता है। लाठी, पत्थर इत्यादि लिये कई लोग उसके पीछे-पीछे 'हो-हो-गु-गु' की आवाज करते हुए दौड़ते रहते हैं। यह एक प्रकार का लोकनाट्य जैसा होता है, जिसमें लगभग सारे गाँव वाले भाग लेते हैं। इसे 'दर्र-रुनाम' कहा जाता है जिसका अर्थ है—दरिद्रता भगाना।
2. 'गिर्र तालंग' का शाब्दिक अर्थ है—अप्राकृतिक और असमय मृत्यु।
3. कुत्ते को 'इकी' कहते हैं, और श्वेत रंग को 'पुंगलुंग; उन्हीं से नया शब्द बन गया—की+पुंग = कीपुंग।

एक बार दोनों ने जंगलों को काटकर खेतीबाड़ी की। कीपुंग दौड़-दौड़ कर तानी की मदद करता रहता, और तानी फसलों की अपनी सन्तान की तरह देखभाल करते। उस साल फसल बहुत ही अच्छी हुई। गोदाम भर गए! तानी सोचने लगे, "ओह, इतना अनाज कौन खा सकता है! कोई तो साथी चाहिए।" अनाज भी समय पर खत्म न किया जाए तो खराब हो जाता है।

आबोतानी की सन्न यानिया नामक एक मादा मिथुन थी। वह जंगलों में ही रहती थी। कीपुंग और तानी उसे ढूँढ़ने लगे, ताकि उन अनाजों को खाने में वह भी मदद कर सके। सन्न यानिया को ढूँढ़ते हुए आबोतानी और कीपुंग सगंग यर्लो नामक पहाड़ पर चढ़ने लगे। वहाँ दोनों ने एक विचित्र स्त्री देखी; वह जंगली घास-फूस को जानवरों की तरह खा रही थी। एक साथ बहुत सारी घास मुँह में डालकर चबा रही थी। "उफ! बेचारी स्त्री। बिन ब्याही। अकेली। शायद भूखी होगी।"

वे उसके पीछे-पीछे चलने लगे। स्त्री अपना नाम नहीं बता रही थी। इसलिए तानी ने उसका नाम 'सगंग यर्लंग तामंग'[1] रख दिया। "मेरी पत्नी बनकर रात-दिन खाती रहना! भोजन के लिए मैं तुम्हें कहीं भटकने नहीं दूँगा।"

"तानी, मैं सिर्फ खाने के लिए ही जीती हूँ।"

"मेरे गोदाम को आकर देख, अनाजों से भरे हुए हैं।"

"लोरिंग दनाम लोंगों, लोंगों दनाम लोकिन नेकेह, अर्थात दस दिन के अनाज पाँच दिनों में, पाँच दिनों के अनाज एक ही दिन में मैं खा जाती हूँ।" उसने चुनौती भरी आवाज में कहा।

"मै खेती करता रहूँगा तुम्हारे लिए। धरती खत्म नहीं होती। वह तो फैलती जाती है न।"

"नहीं-नहीं, मेरा-तुम्हारा मेल नहीं हो सकता। तुम नहीं जानते। तुम जल्दबाजी में हो।"

"मैं सब सँभाल लूँगा।"

"सोच लो।"

---

1. 'सगंग यर्लंग तामंग' में 'सगंग' का शाब्दिक अर्थ है—सहारा, 'यर्लंग' का अर्थ है—पहाड़। 'तामंग' अर्थात युवती/पुत्री। इसका अर्थ हुआ—सगंग पहाड़ की बेटी।

"सोच लिया। मैं तुम्हें अपने साथ लेकर ही जाऊँगा।"

दोनों पति-पत्नी बनकर साथ रहने लगे। वह दिन-रात खाने लगी। तानी उसकी सेवा में लगे रहते। धीरे-धीरे वे खुद भूलने लगे कि वे पति हैं, दास नहीं। उसकी सेवा में उनके प्राण गले में अटकने लगे। साँस लेना दूभर हो गया। कुछ भी कहते तो वह कहती, "तुमने जानकर, देखकर और सोच-समझ कर ही मुझसे विवाह किया था न? समझे?"

दोनों में आए दिन खूब तू-तू, मैं-मैं होने लगी। पत्नी का शरीर अब तानी को जानवर का लगने लगा...!

पत्नी ने एक बार में एक साथ चार बच्चों को जन्म दे दिया। सब के सब भुक्खड़। माँ और बच्चे मिलकर खाने लगे। कच्चे-पके सब चबा जाते। नई फसलों के घर आने से पहले ही गोदाम खाली हो जाता। कीपुंग और तानी खेती-बाड़ी में ही लगे रहते। भूख-प्यास ने अपना काम करना शुरू कर दिया। कुछ बचे तो वे खाएँ! जंगली कन्द-मूलों से पेट की आग कब तक बुझती? दोनों दुबले होते जा रहे थे, जबकि पत्नी और बच्चे मोटे-तगड़े।

एक दिन सगंग यर्लंग तामंग ने गुस्से में आकर कहा, "मैंने कहा था न, मैं सिर्फ और सिर्फ भोजन के लिए ही जीती हूँ! देखा, अनाज खत्म हो गया न। तुम्हारी वजह से मेरी भोजन की आदत बिगड़ गई। अब मैं घास-फूस नहीं खा सकती। सुना तुमने? अब मैं तुम्हें अनाज के लिए गिर्र तालंग के लोगों को बेच दूँगी। ये देखो, ये तुम्हारे ही बच्चे हैं। भूख से बिलबिला रहे हैं। इनको भोजन देना तुम्हारी जिम्मेदारी है।" बच्चों ने माँ की बात सुनी और पिता की तरफ घृणा से देखा। पिता अपराधी की तरह सिर झुकाए खामोश बैठे हुए थे...।

शैतान, भुक्खड़ छोटी चिड़ियों की तरह इधर से उधर, उधर से इधर रोते-चिल्लाते, शोर करते भाग–दौड़ करते रहते थे बच्चे। आह! सिर फटा जाता था। मन डूबता जाता था। कब सुबह हुई, कब शाम—होश ही नहीं रहता था। काम पर लगे रहो। उनका पेट भरते रहो।

एक दिन सगंग यर्लंग तामंग तानी को खींचते हुए ले जाने लगी। वह विशालकाय थी, तानी दुबले-पतले और कमजोर हो गए थे। वे रोते-चिल्लाते रहे। कोई मदद को नहीं आया। बच्चे शोर करते हुए पीछे-पीछे आ रहे थे। इस

खींचतान में वे सभी शत्रु की सीमा पर पहुँच गए। अचानक कई सारे नीमा-सोर्खा पत्तों के कपड़े पहने, अपने-अपने हाथों में तीर-धनुष लेकर आए। सगंग यर्लंग पर उन्होंने तीरों की बरसात कर दी। तानी ने भी मौका पाकर लाठी से पत्नी पर प्रहार कर दिया। वह वहीं ढेर हो गई। उसके पीछे खड़े सारे बच्चे उसके नीचे दबकर मर गए...। नीमा-सोर्खा और आबोतानी मित्र बन गए।

त-अन बद्द कः

एक बहुत ही मेहनती, सरल, बुद्धिमान और सुन्दर लड़की थी—दिलियांग दीबू। तानी ने उससे विवाह किया। उसके साथ वे बहुत सम्पन्न हो गए। वह मडुआ (जोंधरी) की खेती करने में माहिर थी। तानी के अनुसार उसमें एक ही कमी थी—वह बाँझ थी।

प्रेम और सम्पत्ति के साथ-साथ वंश बढ़ाना भी तो जरूरी है। उसके बिना तो सब बेकार है। मेढक-सी दीखनेवाली त-अन रुंगिया नामक एक लड़की तानी के प्रेम में पड़ गई। उसे किसी भी हाल में उसके घर में दिलियांग दीबू की जगह लेनी थी। तानी थे कि उसकी तरफ देखते ही नहीं थे। एक लड़की को यह कैसे गवारा होता? कैसे कोई पुरुष उसे इनकार कर सकता है? वह भी तानी जैसा पुरुष, जो बाहरी रूप नहीं देखता।

वह लगातार उसका पीछा करने लगी। तरह-तरह के वन फूलों से खुद को सजाती...इतराती फिरती। तानी एक बार उसकी तरफ देख ले तो क्या हो जाएगा? "हुँह, कितना अहंकारी है यह! कुछ तो करना ही होगा...तुझे इतनी आसानी से छोड़नेवाली नहीं हूँ, समझे?" वह झुँझलाकर सोचने लगी।

तानी का एक बड़ा भाई था रोबो। दोनों भाइयों में मेल नहीं था। रोज झगड़ते रहते थे। यह जगजाहिर था। त-अन रुंगिया ने सोचा, दोनों भाइयों के झगड़े का फायदा उठाना है। वह रोबो के पास गई। उससे तानी की कमजोरियों का पता लगाया। रोबो ने उसे बताया कि उसका भाई बड़ा ही लालची है। वह उसके बकरी, सूअर आदि सब बहला-फुसलाकर और बेवकूफ बनाकर खा जाता है।

इसके बाद त-अन रुंगिया तानी से मिलने पहुँची।

"तानी-तानी, एक बार तो देखो मेरी तरफ। कितनी सुन्दर हूँ। है न?"

"मेरी पत्नी भी सुन्दर है।"

"मेहनती हूँ।"

"वह तो मेरी पत्नी भी है।"

"उससे ज्यादा मेहनती हूँ।"

"तो?"

"दस दिन का काम पाँच दिनों में, पाँच दिनों का काम एक ही दिन में कर लेती हूँ।"

"अच्छा, उससे क्या होगा?"

"तुम और ज्यादा सम्पन्न हो जाओगे। बाकी कबीले वाले जल-भुन जाएँगे। और क्या!"

"और?"

"तुम्हारी पत्नी की तरह बाँझ नहीं हूँ मैं। सोच लो।"

"..."

"अरे, आजमाकर तो देख लो। तेरा वंश न बढ़ा दूँ तो कहना।"

"ठीक है।"

तानी ने त-अन रुंगिया के लिए रोती हुई दिलियांग दीबू को छोड़ दिया। दिलियांग दीबू रोती हुई सारी सम्पत्ति लेकर अपने माता-पिता के पास वापस चली गई...।

एक साल बड़े मजे से बीत गए। नई पत्नी, मेहनती, मीठी-मीठी बातें, सुन्दर हाव-भाव...। वह पति पर प्रेम की बारिश कर देती थी, लेकिन दूसरे साल वह कुछ सुस्त-सी दिखने लगी। खेतों पर जाना कम हो गया। पति-सेवा से भी ध्यान हटने लगा। कुछ कहो तो, कमर दर्द, सिर दर्द, यह दर्द, वह दर्द...।

खैर, त-अन रुंगिया ने एक पुत्र को जन्म दिया। माँ बनते ही उसके तेवर और भी बदल गए। पति की क्या मजाल कि उसकी नुक्ताचीनी करे। सन्तान पुरुष के लिए स्त्रियों की ओर से बन्धन हैं, रस्सी है, रस्सी। जिम्मेदारी है! अब वह किसी स्त्री को यूँ ही नहीं छोड़ सकता। इसे वह हथियार की तरह इस्तेमाल करना जानती थी।

तानी शिकार से जो कुछ भी लाते, उसको वह पलक झपकते मानो निगल जाती। जिस दिन पति शिकार पर नहीं जाते, वह मांस के लिए अनाजों को बेच देती। प्रेम की भाषा मानो पत्तों पर ओस की बूँदें हों। कोई भी बात उसके भीतर जाती ही नहीं थी। पति का प्रेम से समझाना...सब बेकार। उसके कानों पर जूँ तक नहीं रेंगती थी। तानी को घुटन होने लगी। स्त्री के बिना रहा नहीं जाता, स्त्री के साथ भी रहा नहीं जाता...स्त्रियों की पहचान भी तो उन्हें नहीं थी! एक तरह से वह एक भ्रमित आदमी थे...।

पत्नी की लापरवाही से तानी का प्यारा पुत्र नदी में डूबकर मर गया। अब उनसे सहा नहीं गया। "निकल जाओ मेरे घर और जिन्दगी से। निकम्मी औरत! तुमने मुझे बर्बाद कर दिया," तानी ने क्रोध से चिल्लाते हुए कहा। पत्नी गिड़गिड़ाने लगी, "एक बार और मौका दो। मैं सब ठीक कर दूँगी। अबकी कोई शिकायत नहीं होगी। मेरे लिए 'प-अक' बनाओ। खूब खेती करूँगी। कई सन्तानें होंगी हमारी।" पत्नी की ये बातें सुनकर तानी पिघल गए।

विवाह आसानी से नहीं टूटा करते। खैर, 'प-अक' एक औजार है, जो बाँस को आग में थाप-थाप कर, रस्सियों की मदद से तैयार किया जाता है। इससे हल्के घास छीले जाते हैं। खैर, तीन-चार महीने तक सब कुछ ठीक रहा। पति पर प्रेम की बारिश करते हुए त-अन रुंगिया खूब खेतीबाड़ी करने लगी।

तानी 'प-अक' बनाते, लेकिन हर दो दिन में वह खराब हो जाता। पत्नी कहती, "बहुत खेती करती हूँ , घास छीलती हूँ...खराब तो होंगे ही," उसके स्वर में अब फिर से कुछ कर्कशता आने लगी। तानी को शंका हुई। एक रोज वह छिपते-छिपाते उसके पीछे-पीछे खेत पर आए। देखा, थोड़ी-सी घास ही छीली गई है। इतने दिनों इसने क्या काम किया? उधर पत्नी आराम से एक बड़े पत्थर पर बैठकर, गाते हुए 'प-अक' को उसी पर तेर्रेक-तेर्रेक-तेर्रेक रगड़ रही थी!

प-अक है, कोई वाद्य-यंत्र नहीं! घास छीलते समय उससे जो आवाज पैदा होती है, वही सुन्दर है। तो इसी तरह प-अक खराब किया जाता रहा है। तानी क्रोध से चिल्लाए, "अरे मेढकमुँही! तुम जानवर हो, जानवर!" हड़बड़ाते हुए उसने तानी की तरफ देखा और कहने लगी, "एक स्त्री को दूसरी स्त्री के

लिए छोड़ने वाले आदमी! तेरी खुद की औकात क्या है?" तानी उसकी तरफ लपके। वह सामने बहती नदी में 'त-अन बद्द क: अर्थात मैं मेढक ही हूँ,' कहती हुई कूद गई। और पलक झपकते तैरकर उस पार चली गई।

जंगल था। सन्नाटों की आवाजें थीं...नीला आसमान धीरे-धीरे काले बादलों से ढकने लगा था...सिर पर दो बड़ी आँखें लिये, तानी के पैरों के नीचे कई मेढक तेंर्रक-तेंर्रक-तेंर्रक कर रहे थे...।

पीरंग रंग-पोरंग रंग

आबोतानी बहुत ही आकर्षक, शक्तिशाली और तेज-तर्रार थे। एक समय इन्हीं गुणों के कारण कई स्त्रियाँ स्वेच्छा से उनके घर आईं और उनकी पत्नी बन गईं। कई पत्नियों के कारण घर में कई तरह के षड्यंत्रों का चलना स्वाभाविक था। उनके बीच होड़ लगी रहती थी; पति उसी के साथ ही अधिक समय व्यतीत करें। अच्छा भोजन पुरुष की कमजोरी होती है—इसे वे जानती थीं। एक से बढ़कर एक अच्छा 'ओप्पो' (दारू) तैयार करने में वे एक-दूसरे से आगे निकलने के प्रयास में लगी रहतीं।

तानी की एक स्त्री मोटी-तगड़ी थी। वह हमेशा शारीरिक दर्द से पीड़ित रहती। पति के बहुत कहने के बावजूद कुछ खुलकर बताती नहीं थी। जड़ी-बूटियों से स्वयं अपना इलाज करती। बहुत ही स्वादिष्ट भोजन तैयार करती। तानी उससे खूब खुश रहने लगे। जब देखो, वे उसी के पास नजर आते। बाकी पत्नियाँ उससे जलने लगीं। भोजन का स्वाद उसका अनोखा था। ऐसा तो कोई बना ही नहीं सकती। कैसे बना लेती है वह? क्या-क्या डालती है उसमें?[1]

एक दिन तानी उसे भोजन तैयार करने को कहकर बाहर चले गए। वास्तव में वे कहीं गए नहीं थे। वे जानना चाहते थे कि उनकी यह पत्नी भोजन किस

1. भोज्य पदार्थों की जानकारियाँ हमें अपने पूर्वजों से ही मिली हैं—यह जानकारी निरन्तर यात्रा करती रहती है, पीढ़ी-दर-पीढ़ी। इन्हें खोजने में हमारे पूर्वजों की मेहनत है। यह सामूहिक ज्ञान है। यह मात्र भोज्य पदार्थ नहीं, बल्कि उनकी स्मृतियाँ हैं—इसीलिए ये सम्माननीय हैं। इसीलिए इस तरह की ज्ञान यात्राओं को 'दोगीन-गिनाम' भी कहा गया है। इस शब्द में गाथात्मकता का भाव आता है; जिसमें लयात्मकता होती है।

प्रकार तैयार करती है। इसलिए वह छिपकर देखने लगे। उन्होंने देखा; उस औरत ने अपने ही शरीर के चर्बीयुक्त अंग को चाकू से काट-काट कर भोजन में डालना शुरू किया...। ओह, तो यह बात है! इसके शरीर में दर्द इसी कारण होता था? एक पुरुष शरीर को पाने के लिए इस हद तक जा सकती है यह? तानी के क्रोध का ठिकाना न रहा। वे चिल्लाते हुए बाहर आए। पत्नी भागने लगी। 'पीरंग-पोरंग' पौधों से भरे जंगल में वह जाकर छिप गई। इसके बाद वह घर कभी नहीं लौटी...।

तानी समुदाय के लोग कहते हैं—वह जंगली मुर्गी बन गई वरना तानी की नजरों से कैसे बच सकती थी। आज भी पीरंग-पोरंग पौधों के झुरमुटों के आस-पास एक मुर्गी 'पीरंग रंग-पोरंग रंग' कहती हुई घूमती नजर आती है। वह हमारी माता है, क्योंकि यह उसकी याद दिलाती है। इन घासों ने उसे बचाया था, क्योंकि ये हमारे बड़े भाई हैं।

तानी की एक अन्य स्त्री का नाम होनियार था। वह शर्मीली, गोरी और गुलाबी गालों वाली थी। सदा ताजी मछलियाँ पति के लिए पकाती। ताजी मछलियाँ, वह भी बहती नदी की...मीठी और स्वादिष्ट होती हैं। अब तानी उसके आस-पास ही रहने लगे, लेकिन इतनी जल्दी मछलियाँ कैसे पकड़कर लाती है यह? उन्हें आश्चर्य होगा। उन्होंने सोचा, यह रहस्य जानना ही होगा। जानना जरूरी है। वह छिपकर देखने लगे।

होनियार ने चूल्हे पर बर्तन चढ़ाया और नदी की तरफ तुरन्त दौड़ गई। तानी उसके पीछे-पीछे चलने लगे। नदी के पास पहुँचकर वह ऐसी एक झाड़ी में छुप गए जहाँ से होनियार को देखा जा सकता था। पत्नी ने एक विशेष काँटेदार जंगली पौधे के पत्तों को तोड़कर पत्थर पर रखा, उस पर पेशाब किया; और उसको महीन-महीन पीस लिया। इसके बाद उसे नदी में फेंक दिया। थोड़ी देर बाद बहुत सारी मछलियाँ बेहोश होकर सतह पर तैरने लगीं। उसने उन्हें बड़ी आसानी से पकड़ लिया। यह सब तानी ने देखा। उन्हें घृणा का अनुभव हुआ। उन्होंने सोचा, "नहीं-नहीं, यह आदमियों का स्वभाव नहीं हो सकता। इस तरह के लोगों के साथ मैं नहीं रह सकता। यह सब सिर्फ और सिर्फ पुरुष-शरीर को पाने के लिए? अपने ही पेशाब को...! नहीं, हरगिज

नहीं।" वह कूदकर झाड़ियों से बाहर निकल आए। उन्हें देखते ही होनियार शर्म से लाल हो गई।

उसकी उतनी हिम्मत नहीं रह गई कि वह तानी के साथ वापस घर लौट सके। और वह स्वयं चली गई, हमेशा के लिए, पति से दूर...।

इसके बाद तानी ने उसकी याद में उस विशेष पौधे का नाम ही 'होनियार' रख दिया। आज भी होनियार के गुलाबी और नर्म पत्ते को खाए जाते हैं। स्वादिष्ट पकवानों में उनका उपयोग होता है। पारम्परिक तरीके से मछली मारने में भी उनका उपयोग होता है।

त-अन हामा

त-अन हामा नामक एक औरत थी—मोटी, नाटी, मेढकनुमा। वह अपने ही परिवार द्वारा ठुकराई गई थी। उसकी तरफ कोई भी पुरुष देखता नहीं था। एक दिन वह स्वयं तानी के पास आ गई। तानी के लिए स्त्रियों के रूप से अधिक महत्त्वपूर्ण, वंश बढ़ाना था। वह भी उनकी पत्नी बन गई, लेकिन वह सन्तान उत्पन्न करने में असमर्थ रही। वह किसी तरह की कोई शिकायत नहीं करती थी, न ही कभी पति की किसी भी बात को टालती थी, और न ही उन्हें कभी अपनी तरफ आकर्षित करने का प्रयास करती। हर काम बहुत ही अच्छी तरह से करती। खामोशी ओढ़े सदा हुक्का पीती रहती; इससे उसका पेट अन्दर-बाहर, अन्दर-बाहर होता रहता था। चेहरे पर कोई भाव नहीं रहता था। क्या सोचती होगी? क्या वह तानी की पत्नी बनकर खुश नहीं है? क्या उसे गर्व का अनुभव नहीं होता? पति के लिए उसके मन में प्रेम है भी या नहीं? किसी भी तरह की कोई माँग, कोई शर्त क्यों नहीं है? तानी के मन में तमाम सवाल उठने लगे।

सचाई जानने के लिए बेचैन तानी ने एक दिन बीमार हो जाने का बहाना किया। उन्हें अस्वस्थ जानकर सभी पत्नियाँ सेवा-सत्कार में लग गईं। उनमें होड़ लगी हुई थी। भीड़ थी पति के आस-पास। लेकिन वह तानी के करीब नहीं आई, न ही उनका हालचाल पूछा। एक दिन बीता, दो दिन बीते, तीन दिन बीत गए, पर वह तानी से दूर ही रही। तानी और बीमार होते गए। ठीक होने का नाम ही नहीं ले रहे थे, लेकिन वह...वह करीब आती ही नहीं थी।

तानी ने सोचा, ओह, अब तो जो हो जाए, जानकर ही रहना है कि वह मुझसे प्रेम करती है या नहीं?

चौथे दिन तानी की मृत्यु हो गई। उनकी साँसें बन्द हो गईं... शरीर ठंडा हो गया! घर में कोहराम मच गया। रोने-चिल्लाने की आवाजें आने लगीं।

यह रोना-धोना थोड़े समय के लिए था।

एक पत्नी ने कहा, "अरे, इसे जल्दी दफना देते हैं। मृत शरीर का क्या करना!"

दूसरी ने कहा, "वह खेत मेरा, यह खेत मेरा।"

तीसरी ने कहा, "यह घर मेरा, वह वाली जमीन मेरी, वह पहाड़ मेरा और वह जंगल भी मेरा।"

चौथी ने कहा, "तो क्या हम राख खाएँगे? इतने सारे बच्चे इस बेवकूफ ने पैदा करवाए। इनका क्या करूँ?"

पाँचवीं ने आव देखा न ताव, हर किसी के साथ मार-पीट पर उतर आई।

बच्चे भी अपनी-अपनी माता के पक्ष में एक-दूसरे से भिड़ने लगे। इधर तानी का बेजान शरीर अकेला पड़ा हुआ था। आखिर में त-अन हामा उसके करीब आई। उसकी आँखों में पीड़ा का आसमान उतर आया था...। पति के शरीर को उसने काँपते हाथों से स्पर्श किया। हुक्का मुँह से उतारा। आँसू 'वेदना-गीत' के रूप में उसके मुँह से फूट पड़े—

अ-अ-अ-अ-
त-अन बुगो हामा न्गों
हिमा बुगो यातुला
तारा बुगो यातुला
न्युलू बुगो तानी ने
न्याक बुगो न्युलू नन
ग्योका बुगो याकुमा
न्यरका बुगो याकुमा...

अर्थात

मैं त-अन हामा
बदसूरत दाँतों वाली
कैसे उसके साथ हँसती-बोलती
अपने ही शरीर से
नफरत करनेवाली मैं
उसके करीब आने की चाह क्यों रखती
लेकिन क्या ऐसी मेरी इच्छा कभी नहीं थी
मेरा प्रिय पति, हाँ मेरा पति तानी
तुझे देखकर ही मेरा दिन पूरा हो जाता था...

त-अन हामा का रुदन जारी था। तभी अचानक आबोतानी उठ बैठे। उन्होंने त-अन हामा को गले लगाना चाहा। इस अप्रत्याशित दृश्य को देखकर सारा घर घबरा गया। शोरगुल मच गया। त-अन हामा घबराकर दौड़ी कि तभी उसका सन्तुलन बिगड़ गया और वह सामने जल रही आग में गिर गई। बाकी औरतें अपने बच्चों के साथ भाग गईं।

एक बार फिर आबोतानी का परिवार बिखर गया। वे अकेले हो गए...।

दुग्नन

एक दिन तानी और उनका संगी कुत्ता कीपुंग एक हिरणी के पीछे-पीछे दौड़ने लगे। हिरणी बहुत ही तेज थी; लम्बी-लम्बी चौकड़ियाँ भरते हुए वह मीलों दूर निकल गई। जिद्दी तानी हार माननेवालों में से नहीं थे। वे भी दौड़ते रहे। महीनों उसका पीछा करते रहे।

एक दिन दोनों ने देखा, हिरणी पत्थरों की एक बड़ी-सी गुफा में प्रवेश कर गई। हिरणी के पीछे-पीछे तानी और कीपुंग भी गुफा के अन्दर जाने लगे। अन्दर अलग ही दुनिया थी; विशालकाय गुफा धन-धान्य से परिपूर्ण थी। उसमें हजारों कमरे थे। खूब चहल-पहल थी। रंग-बिरंगे वस्त्रों से सुसज्जित अनेक सेवक-सेविकाओं के बीच एक अनुपम सुन्दरी वहाँ विराजमान थी। हिरणी और कीपुंग के गुफा में प्रवेश करने के बाद उनके पाँवों से लगकर कुछ बर्तन गिर पड़े। बर्तनों के गिरने की आवाज से सबका ध्यान उस ओर चला गया। तानी छिप गए, लेकिन उन लोगों ने कीपुंग को देख लिया। वह पकड़ा गया। अजनबी था; शत्रु की तरफ का हो सकता है—इसलिए वह रस्सियों से जकड़ दिया गया।

तानी ने देखा, वही हिरणी उस अनुपम सुन्दरी की गोद में आराम कर रही थी। उस पर प्यार-दुलार बरस रहा था। तानी अपने प्यारे कीपुंग के बारे में सोचने लगे। कीपुंग को छोड़कर वे जा ही नहीं सकते थे। उन्होंने आत्मसमर्पण कर दिया।

उनको एक विशेष ढंग से बन्धक बनाया गया—एक कच्चे, मोटे और भारी तने के बीचोबीच छेद किया गया। उस छेद में तानी के पाँव को आर-पार

घुसाते हुए रस्सियों से इस तरह बाँध दिया गया कि उसे आसानी से खोला न जा सके। दोनों हाथों को पीछे करके बाँध दिया गया।

इस प्रकार की सजा को 'तापिया/लेपिया परनाम' कहा जाता है। गम्भीर अपराध की स्थिति में इसका उपयोग किया जाता है। किसी के राज्य में चोरी-छिपे घुसना अपराध था। इसके लिए इस प्रकार की सजा स्वाभाविक थी। इसमें अपराधी हिल-डुल नहीं सकता था। पेशाब-पाखाना करने के लिए भी अन्यत्र कहीं जाना सम्भव नहीं होता। एक ही जगह सब कुछ करना पड़ता। मल-मूत्र से निकलने वाली बदबू सजा को और भी भयानक बना देती।

वह दुग्नन का घर था। साँप भी यहाँ पालतू जानवर थे। हर तरह के पशु-पक्षी यहाँ भयरहित होकर घूमते-फिरते थे। धान और चावल से तानी का सामना यहीं पर पहली बार हुआ। उन्होंने पहली बार चावल से बना भोजन किया। अहा, कैसा सुन्दर स्वाद है! इसका राज तो जानना ही होगा। इधर दुग्नन यह जानकर मन-ही-मन चकित थी कि एक अधनंगे आदमी को अपने कुत्ते से कितना प्रेम है? उसे बचाने के लिए उसने स्वयं की जान खतरे में डाल दी। दुग्नन ने दोनों को भूखा रहने नहीं दिया; भोजन-पानी का पूरा खयाल रखा।

कुछ दिनों बाद रस्सियों की रगड़ से दोनों के पाँवों में घाव होने लगे। दर्द बढ़ने लगा। अब तो कुछ करना ही होगा! तानी बहुत बेचैन हो गए। तभी एक चूहा कीपुंग के सामने से गुजरा; उसने झट-से उसे अपने पैने दाँतों में जकड़ लिया। तानी के कहने पर उसने उसे उनकी तरफ फेंक दिया। तानी ने उसे अपने बाजू में दबा लिया। दो दिन बाद उस कमरे में काफी बदबू फैल गई, जिसमें तानी और कीपुंग कैद थे। सेवकों की शिकायत पर दुग्नन आई। तानी के शरीर से गन्ध आ रही थी। "आह, दुग्नन! मैं योमा (गरीब) तानी, सड़ने लगा हूँ। मेरे बच्चे, मेरा परिवार मेरा इन्तजार करते होंगे। मेरे बिना वे भूखों मर रहे होंगे। हिरणी के लालच में इधर भटकते हुए आ गए हम। भूख पहाड़ों की कथा है। वही उसका गीत है। वहाँ शिकार के सिवा कुछ भी नहीं है। मुझे जाने दो।"

दुग्नन तानी के करीब आई और उनके शरीर को सूँघने लगी, "हूँ...तुम बेहद चालाक हो। बहुत सुना था तुम्हारे बारे में। तुम्हारी वीरता, बुद्धिमत्ता,

करुणा और सौन्दर्य के बारे में। मैं तो तुम्हें देखते ही पहचान गई थी। तुम्हारे अलावा सुदूर पहाड़ों से इधर तक कोई नहीं आ सकता। परीक्षा लेनी थी तुम्हारी बुद्धि की...सो ले ली। चलो, मैं तुम्हें आजाद करती हूँ। जाओ, लौट जाओ अपने लोगों के पास।"

चलते वक्त आबोतानी ने कीपुंग के कान में चुपके-से धान के दो बीज डाल लिए। जो कुछ उसके सम्बन्ध में वहाँ सुना था, वह याद रखा। तानी-मोमेन में वापस आकर उन्होंने वे दोनों बीज मिट्टी में छिड़क दिए। कुछ दिनों बाद उनमें से दो हरे-हरे पौधे उग आए! ऋतु के अनुसार वे बोए नहीं गए थे, इसलिए उनमें बीज नहीं लगे। तानी बेचैन हो गए। उन्हें जाना होगा...वहीं... फिर से...भूख का निवारण आवश्यक था। कीपुंग घबरा गया अपने मित्र के इरादे भाँपकर, लेकिन उसके पास कोई चारा भी नहीं था; वह उनके बिना रह ही नहीं सकता था।

दोनों दुग्नन के यहाँ फिर पहुँच गए। इस बार चोरी-छिपे नहीं, मित्र की तरह आए। दुग्नन स्नान के बाद बाल सुखा रही थी। लम्बे, काले, घने बाल...बेहद सुन्दर चेहरा...तानी देखते ही रह गए। कीपुंग दुग्नन के करीब आकर उनके आने की सूचना देते हुए भौंकने लगा। उस अनुपम सुन्दरी ने तानी की तरफ देखा। दोनों एकटक एक-दूसरे को देखते रहे। वह कुछ शरमाने-सी लगी...।

तानी ने बहुत सारी बातें बताईं उसे; भूख की, आए दिन के युद्धों की। धान के दो बीजों की कथा भी सुनाई। वह दया से भर गई। तानी के साथ चलने के लिए तैयार हो गई। लोगों के मना करने के बावजूद वह अनेक दास-दासियों के साथ कई तरह की फसलों के बीज लेकर तानी मोमेन पहुँच गई। कहते हैं, छह महीने तक वह तानी मोमेन में रही। उसने तानी समुदाय के लोगों को धान की खेती करना सिखाया।

गर्मियों और बारिश के मौसम में फसलों को बोया और काटा गया। लोगों की भूख मिट गई। इसी खुशी में त्योहार मनाया गया। पहाड़ों में खुशहाली छा गई। इसके बाद दुग्नन वापस चली गई...।

उसका जाना जरूरी था। उसके अपने देश में उसकी अपनी जिम्मेदारियाँ थीं। वह यहाँ रुक नहीं सकती थी। क्यों नहीं रह सकती वह यहाँ? इस पर

कथा मौन हो जाती है। वह चाँद थी—शान्त, सौम्य, शीतल, प्रकाशमान, करुणामयी, प्रेम की प्रेमी, समाज के डर से मुक्त, निर्भय स्त्री। तानी और उसके बीच विवाह हुआ, इसका जिक्र कहीं नहीं आता।

गर्मियों के मौसम में वह आई थी; तानी ने उसकी याद में इस मौसम को 'दुग-पोल'[1] अर्थात गर्मियों का मौसम नाम दिया। इस समय साँप, बिच्छू, छिपकली इत्यादि खूब बाहर निकल आते हैं; तानी ने अपने लोगों से कहा, "आज से ये सारे मेरी और दुग्नन की सन्तान हैं।"

---

1. 'पोल' का अर्थ है—महीना या चाँद। चाँद ही मौसम को तय करता है। उसी के अनुसार महीनों की गणना की जाती है। दुग्नन के तानी मोमेन आने की यात्रा में कीपुंग का बहुत बड़ा योगदान रहा; इसीलिए धान कटाई के वक्त कुत्तों की खूब ख्रातिरदारी की जाती है। जंगली पशु-पक्षियों के शिकार की इस समय मनाही होती है।

दोन्यी याय चुम्जी

‘सुदूर देश में दीकुम और दीत की एक गुणवान, रूपवान पुत्री याय है, जो किसी बुद्धिमान पुरुष से ही विवाह करेगी। उसने कई सम्पन्न कबीलों के वीर युवकों का प्रस्ताव ठुकरा दिया है।’ इस खबर को तानी ने भी सुना। वह उस स्त्री को पाने के उपाय सोचने लगे। बहन दोरी चीजी से भी सलाह ली।

जल्द ही कुछ लोगों को साथ लेकर तानी ने उस रूपवती के यहाँ जाने के लिए यात्रा शुरू की। चलते-चलते वे एक गाँव में पहुँचे; वहाँ चौराहा मिला। अब सवाल उठा कि कहाँ से, किस मार्ग से जाएँ? भटक गए तो? लोग-बाग़ बिना कुछ लिये मार्ग का पता बताने को तैयार न थे। इसी तरह कुछ-न-कुछ देते जाएँगे तो गंतव्य तक पहुँचने से पहले ही हम भूखों मर जाएँगे। उस स्थिति से बचने के लिए एक युक्ति निकाली गई। तानी ने अचानक अपना लिंग बाहर निकाला; ‘जल गया, जल गया’ कहते हुए चिल्लाने लगे। उस गाँव का एक व्यक्ति यह देखकर खूब हँसने लगा। तानी के लोगों ने उसको पकड़कर मारना शुरू कर दिया। बाकी गाँव वाले डर के मारे वहाँ से भाग गए। उस आदमी ने कहा, “मुझे मत मारो। मैं आपको मार्ग का पता बताऊँगा। मैं बहुत ही तेज धावक हूँ!” इसके बाद उस आदमी ने तानी और उसके लोगों का मीलों तक मार्गदर्शन किया।

आगे वे एक गाँव में पहुँचे। वहाँ से उनको रास्ता मालूम नहीं था। गाँव वाले घरों से निकल-निकल कर राहगीरों को देख रहे थे। तानी ने उन्हें ललकारा, “तुममें से कोई यदि इस आदमी को पकड़कर दिखाए, तो मैं इनाम

दूँगा।" एक आदमी आया। तानी ने उस धावक को वापस लौट जाने का इशारा करते हुए दौड़ जाने को कहा। इस गाँव के आदमी ने उस धावक को पलक झपकते पकड़ लिया और पीट-पीट कर अधमरा कर दिया। क्रोधित तानी ने कहा, "मूर्ख, मैं दोन्यी तानी हूँ, दोन्यी तानी। मैंने तुम्हें इसे सिर्फ पकड़ने को कहा था, पीटने को नहीं। अब तुम्हें इसकी सजा भुगतनी होगी।" तानी की वीरता के चर्चे थे, सो वह आदमी डर गया। इस तरह उसको आगे की यात्रा में साथ चलना पड़ा।

इसी तरह चालाकियाँ चलती रहीं, यात्रा निरन्तर आगे बढ़ती गई। एक आदमी साथ आता, पहले को छोड़ दिया जाता। उसी तरह करते-करते वे दीकुम और दीत के स्थान के करीब पहुँचने लगे। तानी ने एक सूखे, पतले किन्तु मजबूत खड़े पेड़ को काटा, और उसे कन्धे पर रखकर चलने लगे। आखिरकार वे अपने गंतव्य पर पहुँच ही गए। देखा, कई सुन्दर-सुन्दर लड़कियाँ घर के बरामदे में धान कूट रही थीं। पता चला, वे सब दीकुम-दीत की ही पुत्रियाँ थीं। "ओह, बहनें इतनी सुन्दर हैं, तो याय कैसी होगी?" तानी ने मन-ही-मन सोचा। सबकी नजरें इन राहगीरों पर पड़ीं। तानी ने कहा, "मैं योमा (गरीब) तानी, तुम्हें चुनौती देता हूँ। तुम सब शक्तिशाली, सम्पन्न दीकुम-दीत की सन्तान हो तो मेरी इस लकड़ी को तोड़कर दिखाओ! तुम जीते तो मैं तुम्हारा दास, हारे तो तुम्हारी बहन याय का विवाह मेरे साथ।"

लड़कियाँ बारी-बारी से आकर उसे तोड़ने का प्रयास करने लगीं, लेकिन सब असफल रहीं। उनमें से एक लड़की ने कहा, "हमारी दोन्यी मुमी तो इसे आसानी से तोड़ देगी, लेकिन वह नाना-नानी के यहाँ गई है। तीन-चार दिन तो लग ही जाएँगे उसके लौटने में।" 'मुमी' याय का ही दूसरा नाम था। उसे 'चुमजी' भी कहा जाता था। 'दोन्यी' अर्थात सूरज—नाम के आगे लगाया जाता था। यह उसके सूर्यवंशी होने का प्रतीक था।

खैर, तानी के उद्देश्य को जानकर दीकुम-दीत ने अतिथियों को सम्मान सहित घर में रहने दिया। वे प्रसन्न थे कि तानी जैसा बुद्धिमान आदमी उनका दामाद होना चाहता है। अगले दिन तानी जंगल गए—उसी लकड़ी को लेकर।

वहाँ उन्होंने दीमकों को देखा तो पूछने लगे—

तागिग-अ कुएलो, आकी-न कुएलो?
तारा–अ कुएलो, आकी-न कुएलो?
ईलू–अ कुएलो, आकी-न कुएलो?
याम्सो–अ कुएलो, आकी-न कुएलो?

अर्थात

हे दीमक, क्या तुम जानते हो कि हम एक हैं?
क्या तुम्हें मालूम है, हम दोनों ही
हवा के कारण एक-दूसरे से जुड़े हुए हैं?
क्या तुम जानते हो, हम किस-किस तरह से एक हैं?
यदि हाँ, तो मेरी मदद करो।

यह सब कहते हुए वह उन दीमकों को उस लकड़ी में छेद कर-करके घुसाते गए। फिर ताकिन नामक जंगली गोंद से उन छेदों को बन्द किया गया ताकि किसी को कुछ पता न चल सके। दीमकों ने लकड़ी को भीतर से कमजोर करना शुरू कर दिया। तीन-चार दिन बाद याय आ गई। वह बेहद सुन्दर थी—पीठ पर काले, लहराते, लम्बे बाल, मानो काला नाग हो।

"सुना है, सुन्दरता के साथ-साथ बलशाली भी हो! देखना चाहता हूँ कि क्या एक स्त्री इतनी बलशाली भी हो सकती है?" आबोतानी ने उससे कहा।

याय का चेहरा यह सुनकर तमतमा उठा।

"शर्त बताओ! क्या करना होगा?" उसने कहा।

"क्या सच में तोड़ पाओगी? बहुत मोटी है।"

"यदि तोड़ दिया तो?"

"मेरी पत्नी बनना होगा।"

"क्यों? यह कैसी शर्त है?"

"यह लकड़ी मेरे पूर्वजों की है। मुझे उनसे यह जोड़े रखती है। इसका टूट जाना मेरे मर जाने के बराबर है।"

"और जो इसे मैंने नहीं तोड़ा तो?"

"तो मैं मान लूँगा कि मैंने तुम्हारे बारे में गलत सुना था। स्त्रियाँ कभी भी शारीरिक बल में पुरुषों का मुकाबला नहीं कर सकतीं!" तानी ने अपनी उस मोटी-तगड़ी दीमकों से भरी लकड़ी को उसके सामने रखते हुए कहा।

याय ने लकड़ी को उठाया और उसके दो टुकड़े कर दिए। हँसते हुए कहने लगी, "मुझे पाना इतना आसान नहीं है। मेरी बहनों और दासियों में से किसी को भी ले जाओ। वे सब एक से बढ़कर एक हैं।" तानी नहीं माने। अपनी जिद पर अड़े रहे। याय ने परेशान होकर एक शर्त रखी। उसने खुशबूदार घासों को इकट्ठा किया और तानी को उन्हें जलाने को कहा। यदि धुआँ आसमान में जाकर वापस मुड़ते हुए 'तानी मोमेन' (पृथ्वी) की तरफ लौट आए तो वह उनकी पत्नी बनने को तैयार है। आबोतानी ने उन घासों में आग लगाते हुए गाया—

नो इलू रिन्यी-अ रन्यी ला,
सो रन्यो-अ रन्यी लाका!

अर्थात

हे हवा, तुम अपने तेज बहाव को भूलकर
धीरे-धीरे बहते हुए ऊपर जाना, बादलों को छूना
फिर मुड़ते हुए तानी मोमेन की तरफ लौट आना
वहाँ आकाश की शून्यता में खो मत जाना
अपने मन्द बहाव का सौन्दर्य दिखाओ
न्यीया तानी और तुम ऊई तानी भाई-भाई हैं, एक हैं
उसकी मदद करना।

हवा ने वैसा ही किया। धुआँ बादलों को छूकर लौट आया।

तानी और याय का विवाह हुआ। यह पहला विवाह था जो पूरे रीति-रिवाजों के साथ हुआ था। दुल्हन अपने साथ अनेक पशु-पक्षी, आभूषण,

बीज, दास-दासियाँ इत्यादि लेकर आई। समय पर उनके एक पुत्र जन्मा। याय ने अपने परिवार को ऐश्वर्य-सम्पन्न बनाया। तानी पहले की अपेक्षा और अधिक धनवान हो गए।

पुत्र के जन्म के बाद याय का ध्यान पति से हटकर पुत्र पर अधिक रहने लगा। तानी कुछ परेशान होने लगे। उन्होंने एक युक्ति निकाली जिससे पत्नी का ध्यान उन पर भी हो। एक दिन तानी ने याय से कहा, "क्यों न मैं अपनी मौसेरी बहन को ले आऊँ? बच्चे पालने में वह तुम्हारी मदद कर दिया करेगी। तुमको अतिरिक्त समय मिल जाएगा।" बच्चे को दूध पिलाते हुए याय ने उनकी तरफ बिना देखे ही जवाब दिया, "तानी, आने चिद्दिलन, आबे चिद्दिलन चिस्माबे,"—एक ही तो बच्चा है। माता-पिता दोनों मिलकर इसे आराम से पाल सकते हैं। अन्य लोगों की क्या आवश्यकता है?

लेकिन तानी नहीं माने। वह जिद पर अड़ गए।

हारकर याय ने 'हाँ' कह दिया, लेकिन उसकी कुछ शर्तें थीं। उसने कहा, "अपनी नहीं, मेरी मौसेरी बहनों को ले आओ। वहाँ तक पहुँचने के मार्ग की कुछ शर्तें हैं, उन्हें मानना होगा। मेरे साथ आए कुछ दासों को साथ ले जाओ, वे तुम्हारे मार्गदर्शक होंगे। गंतव्य तक पहुँचने से पहले एक दोराहा आएगा। वहाँ दो रास्ते मिलेंगे—हाच सको और हात सको। हाच सको कोर्रा यर्दा (कोर्रा नामक पेड़ों का पर्वत) की तरफ ऊपर जाता है। ये पेड़ बहुत सुन्दर होते हैं। यह मार्ग राजमार्ग-सा होगा। सुन्दर-सुन्दर फूल खिल रहे होंगे। कई सुन्दर आवाजें सुनाई देंगी। तुम आकर्षित न हो जाना। उनके झाँसे में न आना। उनकी तरफ भूलकर भी न देखना। दूसरा मार्ग—हात सको—दाईं ओर जाता है। यह रास्ता सँकरा और टेढ़ा-मेढ़ा, गड्ढों से भरा होगा, लेकिन तुम बिना डरे इसी रास्ते आगे बढ़ते जाना।"

अगले दिन याय ने अपने साथ लाए कीमती आभूषण पति को पहना दिए। सुन्दर वस्त्रों से उसके शरीर को सजाया। वह चाहती थी लोग तानी को देखें तो समझें कि याय का पति काफी धनवान है। इसके बाद कुछ दासों के साथ उसे विदा किया।

कई दिनों की यात्रा के बाद तानी सदल-बल उस दोराहे वाले स्थान पर

पहुँच गए—हाच सको और हात सको। याय ने जैसा बताया था, वह बिलकुल वैसा ही था। एक मार्ग ऊपर पहाड़ की तरफ और दूसरा बाईं तरफ जाता था। एक सँकरा था और दूसरा बिलकुल प्रशस्त राज मार्ग। तानी अपनी जिज्ञासा रोक नहीं पाए। वह दासों के बहुत मना करने के बावजूद राजमार्ग की तरफ लगातार ताकने लगे। क्या है आखिर इसमें? क्यों नहीं जा सकता? प्रकृति अपने सुन्दरतम रूप में महक रही है। क्यों नहीं छू सकता इन्हें? कई सवाल लिये उनके कदम ऊपर पहाड़ की तरफ बढ़ चले। वे बढ़ते गए, बढ़ते गए... इसी दौरान उन्हें पतला-दुबला, शरीर से यहाँ-वहाँ झाँकते कंकालों को लिये, धँसे पेट वाले एक नंग-धड़ंग आदमी नजर आया। वह भी उन्हीं की तरफ देख रहा था। वह मुस्कुराया, जवाब में तानी मुस्कुराए। वह हौले-से सीटी बजाने लगा, जवाब में उन्होंने भी सीटी बजाई। वह रोया, तानी भी रोए। उस आदमी ने अपनी जीभ और तालू की मदद से एक आवाज निकाली—त्लोक-त्लोक-त्लोक। तानी ने भी वैसा ही किया।

दोनों मित्र बन गए। तानी ने अपने वस्त्र और सारे आभूषण उसको पहना दिए। बदले में उसने भी जंगली सूखी गुठलियों से बनाई गई माला उन्हें पहनाई, पत्तों के वस्त्र भी उन्हें पहनाए—

योमा न्योद-अ बोरक पाकु,
योमा कोदाक-अ दारक पाकु
योमा न्यीसी-अ दिरिक पाकु,
योमा पाबुंग-अ तोरिक पाकु

अर्थात

निर्धनता से मिलना हुआ,
उसकी आवाज उसके कानों से टकराई।
आँसुओं की यात्रा एक हुई
और इस तरह नदियों का संगम हो गया।

उस आदमी ने अपनी सारी कहानी उनको सुनाई। उसने बताया कि उसके

गाँव के गरीब लोगों को याय ने अपने मौसा-मौसी की मदद से दास बना लिया है। न मानने पर कितनों का कत्ल कर चुकी है।

"कत्ल? ओह, तो यह बात है। इसीलिए याय ने मुझको इस मार्ग पर जाने से रोका था?"

आबोतानी पीड़ा से तड़प उठे। सम्पत्ति किसी की लाश से होकर गुजरती है। वह शर्मिन्दा हुए। वापस घर लौटे। ठंड से सिकुड़कर कुंडली मारे सो रहे किसी कुत्ते की तरह चुपचाप अलाव के सामने लेट गए। उन्होंने खाना-पीना तक छोड़ दिया। याय क्रोध से आगबबूला हो उठी।

"तुम कुत्ते हो या आदमी?"

"...।" तानी ने कोई जवाब नहीं दिया।

"बोलो तानी!"

"...।"

"थू! तुममें और कुत्तों में कोई फर्क ही नहीं है। मेरे थूक को चाटो यदि तुम आदमी नहीं हो तो!" याय ने उनके सामने थूकते हुए कहा। आबोतानी ने बिना कुछ कहे उसके थूक को चाटना शुरू कर दिया।

यह उनकी मनुष्य होने की सजा थी। करुणा का तिरस्कार था। वह अपने-आपको दंडित करने लगे। वह एक बार फिर इस संसार के नियमों से अपने-आपको पृथक् पा रहे थे। प्रेम की तलाश में उन्होंने फिर शिकस्त पाई थी। क्या स्त्री-पुरुष का प्रेम मनुष्यता के साथ पल नहीं सकता? क्या प्रेम विस्तार नहीं पा सकता? लेकिन उन्होंने भी तो पत्नी की बात नहीं मानी थी। सन्तान उनके और पत्नी के बीच बाधक बन रही थी। क्यों? परिवार चाहिए, परन्तु किस तरह का? आबोतानी को आखिर क्या चाहिए था? क्या याय गलत थी?

"ओह तानी, तुम कभी आदमी नहीं बन सकते! तुमने मेरे सारे आभूषण उन भुक्खड़ लोगों को दे दिए! तुम्हें शर्म नहीं आती? वे मेरे थे, मेरे। तुम जैसे पशु के साथ मैं एक पल भी नहीं रह सकती।" याय ने दो लात पति के शरीर पर जमा दीं। आबोतानी फिर भी बिना हिले-डुले खामोश रहे।

विवाहित स्त्री माता-पिता के घर वापस कैसे जाती...? वह अपने पुत्र को लेकर हमेशा के लिए अनजान दिशा की ओर चली गई।

तानी और याय का वह पुत्र 'पालो होपिन, मालो होपिन' कहलाया— अर्थात बिना किसी रिश्तेदार की सन्तान। पालो होपिन-मालो होपिन दुनिया का सबसे बड़ा अनाथ बन गया। बड़े बुजुर्ग कहते हैं, उसी होपिन (अनाथ) से गैर आदिवासियों की उत्पत्ति हुई। इसीलिए वे भी आबोतानी की ही सन्तान हैं।

जीत्त आने

याय चुमजी के चले जाने के बाद आबोतानी स्त्री जाति तो क्या, प्राणी मात्र के प्रति क्रोधित हो गए। उन्होंने निर्दोष पशु-पक्षियों और पेड़-पौधों का संहार करना शुरू कर दिया। लोगों के घरों में आग लगाने लगे। लोग त्राहि-त्राहि करने लगे। एक बुजुर्ग स्त्री ने उन्हें समझाते हुए कहा, "दोंयी तानी! वह देखो इन्द्रधनुष। सूरज जहाँ से उगता है, उस दिशा में एक अनुपम सुन्दरी इन्द्रधनुष बुन रही है। वह सर्वगुण सम्पन्न है। अनेक वस्त्र एक ही दिन में बुन लेती है। प्रेम की किरणें उसी से विकीर्ण हो रही हैं। कोई भी ताकत उसे उसके काम से डिगाती नहीं है। वह तुम्हारे लिए है। हमारा वंश-वृक्ष फैलेगा। अवश्य फैलेगा।"

आबोतानी शान्त तो हो गए, लेकिन उन्हें पता था कि याय सारी सम्पत्ति लेकर चली गई है। वे अब बहुत ही गरीब हैं। ऐसे निर्धन पुरुष को कौन स्त्री स्वीकार करेगी? तब उनकी बहन दोरिंग चीजिंग[1] ने समझाया, "वह साधारण स्त्री नहीं है। प्रेम से निर्मित है। उसकी आँखें इन्हीं से देखती हैं। तुम्हें अब तैयारी भिन्न तरीके से करनी होगी।"

आबोतानी ने पूर्वजों का स्मरण किया। अस्तित्व की सारी चर-अचर शक्तियों का आह्वान किया। रूपु, रुलू, तोद, लोम, लमी, लाया इत्यादि स्त्री पुजारिनों ने आबोतानी की मदद करते हुए उनके हृदय में स्त्रियों के प्रति फिर से श्रद्धा

1. 'दोरिंग चीजिंग' तानी वंश की प्रथम पुजारी हैं। उन्होंने कई स्त्रियों को पुजारिन बनने में अपना सहयोग दिया। उन्हीं से पुरुष पुजारियों ने भी इसके गुण सीखे थे। बाद में इन पुरुष पुजारियों ने ईर्ष्या और अहंकार के चलते दोरिंग चीजिंग की हत्या करने का भी प्रयास किया, जिनसे आबोतानी ने सख्ती से निपटा था।

और सम्मान को जाग्रत किया। इस क्रिया में सृष्टि के प्रारम्भ से लेकर वर्तमान तक की कथा को गाते हुए उनके विचारों और वातावरण को शुद्ध किया।

कहते हैं, प्रत्येक शक्ति स्त्री से आती है, इसलिए 'न्येदर दार्खा' अर्थात फिर से शरीर और मन को कुँवारा करने में स्त्रियाँ ही सक्षम होती हैं। रूपु जल ले आई जिसे लमी ने आबोतानी के शरीर पर छिड़क दिया। लाया ने आबोतानी के चारों तरफ एक रेखा खींची। तोद और लोम ने उन्हें स्नान करवाया।

'हिब पोनियो पो' तथा 'ग्योब जर्जो पो' चिड़ियों की शक्तियों को एक साथ उन्होंने धारण किया। जो क्रमश: स्त्री और पुरुष शक्ति की प्रतीक थीं। स्त्री और पुरुष, दोनों के योग से शरीर बनता है; अत: स्वभाव में भी उन्हीं दोनों का सन्तुलन अपेक्षित था। आखिरकार आबोतानी के अन्दर 'जीलो-बुलो' अर्थात अथाह ज्ञान का संचार हो गया।

आबोतानी अब उस दिशा की ओर चलने लगे जहाँ रंगों का जन्म हो रहा था। जिसके करघों से मानव समाज पनप रहा था...। एक लम्बा-सा 'नाम्लो' (घर) था जिसके बरामदे में अपूर्व सुन्दरी जी-त कपड़े बुन रही थी। उसके चेहरे से मानो सूरज की किरणें विकीर्ण हो रही थीं। उसके हाव-भाव में सौम्यता थी मानो मानव समाज की भावी सभ्यता अपनी पूरी गरिमा से उसके साथ उपस्थित हो। वह हर कबीले के सम्पन्न और वीर पुरुषों की चाहत थी। चुन्त, पीरिया, तूबो, ल्याबो, कीर, ल्यार, खिर्मोर, पम्रल्यार, पाम्त, म्योत इत्यादि उसे पाने के प्रयास में कतारबद्ध होकर खड़े थे।

इधर गरीब तानी के मन में कई तरह के विचार चलने लगे—क्या यह मुझ जैसे गरीब को अपनाएगी? इतनी सारी स्त्रियों ने जिस आदमी को अपने लायक नहीं समझते हुए छोड़ दिया...क्या ऐसे पुरुष को वह अपनाना चाहेगी? ज्यादा सम्भावना तो इस बात की है कि मजाक उड़ाती हुई अपने से दूर चले जाने को कहे। बाकी वीरों को भी पता चल गया कि अब चतुर तानी भी उनकी कतार में खड़े हो गए हैं। उन लोगों ने मिलकर मंत्रणा की; किसी भी तरह जी-त उनमें से किसी एक को ही मिल जाए—तानी की बुद्धि और जी-त के गुण मिल गए तो वे पूरे संसार पर राज करने लगेंगे। हम कहीं के नहीं रहेंगे।

परेशान जी-त ने उनके बीच प्रतियोगिताएँ आयोजित कीं—दौड़ने की, शिकार की, लम्बी कूद की, ऊँची कूद की आदि। हर बार तानी ही विजयी हुए। धीरे-धीरे जी-त उनकी तरफ आकर्षित होने लगी। आबोतानी ने सब्र से काम लिया। उन्होंने उसके हृदय को पराजित कर दिया। जी-त के ही कहने पर उन्होंने उससे अकेले में मिलना शुरू कर दिया।

उईयु[1] के मन में ईर्ष्या उत्पन्न होने लगी। वे आबोतानी को खत्म करना चाहते थे! जी-त ने उन्हें समझाने का प्रयास किया, लेकिन वे नहीं माने। तब उसने एक प्रतियोगिता आयोजित की—एक पेड़ पर 'तालो' लटकाया गया। यह ताँबे का बना थालीनुमा सामान होता है जिससे सुन्दर ध्वनि उत्पन्न होती है। सबको इसी तालो पर निशाना लगाना था। प्रतियोगिता प्रारम्भ हुई। बारी-बारी से उईयु निशाना लगाने लगे। तीर तालो से 'टन्न' करके टकराते और वापस तीरन्दाज के ही पास लौट-लौट आते! अन्त में आबोतानी की बारी आई; उन्होंने तीर छोड़ा। 'टन्न' करके वह तालो से चिपक गया। वापस लौटकर नहीं आया! क्योंकि तीर के नोक पर जंगली गोंद लगा हुआ था। एक बार फिर वे विजयी हुए। जी-त को तानी की बुद्धि पर गर्व हुआ।

दोनों और करीब हो गए। जी-त[2] गर्भवती हो गई। कुछ समय बाद उसका गर्भ दीखने लगा। लोग हैरान होने लगे—किसका बच्चा है? कौन है जिसने

---

1. कुछ लोग कहते हैं, बलिप्रथा की शुरुआत इसी समय से हुई। आज भी लोगों की जीवन-रक्षा के लिए उईयु को पशुओं की बलि दी जाती है। खैर, ये निरर्थक बातें हैं क्योंकि पुराने समय में लोग अन्य कबीले, विशेषकर शत्रु कबीले के लोगों को ही 'उईयु' कहते थे। आज भी कुछ कबीले एक-दूसरे को 'उईयु' ही कहते हैं। स्वप्न में भी वे एक-दूसरे को देख लें तो माना जाता है कि कुछ अनहोनी होनेवाली है।
2. न्यीसी लोग मानते हैं कि जी-त के गर्भ में आबोतानी का वीर्य सामान्य मनुष्यों की तरह प्रविष्ट नहीं हुआ था। एक चिड़िया ने तानी के वीर्य को लेकर जी-त के माथे पर रख दिया था। माथे से गिरते हुए वह जी-त की योनि में प्रविष्ट हुआ। जी-त तो उस वक्त भी कपड़े बुन रही थी। उसे तो मालूम ही नहीं हुआ कि कुछ उसके भीतर प्रवेश कर गया है। इस तरह वह शारीरिक सम्बन्ध के बिना ही गर्भवती हुई थी।

जी-त का दिल जीत लिया? लोग सवाल करते थे, पर जी-त कुछ भी कहती नहीं थी। तरह-तरह की बातें होने लगीं। उईयु सन्तुष्ट नहीं थे। वे इसका राज जान गए थे। इससे उनके अहंकार को चोट लगी थी। जी-त उन सबको आँख दिखाकर एक गरीब आदमी के साथ चली जाएगी, यह उन्हें गवारा नहीं था। उन्होंने तय किया, यह वे होने नहीं देंगे। उन लोगों ने जीत-त के गर्भ में पल रहे बच्चे पर अपना-अपना दावा ठोक दिया—'यह मेरा है। यह मेरा है। मैं ही इसका पिता हूँ।'

इन सब बातों से जी-त परेशान हो गई। उसने चीख-चीख कर बताया कि उसके गर्भ में पल रहा बच्चा तानी का है। अब वह उसके साथ तानी मोमेन जाना चाहती है। उईयु नहीं माने। वे पहले से अधिक हिंसक और जिद्दी हो गए और चारों तरफ से हर तरह की घेराबन्दी करने लगे। तब जी-त ने कहा, "यदि यह बच्चा कीर अथवा ल्यार का है, तो वह अपने शरीर से अधिक बड़ा पेट लेकर निकलेगा। क्योंकि ये दोनों तरह के लोग मात्र पेट के लिए ही जीते हैं। यदि पम्रल्यार का है तो उसकी बाँहें अपने शरीर के अन्य हिस्सों से अधिक लम्बी होंगी क्योंकि ये लोग सदा हथियार चलाते रहते हैं। यदि खीर मौर का है तो उसका सिर शरीर से बहुत अधिक बड़ा होगा क्योंकि ये लोग बहुत ही अहंकारी होते हैं, अपना दिमाग सदा षड्यंत्रों में इस्तेमाल करते रहते हैं। और वह यदि गरीब तानी का है तो सामान्य तरीके से जन्मेगा। इसका शरीर और शरीर का हर हिस्सा सामान्य होगा।

इस कथा से अलग, याजाली के जंगलों में बसे एक गाँव के बुजुर्ग ने बताया कि प्रेम 'चीत-दोत्त' अर्थात आसमानी चीज है। आबोतानी का वीर्य उस वक्त आसमानी होकर जी-त के गर्भ में उतरा था। यह बिना शरीर-मिलन के सम्भव नहीं था, लेकिन उस वक्त दोनों ही प्रेम के कारण आसमानी हो गए थे, इसलिए ऐसा कहा जाता है।

हो सकता है, चूँकि सिर शरीर का सबसे ऊपरी हिस्सा है, इसलिए इससे वीर्य को नीचे की तरफ जाता हुआ दिखाया गया हो ताकि प्रेम की ऊँचाई को दिखा सके। पहले प्रेम हो जाए तो शरीर अपने-आप पीछे आ ही जाता है। ऐसे में गलत-सही का विचार निरर्थक हो जाता है, लेकिन शरीर पहले और प्रेम उसके बाद; इसमें स्थायित्व होगा यह कहना मुश्किल है क्योंकि मात्र शरीर आत्मा की प्यास नहीं बुझा सकता। याय और तानी का वैवाहिक जीवन इसका उदाहरण है।

कुछ समय बाद जी-त ने एक पुत्र को जन्म दिया। वह बिलकुल सामान्य था। जी-त ने कहा, "मैंने कहा था न, यह दोंयी तानी की सन्तान है!" इस बात से उईयु बहुत अधिक अपमानित महसूस करने लगे। वे अब भी जिद पर अड़े रहे कि बच्चा तानी का नहीं है। उस जैसे गरीब को जी-त पसन्द नहीं कर सकती। इसलिए एक और प्रतियोगिता करवानी चाहिए। इसके पहले तानी और जी-त तानी मोमेन नहीं जा सकते। उन्होंने धमकी दी, ऐसा नहीं करने पर तानी के साथ-साथ बच्चे को भी मार दिया जाएगा।

धीरे-धीरे बच्चा घुटनों के बल रेंगने लगा। इस बार फैसला हुआ कि बच्चा स्वयं अपने पिता को पहचानेगा। जिस किसी की गोद में वह बैठ जाएगा, वही उसका पिता कहलाएगा। सब लोग गोलाकार बैठ गए। सारे उईयु के गले पर रंग-बिरंगे कीमती आभूषण चमक रहे थे। वे सुन्दर-सुन्दर वस्त्रों से सुशोभित थे। इधर फटे-पुराने वस्त्र पहने, गरीब तानी चुपचाप सिर झुकाए बैठे हुए थे।

बच्चा रेंगकर कभी इधर, कभी उधर चलने लगा। गोल घेरे से बाहर निकलने का रास्ता ढूँढ़ने लगा। किसी के पास जाकर कुछ क्षण रुककर वह उसके रंग-बिरंगे आभूषणों को देखने लगता। उईयु की धड़कनें बढ़ने लगतीं। वह फिर आगे बढ़ जाता, वापस मुड़कर देखने लगता। लेकिन तानी के पास वह एक बार भी नहीं गया। सब इशारों से उसे अपने पास बुलाने लगे। बच्चा एक बार रोने की मुद्रा में आ गया, लेकिन फिर अचानक तेजी-से रेंगते हुए आबोतानी के पास गया। तानी ने अपने बाएँ हाथ को घुटनों पर रखा। बच्चे की आँखें उनके हाथों की तरफ मुड़ गईं। उसने तानी के घुटनों को चाटना शुरू कर दिया और थोड़ी देर बाद उनकी गोद में चढ़ गया। किलकारियाँ भरने लगा। आबोतानी ने कहा, "तानी गके हनाम माम। दोंयी गके हनाम माम, कहा था न, यह तानी का बेटा है। सूर्य-पुत्र है।"

दरअसल आबोतानी ने जी-त के कहने पर अपने घुटनों पर 'पोत्तर' (मकई का चूर्ण) मल लिया था, जिसे चाटकर बच्चे ने अपनी खुशी जाहिर की थी।

जी-त ने तानी से कहा, "तानी, तुम पहले ही निकल जाओ। हम बच्चे को लेकर बाद में आते हैं। तुम उसके स्वागत की तैयारी करना। पालतू जानवरों के रहने के लिए घरों का निर्माण करना। आभूषणों और माज-ताल को रखने

के अलग-अलग सुरक्षित स्थान चुनकर रखना क्योंकि मैं अपने साथ प्रचुर मात्रा में इन सबको लेकर आनेवाली हूँ।"

आबोतानी चले गए। सारी तैयारी कर ली गई। जी-त समय लगा रही थी। आबोतानी से रहा नहीं गया; वे दौड़े-दौड़े फिर वापस वहीं पहुँच गए। जी-त ने कहा, "आकाश के नीलेपन को धारण करो तानी। अधीरता काम बिगाड़ देता है। तुमने अपनी जान खतरे में डाल ली! अब तुम खामोशी से चलना।"

हजारों दास-दासियों के साथ अथाह सम्पत्ति को लेकर वे चलने लगे। जानवर कोलाहल करते हुए चलने लगे। आबोतानी एक अनुपम सुन्दरी के साथ अपने बच्चे को लेकर चल रहे थे। इस खुशी को वे छिपाना नहीं चाहते थे। उन्होंने मन-ही-मन सोचा, सारे संसार को यह बात पता चलनी चाहिए। वे गाते हुए चलने लगे। उईयु को पता चल गया। वे मार्गों में घात लगाने लगे। एक स्थान पर उन्होंने आबोतानी को घेर लिया। अब बचना मुश्किल था, क्योंकि उनकी संख्या उनसे कहीं अधिक थी। उईयु कहने लगे, "यह सब हमारा है।"

तब आबोतानी को बचाने के लिए जीत-त ने सारी सम्पत्ति, आभूषण, पशु-पक्षी, दास-दासियाँ इत्यादि उईयु को दे दिया। उसने कहा, "सम्पत्ति कभी भी बनाई जा सकती है। पति और बच्चे से अधिक कीमती कोई चीज नहीं।" जी-त ने सम्पत्ति का त्याग कर दिया। पति और बच्चे की जान बच गई। वे खाली हाथ और बिना वस्त्रों के तानी मोमेन पहुँचे। यह एक असाधारण घटना थी। इस घटना के कारण ही जी-त पूरे तानी वंश की माता कहलाई—'जी-त आने'।

आची पिंजी

आबो तानी का एक चचेरा भाई था—पिंजी। वह उम्र में उनसे बड़ा था। वह स्वार्थ के लिए अपना पाला बदलने में संकोच नहीं करता था। उसके इसी स्वभाव के कारण उसका यह नाम पड़ा था। उसको तापिन भी कहते थे। पिंज या तापिन का मतलब होता है चमगादड़। दरअसल, चमगादड़ चिड़ियों के सामने खुद को चिड़िया बताता—"मैं तो चिड़िया हूँ। आप ही का भाई। देखो, मेरे पंख हैं। उड़ता हूँ।" लेकिन जानवरों के सामने उसकी भाषा बदल जाती। उनसे वह कहता, "मैं तो पशु हूँ। देखो मेरी मुख-मुद्रा!" वह बहुत ही शातिर चोर भी था, इसीलिए उसे 'तास' अर्थात मुर्गी चोर जंगली बिल्ली भी कहा गया।[1]

एक दिन तानी और तारो के बीच जमीन को लेकर विवाद हो गया। चचेरे भाई तास को बुलाया गया। वह पुजारी था। उसकी बात सभी लोग सुनते थे, लेकिन वह बड़ा बदमाश था। उसने तारो से रिश्वत ली और तानी के खिलाफ अपना पक्ष रख दिया। क्रोधित तानी ने उसकी तरफ जलती हुई लकड़ी के टुकड़े फेंक दिए। इससे वह तानी के और अधिक खिलाफ हो गया। तास ने तानी को परेशान करने के लिए रोबो की मुर्गियाँ चुरानी शुरू कर दीं और

---

1. 'तास, पिंजी, तापिन' : इन नाम-शब्दों के अर्थ नकारात्मक हैं, लेकिन आज भी तास अथवा पिंजी नाम लोग रखते हैं, उनमें इस तरह का अर्थ अथवा भाव नहीं रहता। ये अन्य नाम-शब्दों की तरह ही भावरहित शब्द हैं। बड़े भाई तारो को बारो/ ओबो/ ऑब/रॉब और रोबो भी कहा जाता है। तानी को ननि, नीबो, न्यीपो तानी, दोंयी तानी, आबोतानी, आब तेन भी कहा जाता है।

इसका इल्जाम तानी और उनकी पत्नियों पर लगा दिया। इससे तानी और तारो के बीच झगड़े और बढ़ते गए। उस चुगलखोर पिंज ने इस आग को धधकाने में बढ़-चढ़ कर भाग लिया। तानी को इसका पता चल गया। उन्होंने उसको पकड़कर मारना चाहा तो कहने लगा, "भाई तानी, हम भाई-भाई हैं। मारना ठीक नहीं है। तुम चाहो तो मुझे अपने गोदाम में कुछ दिन के लिए बन्द करके रख सकते हो। मैं तैयार हूँ सजा के लिए।"

तानी ने उसको गोदाम में बन्द कर दिया, लेकिन वहाँ भी वह अपनी आदत से बाज नहीं आया। गोदाम में रखे सारे सूखे मांस उसने चट कर डाले। इसके बाद छत में छेद कर उसके जरिये वह वहाँ से भाग निकला। तानी की पत्नियाँ पति पर चिल्लाने लगीं। उनका जीना दूभर हो गया। तानी ने पुन: तास को पकड़ लिया। इस बार तास कहने लगा, "तानी, तानी हम भाई-भाई हैं। मारना ठीक नहीं है। तुम अपनी सबसे छोटी पत्नी की कमर पर बँधी कपड़ों की रस्सी मुझे दे दो। मैं उसी को फंदा बनाकर फाँसी पर लटक जाऊँगा। मैं तुम्हारा अपराधी हूँ। इस बार कोई गलती नहीं होगी।" तानी ने वैसा ही किया। रस्सी को लेकर वह बदमाश जंगल की तरफ चला गया।

उन दिनों वस्त्रों की कीमत आसमान छूती थी। एक-एक टुकड़ा बहुत ही कीमती हुआ करता था। महीनों चलकर उन्हें अन्य स्थानों से लाया जाता था। खेतों में उगाई कपास से बुने गए वस्त्रों से कमरबन्द बनाए नहीं जा सकते थे क्योंकि वे अधिक मोटे होते थे। इसीलिए पतले कपड़ों के लिए लोगों को न्येम-न्येपा (चीन) की यात्रा करनी पड़ती थी।

खैर, पत्नी ने अपने उस कमरबन्द के लिए जिद करना शुरू कर दिया। तानी ने कहा, "हाँ, अब तक तो तास मर ही गया होगा। तुम जाकर अपनी रस्सी ले ही लो।" वह जंगल गई। बदमाश तास मरा नहीं था। उसने वहाँ अपने ही भाई की पत्नी से जबरदस्ती सम्भोग किया। पत्नी ने रो-रो कर तानी को सब कुछ बताया। दोनों भाइयों में खूब मार-पीट हुई। तास ने रात को तारो के घर को जला दिया और इल्जाम तानी पर लगा दिया। तारो आगबबूला हो गए। दुश्मनी और गाढ़ी हो गई...।

पोरांग[1]

एक नदी के उस भाग को लेकर तानी और तारो के बीच विवाद हो गया, जहाँ मछलियाँ अधिक पाई जाती थीं। बात मार-पीट तक उतर आई। अन्त में फैसला हुआ—नदी में पोरांग लगाए जाएँगे। तय हुआ, जिसके पोरांग में अधिक मछलियाँ फँसेंगी—मान लिया जाएगा कि नदी उसी के साथ है। इसलिए नदी का वह भाग उस व्यक्ति का हो जाएगा।

दूसरे दिन दोनों ने अपना-अपना पोरांग लगाया। लोगों ने देखा। सब गवाह थे। रात हुई। सब सो गए। आधी रात तानी नदी में गए। उन्होंने देखा, उनके पोरांग में पत्ते ही पत्ते हैं और तारो के पोरांग में मछलियाँ ही मछलियाँ! तानी ने अपना काम किया—दोनों पोरांग के मछलियों और पत्तों को अदल-बदल दिया और वापस आकर सो गए! सुबह तानी को देर तक सोते देख तारो मन-ही-मन बहुत खुश हुआ! उसने सोचा, यह मूर्ख और सुस्त आदमी अभी तक सो ही रहा है। उसने तानी को जगाया और दोनों नदी की ओर चल दिए।

नदी पर पहुँचकर दोनों ने अपना-अपना पोरांग निकाला। तारो (रोबो) का पोरांग पत्तों से भरा था, जबकि तानी का मछलियों से। रोबो बहुत ही दुखी हुआ। यह नदी भी उसके साथ नहीं है। क्यों? उसने परेशान होकर तानी से कहा, "भाई, हम दोनों ने ही पोरांग लगाया। ऐसा हो ही नहीं सकता कि एक

1. 'पोरांग मछली' पकड़ने का एक तरीका होता है। इसमें बाँस और रस्सियों से बनी विशेष टोकरी की मदद से नदी में जाल बिछाया जाता है।

में सिर्फ पत्ते ही पत्ते हों? कुछ मछलियाँ तो फँसनी ही चाहिए थीं! तुम्हारे पोरांग में मछलियों के सिवा एक भी पत्ते नहीं हैं? यह असम्भव है!"

चोरों के पास हमेशा उत्तर तैयार ही रहता है। तानी ने तुरन्त जवाब दिया, "अरे याया (पतंगा) जब गाती है तब हवा उलटी दिशा में बहने लगती है। ऐसे में नदी अपना काम करती है। देख लिया न, यह मेरे पक्ष में है।" रोबो अपना-सा मुँह लिये घर को लौट गया...।

हिंग्मे मोंको मोई कामा, हीदुम हिने हान्कामा

जंगल के एक उपजाऊ भू-भाग के लिए तानी और तारो में झगड़ा हो गया। निर्णय हुआ—जंगल ही तय करेगा कि वह किसका होगा? इसके लिए 'कोम्या'[1] लगाया जाए। जिसके कोम्या में हिरण फँस जाए, जीत उसी की मानी जाएगी।

दोनों तानी (नीबो) और तारो (रोबो) जंगल गए। अपना-अपना कोम्या लगाया। रोबो ने देखा, जमीन पर कोम्या लगाया जाता है, लेकिन नीबो ने उसके बजाय अपने कोम्या को पेड़ पर लटका रहा है। रोबो ने सोचा, कितना मूर्ख आदमी है यह। उसने पूछना जरूरी नहीं समझा। मुँह बिचकाते हुए घर को चल दिया। रात को दोनों सो गए।

सुबह नीबो देर तक सोते रहे। रोबो ने उन्हें फिर जगाया और दोनों साथ-साथ जंगल की तरफ चल दिए। देखा, पेड़ पर हिरण लटक रहा था और जमीन पर चिड़िया। रोबो ने आश्चर्यचकित होकर कहा, "हिंग्मे मोंको मोई कामा, हिदुम हिने हान्कामा! अर्थात आज तक कोई पक्षी जमीन पर लगे कोम्या में फँसा नहीं, न ही हिरण पेड़ पर कभी चढ़े। यह तो चमत्कार हो गया!"

सामने खड़े नीबो ने कहा, "यह तो ऐसा हो गया है कि हिरण घोंसला बनाने लगे और बकरी हड्डी चबाने लगी!"

---

1. 'कोम्या' जंगली जानवरों को पकड़ने का एक तरीका होता है, जिसमे धारदार लकड़ी के नुकीले हिस्से में जहर लगाया जाता है। इसे बहुत ही सावधानी और चालाकी से बनाया जाता है। जानवरों को आकर्षित करने के हथकंडे अपनाए जाते हैं, जिसमें वे नुकीले हिस्से को देख नहीं पाते और फँस जाते हैं।

दरअसल नीबो ने आधी रात को जाकर सब कुछ अदल-बदल दिया था—रोबो के कोम्या में फँसे हिरण को पेड़ पर टँगे अपने कोम्या में डाल दिया था और अपने कोम्या में फँसे पक्षी को रोबो के कोम्या में रख दिया था। और इधर रोबो मान गया—जंगल का आशीर्वाद नीबो के ही साथ है।

सीकि-सीपा[1]

एक दिन आबोतानी ने बन्दरों का शिकार किया और गाँव लौटकर एक बन्दर रोबो को देते हुए कहने लगे, "ओब मेरे भाई, इसे खाओ। आजकल बहुत दुबले होते जा रहे हो।" रोबो को आबोतानी प्रेम से 'ओब' कहते थे। खैर, यह सुनकर रोबो को बहुत गुस्सा आ गया। उसने कहा, "मेरे खुद के दाँत हैं, मुँह है। हाथ-पाँव हैं। किसी और के मारे हुए जानवर क्यों खाऊँ? तुम सिर्फ इतना ही बताओ कि इसे मारा कैसे?"

आबोतानी को गुस्सा आ गया। उनको एक शरारत सूझी। उन्होंने रोबो को बन्दरों का शिकार करने का तरीका बताया—"मैंने गोंद से चावल मिलाकर अपने नंगे शरीर पर चिपका लिये। अपने मलद्वार को भी चावलों से अच्छी तरह ढक दिया। इसके बाद साँस रोककर बन्दरों के मार्ग में 'सीकि-सीपा' करते हुए लेट गया। कहीं से लौट रहे बन्दरों ने मुझे देखा तो कहने लगे, "तानी मर गया, तानी मर गया।" फिर वे निडर होकर मेरे शरीर पर चिपके चावलों को उखाड़-उखाड़ कर खाने लगे। मलद्वार से जब वे चावल हटाने लगे तो पाद निकल गया। उसकी दुर्गन्ध को अनुभव कर बन्दर कहने लगे, "अरे यह तो सड़ भी गया।" वे मुझे अपने साथ पेड़ पर ले गए। एक बुजुर्ग बन्दर ने कहा, "तानी का भरोसा मत करना, क्या पता यह मृत ही न हो। इसीलिए 'तानी नन ओगी-ओगी,' अर्थात तानी को नीचे गिराओ, गिराओ। बुजुर्ग बन्दर

1. 'सीकि-सीपा' का अर्थ है—मरने का ढोंग करना। मृत्यु को 'सी' अथवा 'सिनाम' कहते हैं। उसी से सीकि-सीपा शब्द निकले हैं। 'पा' परसर्ग से अभिनय का संकेत मिलता है।

की बात मानकर बन्दरों ने मुझे नीचे गिरा दिया। मैं मृत ही पड़ा रहा। अब वे मुझे मेरे ही तरीके से पकाकर खाना चाहते थे—सो, बीवी-बच्चों और बुजुर्गों को छोड़कर लकड़ी इकट्ठा करने चले गए। मौका पाकर मैंने बाकी रह गए बन्दरों को मार दिया और इधर ले आया।"

रोबो ने मन-ही-मन तानी से कुछ अलग करने का फैसला किया। उसने सोचा, क्यों इतना लम्बा रास्ता अपनाएँ? बन्दरों के घर पर ही क्यों न चला जाए और वहीं पर मृत पड़ा रहे? इसके बाद वह तानी द्वारा बताए गए वृक्ष पर चढ़ गया और नंगे शरीर पर चावल चिपकाकर मृत होने का ढोंग करके लेट गया। शाम को सारे बन्दर लौट आए। उन्होंने रोबो को देखा। हैरान हुए। उसके शरीर से चावल को उखाड़-उखाड़ कर खाने लगे। वह मन-ही-मन बन्दरों की मूर्खता पर मुस्कुराता रहा। अचानक बन्दरों ने उसे किर्र-किर्र-किर्र करते हुए नीचे गिरा दिया। नीचे गिरते ही वह लुढ़ककर खाई में चला गया। उसकी हड्डी-पसली एक हो गई। उन नालायक बन्दरों ने 'ओब नन ओगो-ओगी' तक नहीं बोला!

रोबो जब तीन दिन बाद भी गाँव नहीं लौटा तब तानी उसको ढूँढ़ने निकले। इधर जंगल में वह भूखा-प्यासा, मरणासन्न अवस्था में एक वृक्ष के नीचे पड़ा कराह रहा था। तानी ने जंगली पौधों से उसका इलाज करते हुए कहा, "मैंने जैसे बताया था, तुमने वैसा नहीं किया होगा। साँस ले लिए होंगे उनके सामने। इसीलिए यह हाल हो गया होगा।" रोबो क्या जवाब देता? वह लगातार कराह रहा था।

तीन-चार दिनों तक रोबो उठ नहीं सका। आबोतानी उसका इलाज करते रहे। पाँचवें दिन उसने कहा, "ओब-ओब, चलो मिथुन ढूँढ़ने चलें?" उसे सुनते ही, "हाँ-हाँ, मैं भी चलता हूँ," कहते हुए वह उठ खड़ा हुआ।

त्लोक-त्लोक[1]

आबोतानी रोबो से बहुत प्रेम करते थे, लेकिन रोबो उन्हें अपने घर तक में घुसने देना पसन्द नहीं करता था। इसी के चलते तानी कोई-न-कोई शरारत करते रहते थे। एक दिन वह शिकार करके लाई गई जंगली मुर्गी, हिरण इत्यादि को लेकर रोबो के घर गए।

"ओब-ओब, ये लो! अपने परिवार को भी खिलाओ।" आबोतानी ने प्रेम से यह कहते हुए रोबो के घर के 'बाग' (बरामदे) में मृत जानवरों को रख दिया।

"मेरे अपने हाथ-पाँव नहीं हैं? क्या इनमें ताकत नहीं है? मेरे खुद के दाँत हैं। अपने द्वारा लाए शिकार ही खाऊँगा। तुम सिर्फ इतना ही बता दो, इतने सारे शिकार एक साथ किए कैसे?" इस बार भी उसने इस तरह इनकार कर दिया।

"अरे, यह तो बहुत ही आसान है! मैंने अपने एक सूअर को मारकर उसके टुकड़े-टुकड़े किए। उन टुकड़ों को जंगली पशुओं के मार्ग में रखता गया। मूर्ख पशु उन्हें खाते-खाते मेरे 'कोम्या' (जाल) में फँसते गए।"

---

1. गाँव वाले 'त्लोक' का प्रयोग प्राय: करते हैं। यह कोई शब्द नहीं है, बल्कि एक ध्वनि है। जीभ के अग्र भाग को तालू पर जोर-से दबाते हुए तेजी-से छोड़ा जाता है, तब यह ध्वनि निकलती है। किसी विशेष भाव को व्यक्त करने के लिए इसका प्रयोग किया जाता है, जैसे—चिढ़ना, चिढ़ाना, क्रोध दर्शाना, आश्चर्य इत्यादि भावों को दर्शाना। इससे अर्थ की गहराई अधिक मुखर होती है। इसका उच्चारण करना मुश्किल है। शब्द के रूप में लिखा जाना भी कठिन ही नहीं असम्भव है। फिर भी मैंने प्रयास किया है ताकि कम ही सही, कुछ संकेत तो दे सकूँ और इस ध्वनि के सौन्दर्य को बनाए रखने में कुछ मदद कर सकूँ।

दूसरे दिन रोबो ने वैसा ही किया। अपने मोटे-तगड़े सूअर को मारकर टुकड़े-टुकड़े किए। जंगल गया। सूअर का मांस मार्ग में रखता गया। इसके बाद घर जाकर आराम करने लगा। तीसरे दिन शिकार देखने वापस जंगल गया। मांस के सारे टुकड़े गायब थे यानी जानवर कोम्या में फँस गए! बहुत खुश हो गया। वह जाते-जाते कोम्या तक पहुँचा। देखा, उसमें एक छोटी-सी चिड़िया फँसी हुई है। उसने क्रोध, आश्चर्य, अफ़सोस और हताशा के सारे भावों को एक साथ मिलाकर कहा, "त्लोक-त्लोक। तुमने मेरा सूअर खा लिया? ऐसे कैसे? तुम्हारा पेट तो अदना-सा है। क्या तुम चमत्कारी हो? हाय, हाय मेरा सूअर! इतना नुकसान! ठहरो, अब मैं तुम्हें पकाकर खाऊँगा!"

उसने उस छोटी चिड़िया को जंगली पत्ते से लपेटकर बाँध लिया, और मन-ही-मन यह सोचते हुए घर लौट आया कि तानी के दिए शिकार ही खा लेता तो क्या हो जाता। घर पहुँचकर उसने उस पत्ते को खोला ही था कि चिड़िया फुर्र-से उड़ गई। उसकी पत्नी ने खीजते हुए कहा, "त्लोक-त्लोक! मूर्ख, मारकर बाँध नहीं सकते थे?"

तानी से स्वार्थी चचेरे भाई तापिन ने रोबो को तानी की चालाकियों का राज बता दिया। उसने यह भी कहा कि तानी रोबो से जलता है, उसकी सम्पत्ति को नष्ट होते देखना चाहता है, इसीलिए यह सब चाल चलता रहता है! रोबो का गुस्सा आसमान चढ़ने लगा। मन-ही-मन तय किया कि तानी से बदला लेना ही होगा।

तानी जब भी शिकार पर जाते, वह छुपकर तानी का पीछा करता। उनके रखे मांस के टुकड़ों को खुद ही खा जाता। तानी को इसका पता चल गया; अब उन्होंने मांस के स्थान पर एक विशेष अरुई के मोटे डंठलों को सूअर के चर्बीयुक्त मांस की तरह बनाया। उन्हें मार्ग में बिखेर दिया। इससे भयानक खुजली होती है। उनका पीछा कर रहे रोबो ने उन डंठलों को मांस समझकर खा लिया। खाते ही वह खुजली से बेहाल हो गया। उसका सारा शरीर उस मेढक की तरह हो गया जिसका बदन ऊबड़-खाबड़ होता है। वे फोड़े-फुंसियों से दिखते हैं। चेहरा फूलकर कुप्पा हो गया।

आज भी बारिश के दिनों में इस तरह के मेढक निकलते हैं जिन्हें 'त-अर

पोख' कहा जाता है। ये बड़े ही घिनौने दिखते हैं। इन्हें पानी से बचना होता है। सूखी मिट्टी, पत्तों, वृक्षों के खोखलों इत्यादि में ये छिपकर रहते हैं। ये भी 'त्लोक-त्लोक-त्लोक' की आवाजें निकालते रहते हैं। खैर, रोबो कई दिनों तक अफसोस के साथ 'त्लोक-त्लोक-त्लोक' करता ही रह गया। उसकी इन्हीं मूर्खताओं के चलते आज भी तानी लोग उसे 'रोबो पाच्चा' अर्थात मूर्ख रोबो कहकर पुकारते हैं।

न्योत ग तुम्पः

एक बार आबोतानी ने कुछ अलग करने की सोची। उन्होंने रस्सियों का फंदा बनाया, जिनका प्रयोग उन्होंने नदी पर मछलियों का शिकार कर रहे 'सराम' नामक जानवर को पकड़ने में किया। सराम को मारकर उन्होंने उसकी खाल उतार ली और उसको सुखाकर रखा। इस तरह सराम की ढेर सारी खालें एकत्र कर लीं। उन सूखी खालों को लेकर एक स्थान पर गए और बदले में कई मिथुन खरीद लाए। यह सिलसिला चलता जा रहा था और वह दिन-ब-दिन धनवान होते जा रहे थे। रोबो यह सब देख रहा था। खतरनाक रास्तों से किस तरह तानी मिथुन को सुरक्षित ले आता है? कोई भी उस तरफ जाने से डरता था। और इधर तानी, बड़े इत्मीनान से उन्हें ले आते थे। उसके सीने में जलन होने लगी। उसने जलन में आकर कुछ मिथुन की हत्या तक कर दी। इससे भी उसका मन शान्त नहीं हुआ, तो उसने एक दिन तानी से पूछ ही लिया, "न्यीपो[1] तानी, तुम कैसे उस रास्ते से मिथुन ले आते हो? वह भी सुरक्षित?"

---

1. 'न्यीपो' का अर्थ है—बड़ी और कुछ बाहर को निकली हुई-सी आँखें। यह शब्द आमतौर पर गाली के तौर पर प्रयुक्त होता है। प्रसव के वक्त जिन स्त्रियों की मृत्यु हो जाती हैं, उन्हें भी 'न्यीपो अ-नाम' कहा जाता है। इसमें 'न्यीपो' का अर्थ है—अधूरा/अधूरी। 'अ-नाम' अर्थात 'जाना'। माना जाता है कि ऐसी स्त्री मातृत्व के सुख को भोग नहीं पाती इसलिए उसकी आत्मा अतृप्त ही रहती है। इसे अच्छा नहीं माना जाता। उसकी आत्मा अन्य गर्भवती स्त्रियों को परेशान करती है, लेकिन इस कथा में 'न्यीपो' शब्द का प्रयोग आँख के अर्थ में दिया गया है।

आबोतानी परेशान तो थे ही, अब उसे उन्होंने सबक सिखाने की सोची। उन्होंने सब कुछ बताते हुए अन्त में एक हिदायत भी दी—कहा, "मेरे भाई, जब तुम मिथुन लेकर वापस लौटो तो कुछ बातों का ध्यान रखना। दोपहर के वक्त ही सगंग यर्लो पहाड़ को पार करना। मार्ग में एक पड़ाव आएगा। वहाँ बड़े तुम्प: वाला एक 'सुन्यु'[1] मिलेगा। उस वक्त उसका पेट भरा होता है। वह तुम्हें मारेगा नही, बल्कि पूछेगा कि तुम आगे की यात्रा में दोदुम (ऊपर पहाड़) की तरफ जाओगे या दोको (नीचे ढलान) की तरफ? तुम कहना, जिस तरफ धूप होगी उसी तरफ जाऊँगा यानी ऊपर की तरफ जाऊँगा, लेकिन तुम दोको की तरफ ही उतरते जाना जहाँ धूप नहीं आती। उसको इस तरह धोखा देते हुए तुम लौट आना। तुम भी बच जाओगे और तुम्हारा मिथुन भी।"

रोबो ने कुछ देर सोचने के बाद आश्चर्यचकित होकर कहा, "वह मनुष्य की भाषा बोलनेवाला न्योत है?" तानी ने 'हाँ' में सिर हिलाया। रोबो ने मन-ही-मन सोचा, "हो सकता है। क्यों नहीं हो सकता?"

उसने सब कुछ वैसा ही किया। रस्सियाँ बनाईं। सराम मारे। खाल उतारी। सुखाई और यात्रा पर निकल गया। जब वह मिथुन लेकर वापस लौट रहा था, ठीक उसी पड़ाव पर 'ताकुक' पेड़ के नीचे एक मोटा-तगड़ा सुन्यु सो रहा था जिसके बारे में तानी ने बताया था। उसने सोचा, "ओह, मेरे भाई ने सही ही कहा था। बेकार में उस पर मैं सन्देह कर रहा था, लेकिन यह क्या? सुन्यु तो सो रहा है। उसको तो मूर्ख बनाते हुए जाना होगा न? नहीं तो यह मेरा मिथुन खा जाएगा। उसको जगाना ही होगा।"

उसने मिथुन को पेड़ से बाँधा और स्वयं उसके करीब जाकर जोर-जोर से चिल्लाना शुरू कर दिया, "अनह-अनह न्योत ग तुम्प:! न्योत ग तुम्प:!"—अरे बाप रे! अरे बाप रे! न्योत का तुम्प: कितना बड़ा है! उसने न्योत के तुम्प को पकड़कर हिलाना भी शुरू कर दिया। न्योत उठा और लपककर मिथुन की गर्दन

---

1. शेर को 'सुन्यु/सोन्यी/सोन्यो' कहा जाता है। सु—न्यू + त = न्योत। और इस प्रकार नया शब्द बन गया—'न्योत'। 'तुम्प:' का अर्थ है पौरुष ग्रंथि या अंडकोश। 'ग' का अर्थ है—'का/के/की'। इस प्रकार इस कथा के शीर्षक का अर्थ हुआ—शेर का अंडकोश।

में अपने दाँत गड़ा दिए। रोबो पाच्चा को होश ही नहीं रहा कि वह किस मार्ग पर जा रहा है—दोदुम कि दोको? मिथुन को छोड़कर वह लगातार चिल्लाते हुए भागने लगा, "तानी-तानी, बचाओ! बचाओ!" अन्त में वह यह सोचते हुए रह गया कि तानी चमत्कारी है। वह सब कुछ कर सकता है।

तारो माक्पो रगो-रगो, तानी माक्पी रिगी-रिगी

रोबो के पास बहुत बड़े-बड़े, मोटे-तगड़े कई सूअर थे। बारिश का मौसम था। आबोतानी शिकार पर जा नहीं सकते थे। बच्चे मांस के लिए मचलने लगे। उन्होंने रोबो से एक सूअर माँगा, लेकिन वह टस से मस नहीं हुआ। कहता था, "खुद का सूअर मारकर उन्हें नहीं खिला सकते?" तानी की एक भी पत्नी अपने किसी भी सूअर को मारने के लिए तैयार नहीं थी। उन्हें शैतानी सूझने लगी। अपनी इन पत्नियों से झगड़ने के बजाय किसी और को ही परेशान किया जाना ठीक रहेगा।

रोबो का घर ढलान पर बना था। नीचे उसके खेत और बागान थे। आबोतानी आधी रात को रोबो के खेत पर गए। अजीबोगरीब आवाजें निकालने लगे—"तारो माक्पो रगो-रगो, तानी माक्पी रिगी-रिगी, पूं-पूं-पूं-पीं-पीं...।" रोबो और उसकी पत्नियों ने जब ये आवाजें सुनीं तो उन्हें कुछ समझ में नहीं आया। अरे, यह किस तरह की आवाजें हैं? बहुत डर गए। बच्चे सहमकर रोने लगे। रोबो की पत्नियों ने कहा, "यह तो जरूर कोई भूत है! कुछ कहना चाह रहा है। पता करो, नहीं तो हम सब मारे जाएँगे।"

दूसरी और तीसरी रात भी इसी तरह की आवाजों ने उन्हें सोने नहीं दिया। सुबह-सुबह परेशान रोबो तानी के घर गया। अजीबोगरीब आवाजों के बारे में बताया। सारी बात सुनकर तानी ने उसे सुझाया, "यह तो अशुभ संकेत है! लगता है, तुम्हारे सूअरों की गन्ध उन्हें मिल गई है। आधी रात को जब वे आवाज करें तो पके हुए एक सूअर को ढलान पर लुढ़का देना। ध्यान रखना, उन्हें टुकड़े-टुकड़े मत करना। जरा-सा भी मांस इधर-उधर से कम न हो। पूरा का

पूरा शरीर ही उन्हें दे देना चाहिए। इसके बाद सब ठीक हो जाएगा मेरे भाई।"

रोबो ने वैसा ही किया। उसने दिन में ही एक सूअर मारकर पका लिया। आधी रात वही आवाजें फिर आने लगीं। रोबो ने जिधर से आवाजें आ रही थीं, उस तरफ जाकर गहन अन्धकार में ही पके हुए सूअर को ढलान से लुढ़का दिया और विनती की, "यह लो, इसे खाओ और चुप हो जाओ," आवाजें तुरन्त आनी बन्द हो गईं। ओह, तानी सच ही कहता था! शुक्र है, उईयु मान गए। कुछ भी अनहोनी हो सकती थी।

लेकिन चौथी रात फिर वही आवाजें आने लगीं—तारो माक्पो रगो-रगो, तानी माक्पी रिगी-रिगी...। 'ओह यह क्या हो रहा है? ये भूत-प्रेत इतने भूखे क्यों हैं? शान्त ही नहीं होते?' रोबो बहुत परेशान हो गया। इस बार तानी ने कहा, "शायद एक सूअर से काम नहीं चलेगा। दो-तीन सूअर एक साथ क्यों नहीं लुढ़का देते?" रोबो को बात सही लगी। उसने ऐसा ही किया, लेकिन तीन-चार दिनों बाद फिर से वही आवाजें सुनाई पड़ने लगीं।

परेशान रोबो ने तापिन से मदद माँगी। चालाक तापिन को मामला समझते देर नहीं लगी। पता लगा, यह तो तानी की बदमाशी थी। उसके बीवी-बच्चे रोबो के सूअर को खा-खा कर मोटे-तगड़े हो गए थे। बदले की भावना से वह जलने लगा। तापिन ने उसे सलाह दी कि जैसा तानी ने उसके साथ किया, उसे भी उसके साथ वैसा ही करना चाहिए। रोबो आधी रात को तानी के घर के सामने स्थित ढलान वाले खेत पर गया।

घुप्प अँधेरा था। झींगुरों की आवाजें आ रही थीं। उन्हें चीरते हुए तारो ने अपनी आवाजें निकालनी शुरू कर दीं, "तानी माक्पी रिगी-रिगी, तारो माक्पो रगो-रगो...पीं-पीं-पूं-पूं!" तानी दबे पैरों 'नीकुम' अर्थात घर के निचले हिस्से में गए, जहाँ पालतू पशु रहते थे। उन्होंने एक सूअर के पूँछ को जोर-से मरोड़ दिया। सूअर ने किर्र-किर्र-किर्र की आवाजें निकाली। रोबो मन-ही-मन सोचने लगा, "हुम्म...लगता है, वह सूअर मार रहा है! मुझे तैयार रहना चाहिए उसे पकड़ने के लिए!"

कुछ देर बाद उसने देखा, लाल रंग का एक बड़ा-सा गोला लुढ़कता हुआ उसकी तरफ आ रहा है। उसने सोचा, "अभी-अभी जलाया होगा। सूअर

के बाल अभी भी जल रहे होंगे। इसीलिए लाल है।" उसने अपनी दोनों बाँहें फैला दीं और लुढ़कते हुए उस सूअर को उसने मजबूती से पकड़ लिया। लेकिन यह क्या, भयंकर जलन से वह चिल्ला उठा, "आईया कलह, आने दोनिया!—यह तो जला हुआ पत्थर है!" उसकी छाती, हाथ-पैर सब जल गए। घाव ही घाव!

अगली सुबह तानी रोबो के घर आए। उसकी हालत देखकर उन्होंने उसका कारण पूछा तो वह कहने लगा, "ढलान पर औंधे मुँह फिसल गया था।" आबोतानी सब समझ रहे थे, पर चुप रहे। उन्होंने जड़ी-बूटियों से उसका इलाज किया। कुछ दिनों बाद रोबो स्वस्थ हो गया...।

छीयु-छीयु-छीयु

एक बार तापिन ने एक अजीब बात पर तारो को भड़काना शुरू कर दिया; कहने लगा, "मेरे भाई, तुम तानी से बड़े हो, शारीरिक शक्ति में भी उससे कम नहीं हो लेकिन हमेशा पीछे ही रह जाते हो। तानी के पास 'न्यीम-दूरंग' है, इसीलिए यह सब हो रहा है। उसे उससे छीन लेना बहुत जरूरी है। इसके लिए पहले पता लगाना होगा कि वह उस शक्ति को शरीर के किस हिस्से में छिपाता है?"

तारो को यह बात ठीक लगी। बिना रहस्यात्मक शक्ति के तानी उससे आगे कभी नहीं हो सकता। तारो और तापिन ने मिलकर एक योजना बनाई और दोनों तानी के पास गए।

तारो ने तानी से कहा, "ननि-ननि, चलो एक प्रतियोगिता हो जाए। सगंग-सिन्यी झील के गहरे पानी में कौन कितनी देर तक बिना साँस लिये रह सकता है? चलें?"

"हाँ ठीक है, लेकिन पहले कौन जाएगा?" तानी ने कहा।

"मैं बड़ा हूँ, मैं ही पहले जाऊँगा।"

"गवाह कौन होगा?" तानी ने पूछा।

"अरे, मैं किस काम के लिए हूँ?" तापिन ने गर्व से सीना चौड़ा करते हुए कहा।

तीनों झील की ओर चल दिए। तारो पानी के भीतर चला गया। कुछ देर बाद बाहर निकल आया। अब तानी की बारी थी। वह छलाँग लगाने ही वाले थे कि तारो ने कहा, "ठहरो-ठहरो! जल के भीतर काँटे, पत्थर, घास इत्यादि

थे। तुम्हारे 'न्यीम-दूरंग' के लिए वे नुकसानदेह हैं। उसे तुम निकालकर यहीं कहीं रख दो। हम उसका खयाल रखेंगे। और इत्मीनान से जाओ। हम भाई-भाई हैं आखिर। तुम्हारे लिए इतना तो कर ही सकते हैं।"

आबोतानी मन्द-मन्द मुस्कुराए। मुँह पर रखा 'सलंग' (हुक्का) उतारा। कोखाम (एक विशेष जंगली पत्ता) में उसे लपेटते हुए कहने लगे, "मेरी सारी शक्ति इसी में है। लो, तुम इसे अपने पास सँभालकर रखना। इसमें से जब 'छीयु-छीयु-छीयु' की आवाजें आने लगें तो मुझे बुला लेना। मुझको पुकारने का यह इसका ढंग है।" इसके बाद वह झील में कूद गए।

आबोतानी जल के भीतर घंटों बिना साँस लिये रह सकते थे। बहुत देर तक वह बाहर नहीं निकले। तापिन और तारो सलंग को उलट-पलट कर जाँचने-परखने लगे। कुछ नहीं दिखा तो उन्होंने हुक्के को काटकर दो टुकड़े कर दिए। फिर भी कुछ नहीं दिखा तो वे परेशान हो गए। अचानक जंगल के एक ओर से 'छीयु-छीयु-छीयु' की आवाजें आने लगीं—कभी इस तरफ से, कभी उस तरफ से, कभी ऊपर से, कभी नीचे से। दोनों उस आवाज के पीछे-पीछे दौड़ने लगे।

वह छोटी-सी एक चिड़िया थी जो इस तरह की आवाजें निकाल रही थी। तारो ने उसे पकड़ लिया। तापिन ने चिल्लाते हुए कहा, "भाई, इसे खा जाओ!" तारो डर गया। उसने उसे अपनी बगल में छिपा लिया। एक बार उसने तानी को कहते सुना था—इस शक्ति को बिना उसकी इजाजत के कोई यदि खा जाए तो वह व्यक्ति हमेशा के लिए पागल हो सकता है।

बहुत देर के बाद आबोतानी जल से बाहर निकल आए। आते ही वह अपना सलंग ढूँढ़ने लगे। उन्होंने देखा कि जमीन पर उसके टुकड़े बिखरे पड़े थे। बनावटी क्रोध से वह चिल्लाने लगे, "मैं धरती-आसमान सब खत्म कर सकता हूँ। जल्दी मेरा सलंग वापस दो, नहीं तो मैं अपनी माया से तुम दोनों को खत्म कर दूँगा!" तारो ने डरते हुए कहा, "बिना 'न्यीम-दूरंग' के भी यह सब कर सकते हो?"

तापिन असमंजस की स्थिति में एक ओर चुपचाप खड़ा था। आबोतानी ने कहा, "हाँ, उसके बिना भी मैं सब कुछ कर सकता हूँ!" तारो ने डरते

हुए अपनी बगल में दबाकर रखी चिड़िया को बाहर निकाला और तानी को दे दिया।

आबोतानी ने उस छोटी चिड़िया को हवा में उड़ा दिया। वह 'छीयु-छीयु-छीयु' करती हुई उड़ गई। तारो और तापिन अपने उद्देश्य को पूरा करने में विफल हो चुके थे। शर्मिन्दगी महसूस करते हुए वे तानी के पीछे-पीछे घर लौटने लगे।

न्यीपो यारो

एक रोज आबोतानी अपने परिवार के साथ घर से दूर एक खेत में थे। उनकी अनुपस्थिति में तारो ने उनके घर में आग लगा दी। देखते-देखते पूरा घर राख हो गया। आबोतानी लौटे तो तारो की यह करतूत जानकर बहुत ही क्रोधित हुए। उन्होंने तारो को गाँव से भगा दिया। लेकिन कई दिनों तक उसकी कोई खबर नहीं आई—मर गया कि जिन्दा है—तो आबोतानी चिन्तित हो गए। उन्होंने उसको ढूँढ़ने का फैसला किया।

जंगल-जंगल, पहाड़-पहाड़ वे तारो को ढूँढ़ने लगे। कहाँ-कहाँ नहीं ढूँढ़ा उन्होंने उसको, लेकिन वह कहीं नहीं मिला। कई दिनों बाद एक जंगल में तानी को एक बहुत बड़ी गुफा मिली। उसके आसपास तारो के पैरों के निशान दिख रहे थे। आबोतानी गुफा के अन्दर चले गए।

अन्दर एक दुनिया थी। यह न्यीपो (आदमखोर मानव) का घर था। उनका दिल धक्-से रह गया। उन्होंने छिपकर देखा, भीमकाय और बहुत बड़े-बड़े स्तनों वाली औरत न्यीपो यारो कपड़े बुन रही थी। रोबो उसके बच्चे को कन्धे पर बाँधकर 'ऊँ-ऊँ-ऊँ' कहते हुए उसे सुलाने का प्रयास कर रहा था। बच्चा चुप ही नहीं हो रहा था। न्यीपो यारो दौड़कर गई और उसने अपने बगल में लटक रहा चाकू निकाला और तारो के शरीर के एक अंग को काटकर चबाने लगी। इसके बाद उसने अपने मुँह से उसे निकालकर बच्चे के मुँह में डाल दिया। बच्चा चुप हो गया। इसके बाद वह वापस जाकर फिर कपड़े बुनने लगी।

तारो हड्डियों का ढाँचा मात्र रह गया था। आबोतानी उसके प्रति करुणा

से भर गए! थोड़ी देर बाद उन्होंने पत्थर का एक छोटा-सा टुकड़ा उठाकर तारो की तरफ फेंक दिया। पत्थर गिरते ही तारो ने उसके आने की दिशा में देखा तो तानी पर नजर पड़ी। दोनों भाइयों ने एक-दूसरे को देखा। तारो रोने लगा। तानी ने उसे चुप रहकर बच्चे को चिकोटी काटने का इशारा किया। रोबो ने वैसा ही किया। बच्चा रोने लगा। न्यीपो यारो ने बिना देखे ही तारो की तरफ चाकू फेंकते हुए कहा, "अपने-आप ही अपना मांस काटकर बच्चे को खिला दे वरना एक ही बार में गर्दन मरोड़ दूँगी!" भयभीत रोबो ने तानी की तरफ देखा। तानी ने एक बार फिर बच्चे को चिकोटी काटने का इशारा किया। रोबो ने वैसा ही किया। बच्चा रोने लगा। "उफ मूर्ख इनसान! तुझे तो आज पूरा ही मारकर खा जाऊँगी," कहते हुए क्रोधित न्यीपो यारो दौड़कर आई। तानी ने उसके सीने में हजारों बिषैले तीर खच्चाक-खच्चाक करके घुसा दिए। वह वहीं ढेर हो गई।

न्यीपो यारो के दोनों लम्बे-लम्बे स्तनों को दोनों भाइयों ने एक-एक करके बाँट लिया और वे उन्हें लेकर घर वापस जाने लगे। मार्ग में रोबो की मूर्खता फिर शुरू हो गई, "उसने मेरे शरीर को खाया था, अब मैं इसे खाऊँगा!" यह कहते हुए उसने न्यीपो यारो के स्तन को खाना शुरू कर दिया। आबोतानी को उलटी आ गई। उन्होंने कहा, "मूर्ख, ये खाने के लिए नहीं थे! अपने लोगों को दिखाने के लिए थे। मैं उन्हें बताता कि मैं तुम्हें मौत के मुँह से छीनकर वापस ले आया हूँ। ये सबूत के लिए थे!" रोबो ने उनकी बातों को अनसुनी करते हुए कहा, "ऊँह, तुम अपना वाला भी मुझे दे दो। मैं खाऊँगा। बहुत स्वादिष्ट है!"

आबोतानी बहुत ही दुखी हो गए। यह इनसान नहीं हो सकता। यह स्वयं न्यीपो बन गया है। यह खतरनाक है। उन्होंने स्तन को पासर की झाड़ियों में फेंक दिया।

पासर एक प्रकार की घास होती है। उसकी पत्तियाँ बहुत ही तेज धार वाली होती हैं। इस घास के बीच से गुजरने पर त्वचा का कट जाना निश्चित है। जंगलों में यह चाकू-छुरी की कमियों को पूरा कर देती है। तारो बिना देखे-समझे उन झाड़ियों में यह कहते हुए घुस गया, "दनंग मालो दर्या तानेह

अर्थात तुम्हारी इच्छा नहीं है तो क्या हुआ? मैं तो खाऊँगा।" इस स्थिति में उसे लहूलुहान होना ही था। वह बुरी तरह घायल हो गया।

आबोतानी ने जंगली जड़ी-बूटियों की मदद से उसका इलाज किया। तारो ने कृतज्ञ होकर कहा, "बुरु तान्यी नमंग-नसीन, स्न्ग्न-लन्न सी आकीन नकू ई? अर्थात मेरे छोटे भाई! क्या पेड़-पौधे, घास इत्यादि और हम एक हैं?"

कहते हैं, आबोतानी ने उन पौधों को स्नेह से स्पर्श किया, मुस्कुराए और बिना कुछ बोले आगे चल दिए...।

ताम मेनाम

सूर्य-ग्रहण को 'ताम/तामू मेनाम' कहा जाता है। 'ताम/तामू' का अर्थ है—दैत्य। 'मेनाम' का अर्थ है—निगलना। माना जाता है कि दैत्याकार छिपकली सूरज को निगल जाती है। जब वह उसके पेट में रहता है, तब संसार अन्धकारमय हो जाता है। कुछ समय बाद वह उसे उल्टी करते हुए बाहर निकाल देती है, क्योंकि उसकी गर्मी उससे सही नहीं जाती। ऊपर से वह पचता भी नहीं।

एक बार ताम मेनाम (सूर्य-ग्रहण) हुआ। तमाम लोग डर गए। पशु-पक्षी इधर-उधर भागने लगे! पिंज ने कहा, "आने दोंयी अर्थात माता सूरज बलि चाहती है!" लोगों ने बकरी, मुर्गी, सूअर इत्यादि की बलि चढ़ाई। सूरज वापस निकल आया। सब प्रसन्न हुए।

दूसरे साल फिर वही घटने लगा। इस बार भी पिंज ने कहा, "इस तरह चलता रहा तो सूरज हमेशा के लिए चला जाएगा। हम सब खत्म हो जाएँगे!" सब डर गए। पिंज और तारो ने एक अफवाह फैला दी—किसी बुद्धिमान और शक्तिशाली आदमी के चार पुत्रों की बलि चढ़ाई जाए तो ही संसार बच सकता है। एक आदमी ने इस पर कहा, "तारो की पत्नियाँ तो बच्चे इस तरह पैदा करती हैं मानो मुर्गियाँ अंडे देती हों। उन्हीं में से किन्हीं चार की बलि दी जा सकती है!" यह सुनकर तारो आगबबूला हो गया। उसने कहा, "मूर्ख! तुम्हें नहीं पता मैं मूर्ख और मन्दबुद्धि हूँ?"

आबोतानी दूर किसी यात्रा पर थे। उनकी बहन दोरिंग चीजिंग भी गाँव में नहीं थी। मौका अच्छा था। पिंज ने रोबो को भड़काया, रोबो ने और लोगों को। इस तरह कई लोग मान गए कि तानी ही सर्वशक्तिमान और बुद्धिमान है।

उसी के चार पुत्रों की बलि दी जानी चाहिए। सहमति बनते ही तारो ने चार मासूम बच्चों की हत्या कर दी।

"देखो-देखो, मैंने संसार के सबसे बुद्धिमान और शक्तिशाली व्यक्ति के पुत्रों की बलि तुम्हें चढ़ाई है! अब तो शान्त हो जा," यह कहते हुए तारो ने रक्त हाथों में लिये सूर्य की तरफ अर्पित कर दिया। इसके बाद वह कुल्हाड़ी को हाथों में लेकर नाचने लगा।

आबोतानी जब लौटे तो उन्हें बच्चों के मारे जाने की बात पता चली। वे दु:ख से भर उठे। उन्हें समझ में नहीं आया कि करें क्या? क्या सूरज माता बलि माँगती है? क्यों? तब दोरिंग चीजिंग ने उन्हें समझाया, "सूरज हमारी आँख है। अपनी ही आँखें हमसे बलि कैसे माँगेंगी? माता सूरज सबको पैदा करती हैं और खा भी जाती हैं। हर दिन प्रत्येक प्राणी के शरीर में मौजूद जल पी जाती हैं, लेकिन किसी और से बलि नहीं चढ़वाती। जिमी-जमा की आँख हैं वह। वह देखनेवाली हैं। साक्षी हैं। माता हैं। उनके नियम को कोई भी भंग नहीं कर सकता। वह निर्भय हैं, अटल हैं, निरन्तर हैं। अन्धकार भी जरूरी है, क्योंकि वह भी किसी और की आँख है। यह भी उसी का ही नियम है। संसार में अनगिनत प्राणी हैं जो रौशनी में नहीं देख सकते। मेरे भाई, तुम्हारे साथ तो धोखा हुआ है। बहुत बड़ा धोखा!"

भाई कौन है? बहन कौन? रिश्तेदार कौन? शत्रु क्या है? धन-ऐश्वर्य क्या है? किन लोगों के साथ रहना चाहिए? किनसे दूर रहना ही सही है? इस तरह के तमाम प्रश्नों का मर्म आबोतानी की समझ में आ चुका था। इस ज्ञान के साथ उन्होंने आगे की यात्रा तय करने का फैसला किया।

सुदुम-अ अस, सर-अ अस

एक दिन आबोतानी ने 'पोई' में विष मिलाया। पोई ओप्पो का बेकार भाग होता है जिसे सूअरों को खिला दिया जाता है। विषयुक्त पोई को उन्होंने जंगल में बिखेर दिया। इसके बाद एक मजबूत पेड़ पर चढ़ गए। कुछ देर बाद कई जंगली सूअर आए और उन्हें खाने लगे। विष के असर से वे वहीं पर तड़पते हुए ढेर होने लगे। गाँव लौटकर आबोतानी ने एक मृत सूअर को तारो के बरामदे में रख दिया। तारो इससे बहुत क्रोधित हुआ। यह उसकी मर्दानगी का अपमान था। उसने कहा, "हुँह, एक न्यीपो तानी ही हैं माहिर शिकारी। हम तो कुछ हैं ही नहीं। तुम तो बस इतना ही बता दो, इन्हें मारा कैसे?"

आबोतानी ने सब कुछ बताया कि किस तरह उन्होंने पोई में विष मिलाया, अपने सारे पुत्रों के साथ जंगल जाकर पोई को बखेर दिया। इसके बाद सब लोग जंगली केलों के पेड़ों पर चढ़कर चिल्लाने लगे, 'सुदुम-अ अस, सर-अ अस' अर्थात हे हिरण! आओ और खाओ। हे जंगली सूअरो, आओ-आओ, खाओ-खाओ।

दूसरे दिन रोबो ने भी वैसा ही किया—पोई में जहर मिलाया। जंगल गया। उसे बिखेर दिया। इसके बाद वह जंगली केलों के पेड़ों पर चढ़कर तानी के बताए वाक्य दोहराने लगा—'सुदुम-अ अस, सर-अ अस!' उसकी आवाज सुनकर ढेर सारे जंगली सूअर दौड़कर आ गए। छप-छप-छप करके वे सारे पोई खा गए।

थोड़ी देर बाद विष के असर से नीम बेहोश होकर वे इधर-उधर मुँह मारने लगे। यहाँ-वहाँ जंगली केलों के पेड़ों को धमाधम गिराने लगे। केले के उन

पेड़ों पर चढ़कर बैठे तारो के बच्चे जमीन पर गिर पड़े। सूअरों ने उन्हें अपने दाँतों से काट-काट कर मार डाला। तारो बुरी तरह घायल हो गया।

दूसरे दिन आबोतानी आए और यह कहते हुए तारो की मरहम-पट्टी करने लगे, "मैंने तो केले का पेड़ नहीं कहा था, तुमने गलत सुन लिया होगा।"

न्युंग कमर दोदर ग-ते योर्साक, सतो पेरो इसी होस्साक

एक रोज तारो अपने खेत में घास छील रहा था। एक सप्ताह भी नहीं बीतता था कि जिद्दी घास दोबारा उग-उग आती थी। क्या पूरी जिन्दगी ऐसे ही गुजर जाएगी? इन घासों के कारण फसलें नाराज रहा करती हैं। वह बहुत ही परेशान हो गया। कुछ तो करना होगा। इन्हें सबक सिखाना ही होगा। उसने मन-ही-मन एक योजना बनाते हुए सोचा, "रात्त-राजो पोलाम दोयातो नो!"—रात्त (दिसम्बर) और राजो (जनवरी) के सूखे मौसम में मैं तुम्हें छोड़ूँगा नहीं।

सर्दियाँ आते ही उसने दौड़-दौड़ कर पूरे जंगल और पहाड़ों में आग लगानी शुरू कर दी। बहुत सारे लोगों के खेत जलने लगे। फसलें नष्ट हो गईं। कई मचान जल गए। गाँव जलने लगे। छोटे-छोटे बच्चे जलकर मर गए। अनगिनत पशु-पक्षी मर गए। पहाड़ ऐसा लग रहा था मानो किसी ने अपना सिर मुँड़वा लिया हो। पृथ्वी अनावृत्त होने लगी। तापिन ने तानी से इसकी शिकायत करते हुए कहा, "तानी, तुम ही कुछ कर सकते हो। चलो मेरे साथ। रोको उसे। वह मूर्ख सबको बर्बाद करके छोड़ेगा। कोई नहीं बचेगा!"

इसके बाद एक शाम आबोतानी रोबो के घर आए। उन्होंने कहा, "ओब, क्यों न कल हम सामनेवाले पहाड़ की चोटी पर चढ़कर देखें? तुमने उसे अनावृत्त कर दिया है। वहाँ से अपना यह संसार कितना सुन्दर दीखता होगा?" रोबो बहुत खुश हो गया। उसने कहा, "ठीक है, स्वादिष्ट भोजन

लेकर जाएँगे। तुम भी ले आना। हम दोनों भाई अदल-बदल करके खाएँगे। इससे स्नेह बढ़ता है।"

आबोतानी की पत्नियों ने पति के निर्देश के अनुसार बढ़िया ओप्पो और पोत्तर तैयार करके नारा (थैला) में डाल दिया। 'पोत्तर' एक खाद्य पदार्थ है जिसे सूखी तली हुई मकई को पीसकर बनाया जाता है और उसे ओप्पो अथवा गर्म पानी में घोलकर खाया जाता है। इसे महीनों रखकर खा सकते हैं। तारो की पत्नियों ने बढ़िया ओप्पो, चावल, सब्जी और मुर्गे का मांस बनाकर नारा में डाल दिया।

सुबह-सुबह दोनो भाई पहाड़ चढ़ने लगे। चोटी पर पहुँचे। वहाँ से दूर-दूर तक के स्थानों को देखा जा सकता था—गाँव, खेत, नदी—सब। पहाड़ बहुत ऊँचा था। वे सुन्दर दृश्य का आनन्द लेने लगे। आबोतानी ने कहा, "ओब, तुमने बहुत अच्छा किया जो पहाड़ को सबक सिखा दिया। तुम्हारे कारण आज मुझे यह सुन्दर संसार देखने को मिला।"

दोनों भाइयों को देर तक चलना पड़ा था। तारो को जोरों की भूख लग आई। दोनों ने अपना-अपना भोजन निकाला। आबोतानी के याद दिलाने पर रोबो भोजन की अदला-बदली के लिए तैयार हो गया। तानी ने कहा, "ओब, क्यों न हम खाते-खाते एक खेल खेलें? मुँह में ही निवाला रखकर हम पहाड़, नदी, जंगल गिनते हैं। जो जितना गिन सके, वह उन सभी का हकदार हो जाएगा?" तारो के 'हाँ' कहने पर आबोतानी ने पहले खेला, "वह जंगल मेरा, यह पहाड़ मेरा, वह नदी मेरी, वह पेड़ मेरा, वह घास मेरा, वह रस्सी मेरी...!" तारो ने बीच में रोकते हुए कहा, "ठहरो! क्या पूरा संसार ही ले लोगे? अब मेरी बारी है।"

उसने सूखा पोत्तर मुँह में डाला और गिनने लगा, "यह पहाड़ मेरा... खों-खों...यह नदी मेरी...खों...खों...। वह लगातार खाँसने लगा। सूखे पोत्तर के कारण उसे खाँसी का दौरा पड़ गया था। खाँसते-खाँसते वह अधमरा हो गया। आखिरकार उसने कहा, "तानी, तुम जीत गए।" आबोतानी ने उसे ओप्पो पिला दिया, तब जाकर वह ठीक हो गया।

इधर-उधर चल-चल कर वे फिर संसार को देखने लगे। दूर-दूर तक

घूमने लगे। बहुत ही लम्बा और ऊँचा पहाड़ था वह। आदमी को दृष्टिभ्रम[1] होने लगता था। सूरज पहले एक तरफ था, अब दूसरी तरफ दिख रहा था। उत्तर-पश्चिम का कुछ अता-पता नहीं था।

इस तरह के एक स्थान पर पहुँचकर आबोतानी ने कहा, "यहाँ से अपना संसार कितना सुन्दर दिख रहा है। ओब, क्यों न हम झुककर घुटनों के बीच से इन्हें उलटा होकर देखें?" रोबो को बचपन याद आ गया—वे ऐसा ही तो खेला करते थे। उसने तुरन्त 'हाँ' कह दी। अब दोनों पास-पास खड़े थे। झुककर घुटनों के बीच से उलटा होकर देखने लगे।

"ओब, देख रहे हो उस गाँव को?"

"हाँ ननि! यह कौन-सा गाँव है?"

"पता नहीं।"

"वह देख रहे हो? वह घर? कई पत्नियों वाला है शायद। इसीलिए घर इतना लम्बा है। कितने चूल्हे जलते होंगे, है न? लगता है बहुत ही सम्पन्न व्यक्ति का है।"

"ढेर सारा आभूषण मिलेगा। हमारी पत्नियाँ कितनी प्रसन्न हो जाएँगी! क्यों न हम इसको लूट लें?" रोबो ने कहा।

"ठीक है, लेकिन हम यह काम आज आधी रात को ही करेंगे। यह शत्रुओं का गाँव है। एक बात याद रखना, जब हम हमला करेंगे तो बच्चे तुम्हें 'आबो, आबो' कहेंगे। औरतें तुम्हारा नाम ले-लेकर कहेंगी, "रोबो-रोबो, यह क्या कर रहे हो?" वे तुम्हें भ्रमित करना चाहेंगे ताकि तुम उन्हें न मार सको, लेकिन तुम रुकना मत। उन्हें मौत के घाट उतार देना।"

योजना पक्की हो गई। दोनों रात होने का इन्तजार करने लगे।

आधी रात को दोनों उस गाँव की ओर उतरने लगे जिसे उन्होंने घुटनों के बल उलटे होकर देखा था। आबोतानी ने कहा, "भैया, वह देखो! तुम उस घर में घुस जाओ और सबको खत्म कर दो। मैं उस वाले घर में जाता हूँ।"

1. दृष्टिभ्रम के कारण रास्ता भटकने को न्यीसी लोग 'पिर्या' अथवा 'यापाम' कहते हैं। आदमी दिग्भ्रमित न हो, इसके लिए जो पूजा की जाती है, उसे 'पीर्या पेनाम' कहा जाता है।

रोबो गया। उसने खच्चाक-खच्चाक करके सोए हुए लोगों पर दाब चलाना शुरू कर दिया। 'आबो-आबो' कहकर रोते हुए बच्चों और 'रोबो-रोबो' कहती हुई औरतों पर उसने जरा भी दया नहीं दिखाई। वे चिल्लाते रहे, लेकिन वह रुका नहीं। उनकी गर्दन धड़ से अलग करता रहा। रात भर लूट-पाट करता रहा। यह करते-करते सुबह हो गई।

उसने देखा, "अरे! यह तो मेरा ही घर है! यह क्या किया मैंने? ओह, सबको खत्म कर दिया!"

रोबो रोता ही रह गया।

इधर तानी ने अपने परिवार को गोदाम में छिपा दिया और सूअर को मारकर पूरे घर में खून बिखेर दिया। सुबह रोबो को आता देख कहने लगे, "देखो, मैंने गलती से अपने ही परिवार को खत्म कर दिया!"

दोनों भाई मिलकर रोने लगे।

कुछ दिनों बाद रोबो ने गौर किया कि हर रात आबोतानी के घर से कई लोगों के धान कूटने की आवाजें आती हैं। उसको शंका हुई। वह झाड़ियों में छिपकर देखने लगा। आह, आने दोनिया! वे तो तानी की पत्नियाँ थीं! झाड़ियों को हिलता देख कहने लगीं, "ओह, ओब की मुर्गियाँ होंगी। बेचारी मालकिनों के बिना भूखी होंगी।" यह कहते हुए उन्होंने उसकी तरफ चावल फेंक दिए। रोबो तानी की चालाकी समझ गया। उसने मन-ही-मन प्रण करते हुए सोचा, "दुश्मनी क्या होती है, यह तुम अब जानोगे मेरे भाई!"

कुआँ गाँव से दूर था। राज न खुल जाए, इसलिए आबोतानी स्वयं पानी लेने जाया करते थे। रोबो ने उसी कुएँ के किनारे खड़े पेड़ को काटकर गिरा दिया और उसके तने से 'दोक्काम'[1] बनाना शुरू कर दिया।

रोबो तीन-चार दिनों से दोक्काम बनाने में जुटा था। आबोतानी उसे रोज देखते थे। एक दिन उन्होंने पूछ ही लिया, "ओब, इतना बड़ा दोक्काम

---

1. पेड़ के मोटे तने को दो भागों में चीरकर उससे बनाए गए थालीनुमा पात्र को 'दोक्काम' कहते हैं। इसे 'मोर्तु पाक्कु' अथवा 'दोक्को' भी कहा जाता है। उस पर पालतू पशुओं को भोजन कराया जाता है।

किसलिए?" तारो ने जवाब दिया, "मेरा रिप तारो (बड़ा सूअर) बहुत जिद्दी हो गया है। कुछ दिन उसे इसमें बन्द करके रखूँगा ताकि वह शान्त हो जाए और पालना आसान हो जाए। बिना पत्नियों के अकेला इन सबकी देखभाल करना मेरे लिए मुश्किल है।"

दूसरे दिन तानी फिर पानी लेने आए। रोबो ने कहा, "ननि, इसमें जरा लेटकर तो दिखाओ। देखना है, ठीक बन रहा है कि नहीं?" आबोतानी लेटते हुए कहने लगे, "ओब, थोड़ा और ठीक करो, खुरदरा है। तुम्हारे सूअर को तकलीफ होगी।" तीसरे दिन फिर रोबो ने उन्हें लेटकर देखने को कहा। उसने दोक्काम के दूसरे भाग को हाथों के सहारे खड़ा करके रखा हुआ था। आबोतानी लेट गए और कहने लगे, "हाँ, ओब, अब ठीक है।" रोबो ने दोक्काम को ढक दिया। तानी को हिलने का मौका मिले, इसके पहले ही उसने रस्सियों से उसे कसकर बाँध दिया और दोक्काम को खींचते हुए नदी की तरफ जाने लगा और नदी की बहती धारा में फेंक आया।

दोक्काम बहते हुए जाने लगा। आबोतानी भीतर से मदद की गुहार लगाते रहे, "तारी गो तेन-तेन, तामा गो तेन-तेन!"—हे जंगली रस्सियो, पेड़-पौधो, पत्थरो मेरी मदद करो! आबोतानी का कुत्ता कीपुंग उनके पीछे-पीछे दौड़ता रहा। भौंकता रहा। मदद माँगता रहा।

खबर आग की तरह फैल गई। ऊइयु (शत्रु) तानी के नाम पर थूकने लगे। जश्न मनाने लगे। "अच्छा हुआ, बहुत अच्छा हुआ" कहते हुए वे सबसे तेज, तीखी मिर्ची को खाकर अपनी जलन को शान्त करने लगे।

दोक्काम बहता जा रहा था। कभी कहीं फँस जाता, कभी टेढ़ा-मेढ़ा होते हुए आगे बढ़ जाता। कुत्ते ने उसका साथ नहीं छोड़ा। उसकी आवाज भूखे-प्यासे, कमजोर, निराश आबोतानी को ढाढ़स बँधाती थी। रात होती, चाँद निकलता और वह कुछ भी नहीं कर पाता तानी के लिए। उसकी हल्की रौशनी उसे सिर्फ छू भर जाती। तानी को लगता—शायद वह सिर्फ रोबो का पिता है।

एक दिन बहते-बहते वे 'सा-दांगो' पहुँच गए। यह नदी का वह ऊँचाई वाला भाग होता है जिसके बाद एक गहरी खाई आती है। इसे 'सा-गलो' भी कहा जाता है। नीचे अथाह गहराई वाली झील होती है जिसको 'सा-सेल'

कहा जाता है। लोग कहते हैं कि इसकी गहराई समुद्र की मानिन्द होती है।

खैर, दोक्काम नीचे गिरने ही वाला था कि वह 'ताजार'[1] नामक एक पौधे में अटक गया। उसके कारण दोक्काम नीचे गिरने की बजाय सा-सेल में ही तैरने लगा।

इस बीच बारिश होने लगी। नदी का उफान बढ़ने लगा। आसमान काले बादलों से ढक गया। आबोतानी अन्धकार में ही तैरते रहे। कुत्ता अब भी वहीं पर था। कई दिनों बाद बारिश थमी, लेकिन आबोतानी का रोना नहीं थमा।

इस स्थिति को आज भी बुजुर्ग लोग अपने गीतों में याद करते हैं। वे कहते हैं—आबोतानी माता के गर्भ में फिर समा गए। वे जल में तैर रहे थे। जिस तरह झूले पर वे एक बार कई दिन, कई रात झूलते रहे थे—उसी को अब दोहरा रहा रहे थे। इस बार उनका दूसरा जन्म होनेवाला था।

आबोतानी के आँसू जल में मिल गए...जल वाष्प बनकर आकाश की तरफ गया...और सूरज तक सन्देश पहुँच गया...। एक दिन अचानक 'तारिन रिनरिन' नामक चिड़िया दोक्काम पर बैठकर गाने लगी। इस चिड़िया को 'केगरिन' भी कहा जाता है।...इतने दिनों बाद तानी ने पंछी की आवाज सुनी। उनमें नए सिरे से चेतना और शक्ति का संचार हुआ। उन्होंने सोचा कि चिड़िया के दोक्काम पर बैठने का मतलब है कि वह झील के किनारे है। उससे वे मदद माँगने लगे, "मई तारिन—मौसी तारिन—अपनी मजबूत चोंच से काट-काट कर एक छेद बना दो न!"

मौसी ने टक-टक-टक करके लकड़ी को काटना शुरू कर दिया। अन्त में एक छेद बन गया। सूरज की रौशनी तानी तक पहुँच गई। वे रोने लगे, "आह, माता! तेरा ही अंश हूँ मैं। क्यों भूल गई मुझे!"...अचानक रस्सियाँ टूट गईं...बार-बार की रगड़ से वे कमजोर हो गई थीं, इसलिए बड़ी आसानी से टूट गईं। दोक्काम खुल गया ।

आबोतानी ने माना कि माता सूरज ने ही उन्हें बचाया है। आबोतानी बाहर

---

1. ताजार पौधे ने आबोतानी को डूबने से बचाने में मदद की थी। यही कारण है कि इस पौधे के प्रति आज भी सम्मान का भाव रहता है। पूजा के शुभ अवसरों पर इसका उपयोग किया जाता है।

निकल आए। उन्होंने देखा, वह प्रदेश बहुत ही गर्म था। ऐसा लगा मानो 'चीत्त-दोत्त' अर्थात बादलों के ऊपर आ गए हों। वहाँ के लोगों ने उनका बहुत सम्मान किया। अपनापन दिया। भोजन इत्यादि दिया। वापस जाते समय उन लोगों ने उन्हें 'प्यामी-प्यालंग' अर्थात रंगीन धागे दिए। जिस तरफ से सूरज निकलता है उसी तरफ चलते जाने को भी कहा। अपने कुत्ते के साथ आबोतानी वापस तानी मोमेन की तरफ चलने लगे।

कई महीनों बाद जब वे लौटकर आए तो देखा, रोबो ने बलपूर्वक उनकी पत्नियों पर अपना कब्जा कर रखा था, सारी सन्तानों को दास बना लिया था और तानी कबीले का प्रधान बन गया था। सारी सम्पत्ति उसकी थी। लोग बहुत दुखी थे।

कुछ लोग कहते हैं कि इसी समय से 'रागाम-पानाम' का रिवाज शुरू हुआ था। जब किसी भाई की मृत्यु हो जाए तो दूसरा भाई उसकी पत्नियों को रख सकता है। 'रागाम-पानाम' का शाब्दिक अर्थ है—खेतों के किनारों की घास-फूस को काटकर साफ करना ताकि फसल अच्छी हो सके! इसका भावार्थ है—विधवाओं की देखभाल करना ताकि अन्य जाति के लोग उन पर नजर न डाल सकें और बेकार के विवाद पैदा न हों।

खैर, आबोतानी के लौट आने की जानकारी उनकी पत्नियों को हो चुकी थी। घर के ऊपरी हिस्से 'नाखा' में वे छिप गए। औरतें भोजन इत्यादि पहुँचाने लगीं। उनके विचित्र व्यवहार से रोबो को शंका हुई। वह भी 'नाखा' में चढ़ने लगा। उसने अपने दोनों हाथों को ऊपर बिछाई गई एक लकड़ी पर रखा ही था कि आबोतानी ने खच्चाक से उन्हें काटकर उसके शरीर से अलग कर दिया। "आह, बुरु तानी वापस आ गया," कहते हुए वह भागने लगा।

उस दिन के बाद से रोबो कभी लौटकर नहीं आया।[1] वह हमेशा के लिए

---

1. ऐसा माना जाता है कि रोबो जंगलों में ही गायब हो गया और वृक्ष बन गया। इसीलिए जंगलों में, वृक्षों इत्यादि में आज भी उसकी आत्मा विद्यमान है। यही कारण है कि जंगल का सम्मान किया जाता है, क्योंकि वे हमारे ही पूर्वज हैं। उसी की अतृप्त इच्छाएँ वहाँ आज भी मौजूद हैं। इसीलिए किसी भी कुँवारे जंगल में कुछ भी काटना हो अथवा खेती करनी हो तो पहले उससे इजाजत माँगनी होती है।

कहीं चला गया। दो भाई अलग हो गए। माता का गर्भ बँट गया। इसी को कहते हैं—'न्युंग कमर दोदर ग-ते योर्साक, सत्तो पेरो इसी होस्साक' अर्थात भूकम्प के एक ही झटके से पहाड़ कई भागों में बँट जाता है, इसी तरह एक ही नदी कई नदियों में विभक्त हो जाती है।

न्यीम दूरंग—कोगा मिरी[1]

तानी की बड़ी बहन दोरिंग चीजिंग हमेशा जंगलों में घूमती रहती थी। जंगल का हर कोना उससे परिचित था। उन्हीं जंगलों में घूमते हुए एक रोज हासांग बुलुंग बिन्यी नामक एक लड़की से उसकी दोस्ती हो गई। उसने उसे तानी से मिलवाया। वह अद्‌भुत शक्तियों से सम्पन्न थी—इच्छाधारी थी। वह बुलुंग मिखी की पुत्री थी, जो मायाजाल रचने में माहिर थे। उनकी पुत्री को भी इन सब में महारत हासिल थी। दोरिंग चीजिंग ने भी इन्हीं से बहुत कुछ सीखा।

तानी और हासांग बिन्यी एक साथ रहने लगे। ससुर ने प्रसन्न होकर दामाद को अपना रहस्य सिखा दिया। इसके द्वारा किसी अन्य व्यक्ति के मन को भी

---

1. 'कोगा-मिरी' में 'कोगा' का अर्थ है सिर का पिछला हिस्सा और 'मिरी' का अर्थ है दृष्टि। यानी जिसे सामान्य आँखें नहीं देख सकतीं, उसे देखनेवाला व्यक्ति।

हम अपनी आँखों से अपने सिर के पिछले हिस्से को देख नहीं सकते, ठीक उसी हिस्से में एक और आँख है। जिसे 'न्यीम दूरंग' भी कहा जाता है। 'न्यीम' का अर्थ है—पलकें। 'न्यीम' शब्द 'आनियिक' (आँख) से निकलता है। 'दूरंग' शब्द 'उदुंग' से निकलता है, जिसका अर्थ है बोतल। यानी आँख रूपी बोतल से उगती पलकें, जो भूत, भविष्य, वर्तमान सब कुछ देख सकती हैं। यह रहस्यात्मक भाव भी उत्पन्न करता है। 'न्यीम दूरंग' का शाब्दिक अर्थ हुआ—पलकों की बोतल। इसका अर्थ इस तरह से भी लिया जा सकता है—पलकों की बोतल, जहाँ से दृष्टि लगातार उत्पन्न हो रही है।

आदी आदिवासियों में 'मिरी' (शामन) होता है। वे रहस्यमय होते हैं, पूर्वजों और प्रकृति के गीत गाते हैं। उसके साथ कई नर्तक होते हैं। यही प्रत्येक तानी समुदाय में अपने-अपने ढंग से है।

आसानी से पढ़ा जा सकता था। अन्य लोगों के विचारों पर काबू भी पाया जा सकता था। इस शक्ति को 'कोगा मिरी' कहा गया।

आबोतानी के घुटनों में जादू था, जिसे 'लुद-पमी' कहा गया। लुद यानी घुटना और पमी यानी शक्ति। इसी शक्ति के कारण वह तेज-से-तेज दौड़नेवाले जानवरों और शत्रुओं को पराजित कर देते थे; दस दिन की यात्रा को पाँच दिनों में पूरा कर लेते थे। सुदूर प्रदेशों से वे अनेकों तरह के बीज अपने लोगों के लिए ले आए। बुद्धिमान और शक्तिशाली तो थे ही, अब 'कोगा मिरी' से सम्पन्न उनकी शक्ति और बढ़ गई। कई छोटे-छोटे कमजोर कबीले तानी कबीले में विलीन होने लगे। इससे तानी वंश की संख्या बढ़ने लगी। जिसकी जितनी अधिक संख्या, शक्ति उसी की होती थी। युद्ध में जीत उसी की होती थी।

अब तानी को पराजित करना असम्भव था; न वाद-विवाद में, न शारीरिक शक्ति में, न समझ में, न बुद्धि में और न ही संख्या बल में। लोग उनके लिए जान देने को तैयार रहते थे। शत्रु कबीले के लोग सिर झुकाकर उनकी बगल से गुजरने लगे। किसी की हिम्मत नहीं हुई उनको ललकारने की। वे तानी कबीले के लोगों पर आँख भी उठाकर देख नहीं सकते थे।

लेकिन चुप्पी का अर्थ हर बार शान्ति ही हो, ऐसा नहीं है। यह तो मात्र प्रारम्भ है। शत्रु कबीले के लोगों ने एक-दूसरे के मनमुटाव को भुलाकर अपनी शक्ति को एक ही स्थान पर केन्द्रित करना शुरू कर दिया। लक्ष्य सबका एक ही था—निया तानी की सन्तान दोंन्यी तानी को खत्म करना और तानी कबीले के लोगों को छिन्न-भिन्न कर देना। वे चाहते थे कि तानी वंश पृथ्वी से पूरी तरह खत्म हो जाए। मंग्जंग, चिन्न और सीकि इनमें सबसे आगे थे। चिन्न तो बहुत ही जहरीला था; यही कारण है कि जहर का नाम ही 'चिन्न अथवा चुम्दक' पड़ गया।

निया और पोई, दोनों पूर्वज थे जो एक-दूसरे के कट्टर शत्रु हुआ करते थे। दोनों के बीच जंगल, जमीन इत्यादि को लेकर अनेक युद्ध हुए। कई लोगों की जानें गईं। आगे चलकर उनके वंशजों में भी वही शत्रुता बनी रही।

दोंन्यी (आबोतानी), रोबो, दोदर, दोरिंग चीजिंग आदि निया तानी के वंशज थे; मंग्जंग, चिन्न और सीकि पोई के वंशज। उनके बीच शत्रुता पीढ़ी-दर-पीढ़ी

कायम रही। सभी पूर्वजों ने अपनी-अपनी पीढ़ी को विरासत के रूप में इसे हस्तान्तरित किया। कहते हैं, दोंन्यी तानी इसी शत्रुता के सिलसिले को तोड़ने में सफल रहे। इसीलिए उनके बाद युग दो भागों में बँट गया—आबोतानी के पूर्व और आबोतानी के बाद। इसी कारण वंश गणना भी कई लोग आबोतानी से ही शुरू करते हैं। अनाम पूर्वजों को भी 'तानी' कहा गया, अत: कई तरह की भ्रान्तियाँ भी उत्पन्न हुईं...।

इस कथा को मैंने यहीं जानबूझकर समाप्त किया है, क्योंकि इसके बाद कई कथाएँ इसी से जुड़ती हुई कड़ियों के रूप में देखने को मिलती हैं। उन सारी कथाओं को एक साथ एक ही कथा के अन्तर्गत नहीं लिखा जा सकता। इसमें एक बहुत ही महत्त्वपूर्ण बात भी है—'न्यीम दूरंग/कोगा मिरी'। इसे अन्य कथाओं के साथ जोड़कर लिखती तो इसका महत्त्व उस तरह से नहीं दिखा पाती, जैसा दिखाना चाहती थी। यह आबोतानी के स्वभाव, पहचान, चरित्र जो कहिए, उसका महत्त्वपूर्ण पक्ष है।

मंग्जंग-तानी

तानी और मंग्जंग के बीच पीढ़ियों से शत्रुता चल रही थी। तानी मित्रता का हाथ बढ़ाते, पर मंग्जंग कोई-न-कोई चाल चलता और तानी के मैत्री-प्रयासों को विफल कर देता। उसके अपने कबीले के लोग तानी की तरफ झुकने लगते तो मंग्जंग उन्हें किसी-न-किसी चाल में फँसा देता। वह नहीं चाहता था कि दोनों कबीले एक हो जाएँ और तानी का दबदबा ही सब पर रहे।

एक बार जमीन पर कब्जा जमाने के लिए मंग्जंग ने कई उपजाऊ पहाड़ों पर पीपल के ढेर सारे पेड़ लगा दिए। अब इन स्थानों पर कोई भी शिकार नहीं कर सकता था, न खेती कर सकता था और न ही लकड़ियाँ बीन सकता था। इन जंगलों में उगनेवाली लताओं तथा अन्य आवश्यक जंगली चीजों को कोई नहीं ले सकता था। यह सब मंग्जंग का था। उसके अपने कबीले वाले भी इन जंगलों का उपयोग नहीं कर सकते थे।

लोगों को दिक्कत होने लगी। तानी के पास शिकायतें आने लगीं। विवाद बढ़ने लगा। तानी ने मंग्जंग से कहा, "जो भी जंगल, पहाड़, नदी इत्यादि तानी के हैं, वे सभी तानी लोगों के हैं। कुछ भी मेरा, सिर्फ मेरा नहीं है। कोई भी इनका उपयोग कर सकता है। तुम सारे पहाड़ों पर अपना हक नहीं जमा सकते। यह सारा जंगल हमारे गाँव वालों का है। तुमने धोखे से इस पर कब्जा किया ताकि हम यहाँ से किसी और स्थान पर चले जाएँ, और तुम इन पीपल के वृक्षों का सफाया करके जमीन का उपयोग कर सको।"

मंग्जंग हथियार लेकर उन जंगलों में घूमने लगा, "कोई माँ का दूध पिया हो तो यहाँ आकर देखे! मैंने उसकी गर्दन को धड़ से अलग न कर दिया तो

कहना!" यह विवाद सबको बहुत बड़े युद्ध की तरफ ले जा सकता था। कई जानें जा सकती थीं।

अन्त में तानी ने मंग्जंग को चुनौती दी, "चलो, जितना हो सके इन जंगलों में हम दोनों चलेंगे। जितना तक चलेंगे, उन सारे स्थानों पर अपने चिह्न बनाते जाएँगे। आखिर हमारे पूर्वज भाई-भाई ही तो थे। भाइयों की तरह हम इस विवाद को सुलझा सकते हैं!" मंग्जंग ने मन-ही-मन सोचा, "मौका मिलते ही जंगल में इस मूर्ख का काम तमाम कर सकता हूँ!" यह सोचते हुए थोड़ी देर बाद उसने कहा, "ठीक है, लेकिन हम साथ-साथ ही चलेंगे। जो पहले थककर बैठ गया, उसकी जमीन की सीमा वहीं तय की जाएगी।" तानी सहर्ष मान गए। बाकी लोगों ने भी अपनी सहमति दे दी। कई दिन ऐसे ही चलनेवाले थे इसलिए भोजन इत्यादि साथ लेकर वे चलने लगे।

तानी अनुभवी थे। वे जानते थे कि कुछ लोग कभी नहीं बदल सकते। इसलिए वे सतर्क थे। उन्होंने भाँप लिया था कि मंग्जंग कभी भी उन पर वार कर सकता था। वे तेज चलते, तो मंग्जंग तेज चलता, वे धीमे चलते तो मंग्जंग भी धीमे चलता। वे मुड़ते, तो मंग्जंग मुड़ता। वे एक जगह बैठ गए तो मंग्जंग भी बैठ गया। यह क्या? बैठ गया? लेकिन शर्त तो ऐसी न थी। तानी के बैठ जाने पर तो उसे प्रसन्नतापूर्वक आगे बढ़ जाना चाहिए था। तानी उठे और चलने लगे। उसने भी वैसा ही किया।

आगे एक नदी बहती थी। उसके किनारे एक बड़ा-सा पत्थर पड़ा हुआ था। उसके नीचे एक केकड़ा अपने शरीर के आधे हिस्से को बाहर निकाले हिल-डुल रहा था। तानी ने अपना हाथ बढ़ाया। केकड़ा अन्दर खिसक गया। तानी का हाथ भी उसके पीछे-पीछे अन्दर घुसता चला गया। आधा झुका हुआ मंग्जंग अपने दोनों हाथों को घुटनों पर रखे, उत्सुकता भरी नजरों से उन्हें देख रहा था।

"मंग्जंग-मंग्जंग, मदद करो! यह बहुत ही बड़ा केकड़ा है। हम इसे कई दिनों तक खा सकते हैं।"

"अरे हाँ, यह तो बहुत ही विचित्र केकड़ा है। इसका रंग भी विचित्र है!"

"तुम मुझसे अधिक शक्तिशाली हो, अपना हाथ इधर घुसाओ और निकालो इसे!"

“हाँ, वह तो है ही। चलो, आज इसी बहाने तुमने मान तो लिया कि मैं तुमसे अधिक शक्तिशाली हूँ!”

“अरे, जल्दी करो!”

तानी ने अपना हाथ बाहर निकाला और मंग्जंग ने ‘हाँ-हाँ’ कहते हुए अपना दायाँ हाथ पत्थर के नीचे डाल दिया। केकड़े ने उसकी उँगलियों को दबोच लिया। हाथ था कि छूटे नहीं छूट रहा था। एक तो केकड़ा दबोचे हुए था, दूसरा, वहाँ हाथ आसानी से घुस तो गया, लेकिन बाहर वापस निकालना मुश्किल हो गया। बाहर की तरफ हाथ को खींचता, तो हाथ के ही दो टुकड़े हो जाते। बिना हथेली के कैसे रहता? कौन-सी लड़की उसकी पत्नी बनना चाहेगी? हाय-हाय, गंग्रियंग तानी। तो यह उसकी चाल थी। वह यह न समझ सका।

इधर केकड़े ने उसकी उँगलियों को काट-काट कर खाना शुरू कर दिया। अँगूठे को तो पूरा ही खत्म कर दिया था उस नामुराद केकड़े ने। आह! वह दर्द से चिल्लाने लगा, “तानी बचाओ! मैं तुमसे हार गया! तुम विजयी हुए। पहाड़ी, कँकरीली, बर्फीली जगह मेरी। बाकी सारी उपजाऊ जमीन तुम्हारी हुई!”

यह सुनना था कि केकड़े ने अपनी पकड़ ढीली कर दी। मंग्जंग को अब खयाल आया—हैं! मैं कैसे भूल गया था कि तानी इच्छाधारी भी हैं! ओह-ओह!

“अपनी छोटी-सी चाह मात्र से तुमको इतना सताया। सोचो, और क्या-क्या हो सकता था? तानी से पंगा लेना आसान नहीं है मेरे भाई!” तानी ने कुटिल मुस्कान के साथ यह कहते हुए उसके हाथ को बाहर निकालने में मदद की। जंगली पौधों से उसके घाव पर मलहम लगा दिया। वह रोता, पछताता, दर्द से कराहता अपने भारी और ढीले हो चुके शरीर को किसी तरह सँभालता गाँव की तरफ वापस चलने लगा।

इस तरह जल, जंगल, जमीन पर तानी समुदाय का सार्वजनिक अधिकार कायम हो गया।

तानी गजिबो[1]

मंग्जंग हार माननेवालों में से नहीं था। रात-दिन वह अपने दुष्टता भरे कार्यों में लगा रहता। इस बार उसने निश्चय किया, गंग्रियंग तानी को हराना ही होगा। उसने एक बार फिर उपजाऊ पहाड़ों पर पीपल के वृक्षों को यत्र-तत्र लगाना प्रारम्भ कर दिया। इन वृक्षों की जड़ों ने अन्य पेड़-पौधों को खाना शुरू कर दिया। तानी ने उससे कहा, "मेरे भाई, इन वृक्षों को तामिंग, तालो, दीदा, लरा जैसे कँकरीले, बर्फीले, बेकार भूमि पर लगाओ।" लेकिन वह नहीं माना। अपनी दोनों बाँहों को फैलाकर वह कहता, "यह सब मेरा है!"

दोनों ओर के कबीले वाले तानी के यहाँ एकत्रित हो गए। फैसला करना था कि आखिर जंगल किसका है? तानी के बड़े भाई तारो और तापिंग ने मंग्जंग का साथ दिया। उन्होंने कहा, "पेड़-पौधे लगाना तो अच्छी बात है!" बीच में मंग्जंग के ही कबीले के दुबले-पतले और नाटे कुतरीरी ने मुँह को टेढ़ा-मेढ़ा करके चिल्लाते हुए कहा, "तानी गजिबो! तानी गजिबो!" मंग्जंग क्रोध में उसकी तरफ लपका। उसकी गर्दन मरोड़ देना चाहता था वह। अपने ही भाई के साथ गद्दारी? छोड़ेगा नहीं उसे। लोगों में हड़कम्प मच गया। तानी ने बीच-बचाव किया।

---

1. 'गजिबो' का अर्थ है—'का है'! इस शब्द के अन्तर्गत एक विशेष भाव समाहित है—किसी अन्य की चीजों पर कोई और व्यक्ति अपना हक जमाने लगे अथवा नजर लगाने लगे, तो तीसरा या चौथा व्यक्ति कहता है कि मैं गवाह हूँ। यह तुम्हारा नहीं। उसका है। इस प्रकार इस कथा के शीर्षक का अर्थ हुआ—यह तानी का है। मैं गवाह हूँ।

आखिरकार मंग्जंग ने 'पुकरुरु' तथा 'न्योकुम पुमुम' चिड़ियों की मदद से तानी को परास्त करने की सोची। पुकरुरु उसका और न्योकुम पुमुम तानी का। लोग घबरा गए। उनकी साँसें थम गईं। अब तो सब कुछ गया, लेकिन तानी ने चुनौती स्वीकार कर ली।

पुकरुरु चिड़िया गु-गु-गु-गु कहती हुई हवा में उड़ती है। न्योकुम पुमुम हूँ-हूँ-हूँ-हूँ की आवाज करती हुई जमीन पर चलती रहती है। तय किया गया कि ये दोनों चिड़ियाँ जितनी दूरियाँ तय करेंगी, जमीन की सीमाएँ उसी अनुसार तय की जाएँगी। पुकरुरु उड़ने लगी। न्योकुम पुमुम चलने लगी। पीछे-पीछे दोनों तरफ के लोग। पुकरुरु ऊँचे पहाड़ों, कँकरीले स्थानों के ऊपर उड़ती रही, न्योकुम पुमुम धीरे-धीरे मैदानी इलाकों को नाप गई। फैसला हो गया। मंग्जंग ने गुस्से में पुकरुरु पर 'थुहू' करके थूक दिया। हवा में चलनेवालों पर अन्त में थूक ही तो पड़ता है। आबोतानी ने प्रेम से न्योकुम पुमुम पर अपना हाथ फेर दिया।

आज भी लोग कहते हैं, न्योकुम पुमुम ने तानी वंश के लोगों की मदद की थी। उसे मारना नहीं चाहिए। यही कारण है कि यह चिड़िया आज भी इनसानों की बस्ती के आस-पास ही पाई जाती है।

मंग्जंग के बाबत लोग कहते हैं कि पीपल अथवा घने जंगलों में उसकी आत्मा आज भी निवास करती है जिसे 'यापाम' कहा जाता है। वह बादलों के रूप में आती है और व्यक्ति को सोए-सोए ही जंगल की तरफ ले जाती है। लोगों को भटकाती है। उसी के कारण लोग नींद में चलने लगते हैं।

न्यीकुंग बरिंग[1]

एक दिन मंग्जंग ने कहा, "भाई तानी, चलो न्येम-न्येपा (चीन) चलें। वहाँ बाजार लगता है। तरह-तरह के दाब (हथियार), आभूषण इत्यादि मिलते हैं। जादुई दुनिया है वहाँ।" लोगों को पता चला तो उन्होंने तानी को चेताया—शत्रु के साथ जाएँगे? नहीं-नहीं, आप ऐसा न करें। लेकिन लोगों के बहुत मना करने के बावजूद तानी सहर्ष मान गए। कहने लगे, "मृत्यु को भी तानी के पास आने से पहले हजार बार सोचना होगा। उसी को हाथों में लिये घूमता हूँ। भय में जीना मुझे नहीं आता। जब मरना होगा तब जरूर मरेंगे। नहीं मरना होगा तो कोई नहीं मार सकता मुझे।"

रोते-चिल्लाते, शंकित लोगों को छोड़कर जिद्दी तानी मंग्जंग के साथ कई तरह के जंगली खाद्य पदार्थ लेकर चलने लगे। उन पदार्थों के बदले चीन से कई मनपसन्द चीजें ले आनी थीं।

कई महीनों की यात्रा के बाद वे दोनों न्येम-न्येपा पहुँच गए। आबोतानी पहली बार यहाँ आए थे। उनकी आँखें चौंधिया गईं। मंग्जंग ने कहा, "बोरू (छोटे भाई) तानी, तुम जहाँ चाहो घूमो, देखो। सामान ले लो। मौज करो। मैं दो दिन बाद तुम्हें ढूँढ़ लूँगा।" यह कहकर वह एक आदमी के साथ कहीं चला गया।

---

1. सुदूर गाँव में जब कभी कोई साँप किसी को डस ले तो पुजारी 'बरिंग' साँपों की आत्माओं को पुकारते हैं। साथ में न्यीकुंग बरिंग का स्मरण किया जाता है; इसके बाद 'तागो/न्योली' नामक पौधों का मलहम लगाया जाता है। आबोतानी का आदेश था—'इस सर्प को कोई न मारे!' सच है, यह हमारे पूर्वजों का रक्षक है। इस प्रकार प्रकृति के साथ-साथ मनुष्य अपनी यात्रा में अग्रसर है।

तानी ने दो दिन घूम-घूमकर अच्छे किस्म के दाब, बीज, आभूषण इत्यादि लिये। इधर मंग्जंग ने किस्म-किस्म के साँपों के खतरनाक विष पिए और एकत्र किए। इस तरह वह पूर्णत: नकारात्मक ऊईयु बन गया।

अब दोनों वापस तानी मोमेन जाने लगे। मार्ग में मंग्जंग ने किसी भी तरह से तानी को मारने अथवा चोट पहुँचाने का प्रयास नहीं किया। उसका भरोसा जो जीतना था। तानी की कमजोरियों को अच्छी तरह समझना था। इसके बाद धीरे-धीरे पूरे तानी वंश को किसी प्रत्यक्ष हथियार का इस्तेमाल किए बिना खत्म करना था, लेकिन तानी दूसरे व्यक्ति की मन की बात पढ़ सकते थे। उन्हें पराजित करना लोहे के चने चबाने जैसा था। उनके पास 'न्यीम-दूरंग' था। सतर्कता उनका स्वभाव था। मौत से खेलना उन्हें पसन्द था।

मंग्जंग ने न्येम-न्येपा से लाए गए भिन्न-भिन्न विषों का अपनी सन्तानों पर भी प्रयोग किया और उन्हें भी विषैला बना दिया। उसका एक पुत्र था—दुबला-पतला सा। उसने पिता की बात नहीं मानी। उसने अपने शरीर को विषैला बनाने से इनकार कर दिया। इतना ही नहीं, उसने तानी के पास जाकर सब कुछ कह भी दिया। यह गद्दारी मंग्जंग से सहन नहीं हुई। उसने अपने उस पुत्र को अपने वंश से निष्कासित कर दिया। तानी को यह बात पता चली तो उन्होंने उसे अपना नाम दिया। उसका नाम रखा—न्यीकुंग बरिंग।

कहते हैं, एक बच्चा मंग्जंग के पुत्रों के विष से मर रहा था। बड़ी बहन दोरिंग चीजिंग ने 'तागो' नामक पौधे से औषधि बनाई और उसको उस बच्चे के घाव पर लगाया, जिससे वह बच्चा मौत के मुँह से बचकर वापस आ गया। इस पौधे को 'न्योली' भी कहा जाता है। आबोतानी ने श्रद्धा से उस पौधे के सामने अपना सिर झुकाया और कहा, "धन्य है प्रकृति! धन्य है यह सारा अस्तित्व! धन्य है माता दोरिंग चीजिंग!"

मंग्जंग के पुत्रों ने तानी कबीले के कई बच्चों को अपने विष से मार डाला। न्यीकुंग बरिंग की मदद से तानी ने उन सभी शैतानों का खात्मा किया।

एक ही बाँबी में रहनेवाले सारे-के-सारे सर्प हर बार जहरीले ही हों, ऐसा जरूरी नहीं है। साँपों की एक प्रजाति है—बरिंग जो जहरीली नहीं होती, लेकिन बरिंग प्रजाति के सर्प अन्य खतरनाक साँपों को निगल जाते हैं। जहाँ ये रहते

हैं, उसके आस-पास कोई जहरीला साँप नहीं आता। ये आदमी के घरों के आस-पास पाए जाते हैं।

आबोतानी ने मंग्जंग के जिस पुत्र को अपना पुत्र माना था, उसका नाम उन्होंने न्यीकुंग बरिंग रखा था। 'न्यी' अर्थात 'आदमी। 'कुंग' लगाने पर इसका अर्थ बनता है—आँखों से सम्बन्धित। वस्तुत: इसका अर्थ है—बहुत ही छोटी आँखें। आज भी इस नाम के साँपों के प्रति श्रद्धा का भाव दर्शाया जाता है।

पखिसोलो

आबोतानी का पुत्र कोजुम तालो दिन-ब-दिन धनवान होता जा रहा था। जंगल, पहाड़, नदी पर उसका अधिकार बढ़ता जा रहा था। सौन्दर्य उसके सामने पानी भरता था। शारीरिक शक्ति में उसका कोई सानी ही नहीं था। उसकी पत्नियाँ भिन्न-भिन्न रंगों के आभूषणों से सजने लगीं। मंग्जंग, सीकि और चिन्न के लोग उससे जलने-भुनने लगे और उनकी स्त्रियों की आँखों में कोजुम तालो की पत्नियों के रंग-बिरंगे आभूषण खटकने लगे। कोजुम की पत्नियों का मटक-मटक कर चलना उन्हें सहन नहीं होता था। कभी-कभी वे सोचतीं, "काश, हम भी कोजुम तालो की पत्नियाँ होतीं," फिर तुरन्त ही होश में आकर 'थुहू-थुहू' करके अपनी ही सोच पर थूकने लगतीं। अपने-अपने पति के सामने उनका गुस्सा उबलने लगता, "ऊह, निकम्मा, नामर्द कहीं का! पत्नी का आभूषणविहीन शरीर देखना अच्छा लगता है? थुहू!" शत्रु पर उनकी स्त्रियाँ रीझ रही थीं। क्या वे ये नहीं समझ रहे थे? इसका दर्द एक पुरुष ही समझ सकता है।

कोजुम तालो का दिन-रात वे पीछा करने लगे—बस, एक अच्छा मौका मिले उसे खत्म करने का। घासों के बीच, वृक्षों पर, मचानों पर वे घात लगाकर बैठने लगे। सतर्कता पहली शर्त थी, क्योंकि जरा-सी आहट हुई नहीं कि कोजुम के तीर उनके सिर के आर-पार हो जाते। आमने-सामने के युद्ध में भी वह माहिर था—लाठी चलाना, दाब चलाना—सभी में।

एक दिन कोजुम शिकार करने निकला। जंगल में शत्रु ने उसे चारों तरफ से घेर लिया। वह नितान्त अकेला, और शत्रु अनेक। उसने कई लोगों को धराशायी किया, लेकिन कब तक? विष बुझे तीरों ने उसे जमीन पर गिरा ही

दिया। शरीर का रंग विष के कारण बदलने लगा। उसका सुन्दर शरीर भयानक हो गया। मिथुन की खोज में निकले चाचा तापिन ने यह देख लिया। भाई तानी से मनमुटाव चलता रहता था, लेकिन अन्य शत्रु कबीले वालों से मिलकर ही लोहा लेते थे। उसने जाकर भाई को सब कुछ बता दिया।

आबोतानी ने शत्रु को छिपकर देखा—मंगजंग, सीकि, चुंग्त, पीरिया के लोग पखिसोलो (दावत) कर रहे थे। सब तानी-पुत्र कोजुम तालो की हत्या करके काफी खुश थे। ओप्पो नदी की तरह बह रही थी। मांस के बड़े-बड़े टुकड़े हाथों में पकड़कर खाते हुए वे नाच रहे थे। स्त्रियाँ दौड़-दौड़ कर भोजन-पानी का इन्तजाम कर रही थीं। पिता के रूप में तानी के लिए अपने युवा पुत्र को असमय मृत्यु की गोद में जाते देखना अत्यन्त पीड़ादायक रहा होगा।

आबोतानी लौट आए। उनके लोगों ने कहा, "हम खून का बदला खून से लेंगे! आप एक बार कहो, हम सब जाते हैं।" आबोतानी ने सबको रहस्यमय ढंग से समझाया। कोजुम की पत्नियों को खामोश रहने का इशारा किया। वे जानते थे उन्हें क्या करना है? उन्होंने दोरिंग चीजिंग और पत्नी हासांग बुलुंग के साथ मिलकर एक औषधि तैयार की। वह विषैले शरीर को विष-मुक्त कर सकती थी।

अब आबोतानी ने हर दिन घर में गीली लकड़ियाँ जलानी शुरू कर दीं। धुआँ आसमान में लहराने लगा। हर कोई हैरान था। खबर फैल गई। लोग आ-आकर देखने लगे। कई दिनों तक यह चलता रहा। शत्रु पक्ष के लोग बहुत ही शंकित और परेशान होने लगे।

"अब क्या आसमान पर भी उसी का राज होगा?"

"कहीं ऐसा तो नहीं कि कोजुम मरा ही नहीं हो?"

"मूर्ख, हमने अपने जहर से उसको मार डाला था! उसको लाश में बदलते देखा था।"

"हाँ, लेकिन हमने उसे दफनाया तो नहीं था न!"

"जानवर खा गए होंगे।"

"तो फिर तानी मातम क्यों नहीं मना रहा? किसी के भी रोने-धोने की आवाज क्यों नहीं आ रही?"

"हो न हो, कोई बात जरूर है! चलो, तापिन से पूछते हैं। वह अपने ही भाई का शत्रु है।"

"अरे, देखो उधर! जिसका नाम लिया वह तुरन्त हाजिर! वह देखो, तापिन इस तरफ ही आ रहा है।"

"हैं! यह क्या हो रहा है?"

"मैं अपने खेतों की तरफ जा रहा था। आप लोगों को देख, इधर मुड़ गया। क्या हुआ आप लोगों को?" तापिन ने उनके नजदीक आते हुए कहा।

"कोजुम मर गया, लेकिन तानी के घर पर मातम का कोई चिह्न नहीं दिख रहा? लगता है आराम से 'इनयिन-होस्सी' (जंगली आलू) पकाकर खा रहे हैं।"

"नहीं-नहीं, वे मांस सुखा रहे हैं। एक बड़ा त्योहार मनाने की तैयारी कर रहे हैं।"

"त्योहार? तो कोजुम मरा नहीं?"

"नहीं तो! किसने कहा कोजुम मर गया?"

"...!" सब एक-दूसरे की तरफ देखने लगे।

"थुहू, थुहू तुम लोगों के मर्दानगी पर! बड़ी-बड़ी बातें करते थे। तुम जहरीले हो ही नहीं। तुम्हारी तरह ही तुम्हारा विष भी बेअसर है।" स्त्रियाँ मुँह बिचकाती हुई उन पर थूकने लगीं।

तापिन विषनाशक औषधि मिला ओप्पो लेकर आया था। सब कुछ योजना के अनुसार होता देख उसने सबको उसे पिला दिया। कहता भी जाता था, "मैं सबके दुःख को समझ सकता हूँ। मेरा भाई तानी शैतान है शैतान। वह मरे हुओं को भी फिर से जिन्दा कर सकता है। एक दिन मुझे उसकी हत्या करनी है। ओप्पो तो कभी भी बनाया जा सकता है। दुःख बाँटने का अवसर कम ही आता है।"

सब लोग बहुत ही उदास हो गए थे। सोचने-समझने की शक्ति मानो खत्म हो गई थी। अपना हाथ बढ़ाया और चुपचाप तापिन का दिया ओप्पो गटागट पीने लगे। मंग्जंग बिना पिए वहाँ से उदास होकर तुरन्त ही चला गया था। इस तरह विषैले शरीर सामान्य हो गए। लोगों के लिए खतरा कुछ टल गया। इसके बाद आबोतानी ने उन सभी से अनोखे ढंग से बदला लेने की तैयारी की।

इस कथा को इस तरह भी कहा जाता है—कोजुम तालो को विषैले साँपों ने मारा था। उनकी संख्या धरती पर बहुत अधिक हो गई थी। वे मनुष्य जाति के लिए बहुत खतरनाक हो गए थे। उन्होंने कई लोगों को मार दिया जिनमें कोजुम तालो भी था।

आबोतानी ने तापिन की मदद से वह चाल चली थी। साँपों को जब पता चला कि कोजुम तालो उनके विष से मरा ही नहीं तो उनको अपनी मूर्खता पर इतनी हँसी आई कि वे एक-दूसरे की तरफ देख-देख कर ठहाके लगाने लगे। और यह कहते हुए अपने-अपने जहर को फेंकने लगे, "थुहा! थुहा! साम सि ई?" अर्थात छि: छि: यह विष किसी काम का नहीं है। ऐसे विष को धारण करने से क्या फायदा?

उन्हीं में से एक साँप ने अपना विष यह कहते हुए नहीं फेंका, "बून्खिया-बूँग्या गोजाक काम देने नाया सुताने अर्थात छोटे-मोटे चूहों को मारकर खा जाने के काम तो कम-से-कम आएगा। इसलिए मैं तो नहीं फेंकूँगा।" कहते हैं, उसी साँप ने कुछ विष बचा लिये। इस तरह प्रकृति में सन्तुलन एक बार फिर स्थापित हो गया।

सोका सुनामाम

चिन्न[1] के बहुत कहने पर तानी ने उसकी दो पुत्रियों, निम्यो और निरियो से विवाह किया। इससे दोनों के बीच शत्रुता खत्म हो जाने की उम्मीद थी। तानी यही तो चाहते थे। इस तरह वे सम्बन्धी बन गए। चिन्न ने अपनी लड़कियों को बहुत समझा-बुझाकर ससुराल भेज दिया। लड़कियाँ सुन्दर और तेज-तर्रार थीं। वे सब समझ गईं। दोनों बहनों ने पति का भरोसा जीतने में कोई कसर नहीं छोड़ी।

एक दिन ससुर ने दामाद को अपने घर बुलवाया। खूब स्वागत-सत्कार किया। ससुर अपने रिश्ते को अधिक घनिष्ठ और सौहार्दपूर्ण बनाना चाहते थे; सो, उन्होंने एक योजना बनाई।

पहाड़ों में बहुत सारी छोटी-छोटी नदियाँ बहती रहती हैं। उनमें रहनेवाली मछलियाँ बहुत ही स्वादिष्ट हुआ करती हैं। इन छोटी नदियों के मार्ग को कुछ समय के लिए अन्य दिशा की तरफ मोड़ दिया जाता है। पत्थर, घास-फूस,

---

1. 'चिन्न' जहर को कहते हैं और राकाप कछुए को आबोतानी ने उन्हीं से सख्त सुरक्षा कवच बनाना सीखा था। युद्ध और शिकार के समय यह काम आता था। कहते हैं, चिन्न को सन्देह हो गया था कि आबोतानी राकाप का रूप धरकर आ सकता है, अत: उसने आबोतानी को कसकर पकड़ा था। वह उन्हें मसल देना चाहता था, लेकिन राकाप के वस्त्रों के कारण उसे लगा कि वह तानी नहीं, उसका ही पुत्र है और इस तरह आबोतानी बच गए।

इस कथा को प्रकृति के साथ मनुष्य की संघर्ष-गाथा के रूप में भी गाया जाता है। कछुआ जहर की सन्तान है, लेकिन उसी की मदद से जहर अर्थात उसके पिता को मारा भी जा सकता है।

लकड़ी आदि से उनके मार्ग को अवरुद्ध कर दिया जाता है। सूखी नदी में मछलियों के साथ-साथ कई तरह के झींगे, केकड़े आदि मिल जाते हैं। ऐसे में उन्हें बड़ी आसानी से पकड़ा जा सकता है। इस प्रक्रिया को—सुबुप बुनाम, बूमिंग बूत, बुरिबूत आदि नामों से जाना जाता है।

दामाद और ससुर दिन भर लगे रहे। काफी मछलियाँ, झींगे इत्यादि पकड़े। दोपहर को भूख लग आई। आग जलाई। बाँस के बोतलों में मछलियाँ, झींगे, केकड़े और चावल पकाया जाने लगा। ससुर दामाद को कभी पानी लाने, कभी लकड़ी लाने तो कभी जंगली साग तोड़ लाने को कहते। दामाद दौड़-दौड़कर उनकी आज्ञा का पालन कर रहा था, लेकिन अचानक उसने देखा कि ससुर की आँखों में एक खतरनाक भाव था। तानी सतर्क हो गए। वे समझ गए। कुछ लोग कभी नहीं बदल सकते। उन्होंने किसी तरह देख लिया था—ससुर कुछ बोतलों में अपने सिर के बालों में छिपाकर लाए गए जहर डाल रहे थे। अलाव को छोड़कर वह कहीं भी नहीं जा रहे थे मानो चिपक ही गए हों उससे।

तानी ने 'हुम्म' कहते हुए दोनों हाथों को अपने थूक से इस तरह मला, जैसे मक्खियाँ करती हैं और 'तामू' लकड़ियाँ इकट्ठी करने लगे। ये लकड़ियाँ जब जलती हैं तो 'छेक-पोक-छेक-पोक' करते हुए इतनी अधिक चिनगारियाँ छोड़ती हैं कि सामने बैठना मुश्किल हो जाता है। आमतौर पर इसका प्रयोग जलाने में नहीं किया जाता। तानी ने उस जल रहे अलाव में उन्हीं लकड़ियों को डाल दिया। वे तड़ातड़ चिनगारियाँ छोड़ने लगीं। सामने बैठा चिन्न 'एह-एह' कहते हुए दूर भाग खड़ा हुआ, लेकिन उसकी नजरें लगातार अलाव पर थीं।

"ससुर जी, ससुर जी देखो, कितनी बड़ी चील उड़ रही है। बहुत स्वादिष्ट होगी न," तानी ने आकाश की तरफ उँगली करते हुए कहा।

"ऐसे वक्त कोई चील आसमान में नहीं उड़ती," ससुर ने अलाव पर ही लगातार नजरें गड़ाते हुए कहा।

एक 'कूर' तानी के ठीक पैरों के पास आया। यह गिलहरीनुमा जीव होता है, जो जमीन के अन्दर मिट्टी को चीरते हुए उलटा चलता रहता है। तानी ने मौका पाकर उसे अपने पैरों से चिन्न की तरफ मोड़ दिया। उसका ध्यान

भटक गया। वह उसे पकड़ने का प्रयास करने लगा। इधर तानी ने पलक झपकते उन बोतलों को अदल-बदल कर दिया। चिन्न भी समझ गया, लेकिन प्रकट में कैसे इसे स्वीकार करे कि वह अपने दामाद की हत्या करना चाहता है?

यह तो पक्का हो गया कि दोनों अब भी एक-दूसरे के शत्रु ही हैं... एक-दूसरे के लिए खतरा हैं, लेकिन इस बात को भाषा में कैसे प्रकट करें? तानी ने कहा, "आत्त चिन्न (ससुर जी), चलो अव भोजन कर लिया जाए।" चिन्न जहरीली मछलियों की हड्डियों को भी खूब चबा-चबा कर खाने लगा, "आह, हड्डी भी छोड़ने लायक नहीं है। कितनी स्वादिष्ट हैं!"

दरअसल चिन्न ने कई तरह के जहरों से अपने शरीर को ही जहरीला कर लिया था। इसीलिए किसी भी तरह के जहर का उस पर कोई असर नहीं होता था। बेबस तानी की तरफ देखते हुए कहने लगा, "माब तेन, सोका सुनामाम होगुअ!"—माब (दामाद) तानी, मजाक करके देखा था। जहर होता तो मैं मर नहीं जाता? तुमने बोतलों का अदल-बदल कर दिया था न? डरपोक कहीं का! देखो हम ससुर-दामाद हैं, मजाक चलते रहना चाहिए।"

दोनों वापस घर लौटने लगे। मार्ग में तानी ने कहा, "आत्त चिन्न, तुम्हारी तरफ से मजाक तो हो गया। अब मेरे साथ एक खेल खेलो। लम्बी कूद प्रतियोगिता करें?" इनकार कैसे करें! शंकित चिन्न ने सतर्क होते हुए 'हाँ' में सिर हिलाते हुए कहा, "पहले तुम कूदो!" तानी ने एक लम्बी कूद ली और पलक झपकते ही जमीन में एक नुकीली, तेजधार वाली डंडी गाड़ दी। "आत्त चिन्न, अब आपकी बारी है।"

चिन्न कूदने लगा। जमीन छूते ही उसके एड़ी में वह खतरनाक डंडी खच्चाक से धँस गई। रक्त का फव्वारा फूट निकला। मौका पाकर तानी ने उसके शरीर के अन्य हिस्सों में भी नुकीली डंडियाँ घुसा दीं, जहाँ से रक्त नदियों की तरह बह निकला। आस-पास के घास-फूस भी उस विषैले रक्त से विषाक्त होकर मुरझाने लगे। रक्त का प्रवाह रुकने का नाम नहीं ले रहा था। चिन्न धीरे-धीरे मर रहा था। कराहते हुए उसने कहा, "तानी, तुम मेरे दामाद हो...मुझे क्षमा कर देना! मेरी अन्तिम इच्छा पूरी कर दो। जाओ, तुरन्त जाकर

मेरे ज्येष्ठ पुत्र राकाप को बुला लाओ। अन्तिम संस्कार के लिए मेरी लाश उसी के कन्धे पर रखकर कब्र तक ले जाया जाए।"

तानी राकाप के पास हवा के वेग से पहुँच गए। राकाप की आँखों में तानी के प्रति शंका थी। उनमें मौत चमकने लगी। तानी को यह भाँपते देर नहीं लगी। उन्होंने बीच मार्ग में ही राकाप को भी काम तमाम कर दिया। उसके कपड़ों को पहनकर वह चिन्न के पास पहुँचे।

मरणासन्न चिन्न की नजर अब तक धुँधली हो गई थी। वह स्पष्ट नहीं देख पा रहा था। अपने पुत्र के कपड़ों का रंग उसे कुछ हल्का-हल्का दिखाई दिया। उसने उसे छूकर देखा। वह राकाप ही था।

"पिताजी, यह किसका दुस्साहस था? जल्दी बताइए, मैं उसका रक्त पी जाऊँगा!" तानी ने राकाप की आवाज में कहा।

"आह, गंग्रियंग (बदमाश) तानी की करतूत है यह। इधर ला अपना कान मेरे मुँह के पास।" राकाप ने वैसा ही क्या।

"उसे जिन्दा नहीं छोड़ सकते मेरे पुत्र। दामाद बनाकर उसका भरोसा जीतना था हमें। नहीं तो उसे खत्म करना असम्भव था, लेकिन आज... आह, आज मैं ही मर रहा हूँ। मेरी सारी सन्तानों से यह कह दो कि यह शत्रुता पीढ़ी-दर-पीढ़ी चलती रहे!" उसने राकाप को अपने करीब खींचकर फुसफुसाते हुए कहा।

"किस उपाय से उसे खत्म कर सकता हूँ, पिताजी?"

"यह तुमसे न होगा। वह बहुत ही तेज है।"

"तो क्या करें?"

"मेरे मृत शरीर को उसके लापांग (घर के आस-पास) में ही गाड़ देना।"

"इससे क्या होगा?"

"सारे पेड़-पौधों को जहर से भर दूँगा। उसके वंश का नामोनिशान मिटा दूँगा।" यह कहते ही उसने दम तोड़ दिया।

ससुर के शव को कन्धे पर लादकर आबोतानी तामिंग-तालो, दीदा-लरा नामक ऊँचे बर्फीली पहाड़ों की तरफ चढ़ने लगे, जहाँ जीवन नहीं पनपता। वेदना, क्रोध, पश्चात्ताप, दया आदि मिश्रित भावों से भरे वह मार्ग में अपने

पूर्वजों का स्मरण करते, दृश्य-अदृश्य सभी को पुकारते, क्षमा माँगते, शक्ति माँगते और अपने को प्रकृति का अंग मानते, 'ऊद'[1] गीत गाते हुए जा रहे थे।

उनके सीने में जो दर्द था—वह 'सा-सल' अर्थात गहरी झील की तरह अथाह था। वह आकाश नापने जैसा था। उनकी आँसुओं से ही झील बनी। वह जोर-जोर से चिल्लाकर रोए, उनकी आवाज पहाड़ों से टकराकर वापस उन्हीं के पास लौट-लौट आई। जहाँ-जहाँ से वह गुजरे, चिन्न का विषैला रक्त गिरता गया। कई जीव-जन्तु मरते गए।

कहते हैं, इसी कारण कई पेड़-पौधों में भी जहर पहुँच गया और वे विषैले हो गए। प्रकृति में जो कुछ भी मिलता है, वह सब खाद्य नहीं है। मिथुन जिन-जिन पेड़-पौधों को खाते हैं, उन्हीं को मनुष्य भी खा सकते हैं। इसी कारण कहा जाता है कि मिथुन हमारी बड़ी बहन है। वह मार्ग तैयार करती है। हमारी रक्षा करती है।

आज भी अधिकतर विषैले पौधे बर्फीले स्थानों में ही पाए जाते हैं।

---

1. 'ऊद' पुरुषों द्वारा गाया जानेवाला गीत है। विषय, अवसर आदि के अनुसार अपने हृदय के उद्‌गारों अथवा सृष्टि-रचना पर आधारित ज्ञान को मनचाहे शब्दों द्वारा गाया जाता है। गाने का ढंग समान होता है, लेकिन हर गायक का शब्द उसके अनुसार होता है। 'ऊद' न्यीसी लोगों का शब्द है, लेकिन इसी तरह के गीत सभी समुदायों में अपने-अपने ढंग से मौजूद हैं।

आत्त सीकि—आई होमा

कहा जाता है कि सीकि के लोग लम्बी पूँछों वाले होते थे। यह पूँछ बेंत की बारीक रस्सियों से बुनी होती थी और तामीन नामक पौधों से बने लाल रंगों से रँग दी जाती थी। इसे कमर में गोल-गोल बाँधा जाता था और पीछे लम्बी पूँछ लटकती रहती थी। यह उनकी शान और इज्जत हुआ करती थी। एक बार पहन लिया तो जीवन भर पहने रखना पड़ता था। यदि कभी उतारना होता तो अनुष्ठान वगैरह करना होता था। संख्या के हिसाब से यह बहुत बड़ा कबीला था। इनके और आबोतानी के पूर्वज एक ही थे।

सीकि की पुत्री यादुम और तानी ने प्रेम विवाह किया। यादुम की छोटी बहन यारियो अपने-आप ही भागकर तानी के पास आई और वह भी उनकी पत्नी बन गई। सीकि के लोगों ने सोचा, तानी में ऐसा क्या है जिससे आकर्षित होकर लड़कियाँ अपने-आप ही भागकर उससे विवाह कर लेती हैं? वे तानी से बहुत जलने-भुनने लगे। उन्होंने उन्हें खत्म करने का निश्चय किया।

तानी के ससुर आत्त सीकि ने माँगों का ताँता लगा दिया—कभी नर मिथुन चाहिए, कभी मादा; कभी बकरी, कभी बकरा; कभी सूअर, कभी सूअरी, यहाँ तक कि जमीनें भी दीं। ससुर कहते थे, "दो-दो लड़कियाँ दी हैं! उसी का वंश बढ़ेगा। कम क्यों लूँ?" उनकी माँगों को पूरा करने में आबोतानी की साँस फूलने लगी। ले-देकर मादा मिथुन सन्न यानिया ही बच गई।

अपनी लड़कियों के कारण सीकि दिन-ब-दिन धनवान होते जा रहे थे और तानी गरीब-से-गरीब। तानी ने सोचा, 'यानिया और बच्चे जनेगी। सब ठीक हो जाएगा!' लेकिन ससुर ने अब यानिया की माँग शुरू कर दी। "यह तो पक्का

षड्यंत्र लगता है। ऐसा नहीं होने दूँगा मैं," तानी ने सोचा।

एक कहावत है—'सुदुम न्युरुंग दोनिये कापिक मादन'—हिरण के कानों से सूर्य की किरणें आर-पार नहीं दिखतीं। इसका भावार्थ है—बुद्धिमान मनुष्यों के मन को पढ़ पाना आसान नहीं होता।

जंगल से गले में रस्सी बाँधकर सन्न यानिया को लाया गया। कई लोगों की मदद से वह पकड़ में आई थी। एक आदमी उसे खींचकर नहीं ले जा सकता था। वह बिलकुल जंगली थी—आजाद, सुन्दर, प्राकृतिक। तानी की एक आवाज से दौड़कर आ जानेवाली। पत्नियों ने भी देखा, उनके पिता को कितना कुछ दिया जा रहा है। वे तानी के प्रति सहानुभूति से भर गईं।

"इसे कैसे ले जाऊँ तानी? यह तो बहुत ही मोटी-तगड़ी है।" सीकि ने सन्न यानिया की तरफ इशारा करते हुए पूछा।

"यह तो बहुत ही आसान है। रस्सी का एक सिरा इसके गले में बाँध दीजिए और दूसरा सिरा अपनी कमर में। मैं ऐसा ही करता हूँ, जब अकेला इसे ले जाना होता है। यह आगे-आगे और मैं पीछे-पीछे। आपको इसे खींचकर ले जाने की जरूरत ही नहीं। यह आपको ले जाएगी। आप रस्सी को हल्के-से खींचकर सिर्फ इशारा कर देना कि किस तरफ जाना है। मेरी यानिया बहुत ही समझदार है।" तानी ने यानिया के बालों पर अपना हाथ प्यार से फेरते हुए कहा।

सीकि ने ठीक वैसा ही किया। चलने लगे—यानिया आगे-आगे, वह पीछे-पीछे। तानी कुछ दूरी तक उनके साथ चलते हुए आए। उन्होंने आँख बचाकर यानिया की पूँछ को जोर से मरोड़ दिया। यानिया दौड़ने लगी...क्या जंगल, क्या काँटेदार झाड़ियाँ—वह कुछ भी देखे बिना दौड़े जा रही थी, जैसे नदी में मछलियाँ तैरती हैं। पीछे सीकि का बुरा हाल था। किसी पुतले की तरह घिसटते-उछलते, ठोकर खाते खिंचते जा रहे थे। उन्होंने किसी तरह कमर में बँधी रस्सी को खोला और यानिया से अलग हुए। बदमाश यानिया जंगल वापस भाग गई। जंगली, जाहिल कहीं की! थुहू!

खैर, लहूलुहान, अनगिनत जोंकों से चिपके शरीर को लिये सीकि जैसे-तैसे करके रेंगते हुए अपने घर जाने लगे।

फूलकर बन्द हो गईं आँखें, टूटी हड्डियाँ, थकान से चूर। साँस लेना दूभर

हो गया। पूरे शरीर में दर्द ने अपना डेरा जमा लिया। मौसम सर्दियों का हो, तो दर्द ज्यादा ही मारक हो जाता है। पत्नियाँ अलाव पर लकड़ियाँ डाल-डाल कर आग को बुझने नहीं दे रही थीं। आग के सामने लेटकर सीकि धीरे-धीरे बुदबुदा रहे थे, "सीकि से किदुम यादुम, किरियो यारियो निकलीं—वे मेरा नहीं, तानी का ही वंश बढ़ाएँगी। पैदा करने और पालने के बदले ही तो कीमत माँगी थी। और यह सजा मिली मुझको? यानिया ने घसीट-घसीट कर मेरे शरीर का बुरा हाल कर दिया। दामाद जी, तेरा भी एक दिन यही हाल करूँगा!"

सामने एक पत्नी चुपचाप मड़ुआ तल रही थी। उसका चेहरा भावहीन था। सीकि को गुस्सा आ गया। पति दर्द से तड़प रहा है और यह बेफिक्र बैठी है! हृदयहीन औरत! उन्होंने चिमटा उसकी तरफ फेंक दिया। पत्नी तो बच गई, लेकिन झटके से अपना ही शरीर दर्द से और चिलक उठा। वह 'अईया कलह, आन्ने दोनिया—आह माता सूरज' कहते हुए सिकुड़ने लगे।

कई महीनों बाद सीकि स्वस्थ हो गए। वे फिर अपने पुत्र कीबू के साथ दामाद के यहाँ पहुँचे। कहने लगे, "मेरी गलती थी। इतनी माँगें अच्छी बात नहीं है। मैं समझ गया हूँ। क्षमा कर दो, ऐसी गलती फिर नहीं होगी।" तानी सोच में पड़ गए। कुछ क्षण बाद उन्होंने कहा, "अच्छा, कैसे मान लूँ कि आप सच बोल रहे हो?" सीकि ने उनके कन्धे पर हाथ रखते हुए कहा, "ठीक है, तुम एक बार मेरे घर चलो। मैं दिखा दूँगा कि अपने दामाद से कितना प्रेम करता हूँ? भरोसा करो। मैं तुम्हारा ससुर हूँ, कोई गैर नहीं।"

यादुम और यारियो भी तानी को प्यार से मनाने लगीं, "मान जाओ न! पिताजी इतने बुरे भी नहीं हैं।"

इतने बुरे भी नहीं? इसका क्या मतलब है? यादुम और यारियो अपने पिता को बुरा समझती हैं? ओह, विवाह के बाद ये औरतें अपने ही माँ-बाप के किस तरह खिलाफ हो जाती हैं? सीकि को अच्छा नहीं लगा, लेकिन उन्होंने यह प्रकट होने नहीं दिया। सीकि और कीबू की आँखें मिलीं। दोनों एक-दूसरे की मंशा समझ गए। इधर तानी मन्द-मन्द मुस्कुरा रहे थे।

दामाद, ससुर और साला चलने लगे। दूर की यात्रा थी। कई छोटी-बड़ी नदियाँ, घुमाव, उतार-चढ़ाव मार्ग में मिले। एक बहुत बड़ी, लम्बी झील

आई—स्वच्छ, शान्त, विस्तृत। उसकी गहराई का पता लगाया नहीं जा सकता था। उसके चारों ओर कँटीली झाड़ियाँ थीं। काले, नीले, पीले, लाल इत्यादि रंगों के विषैले सर्पों और मगरमच्छों का बसेरा थी वह झील।

उस झील के किनारे एक बड़े वृक्ष के नीचे बैठते हुए सीकि ने तानी से कहा, "माब तेन (दामाद जी), भोजन यहीं कर लेते हैं!" भोजन के बाद सीकि ने कहा, "माब तेन, यह स्थान अनोखा है। इधर कूदने का आनन्द ही कुछ और होता है। इधर लोग एक अनोखा खेल खेलते हैं—एक-दूसरे की पूँछों को पकड़कर कूदने का। वह देखते हो? उस तरफ? झील के दोनों किनारों की दूरी अधिक नहीं है। चलो, इस पार से उस पार कूदकर देखते हैं!"

वे झील के किनारे उस जगह पहुँच गए, जहाँ आर-पार सबसे कम दूरी थी। कीबू ने तपाक-से कहा, "पिताजी, अपनी उम्र तो देखो! खेल-कूद तो जवानों का काम है। मैं और माब तानी यह प्रतियोगिता करेंगे।" तानी भी मान गए। उन्होंने कहा, "आत्त कीबू, तुम पहले कूदो! मैं देखता हूँ यह कैसा खेल है?" कीबू ने कहा, "हाँ-हाँ, क्यों नहीं! तुम मेरी पूँछ को पकड़ो। मैं कूदता हूँ। जहाँ तुम गिरे, हार तुम्हारी।" तानी ने उसकी पूँछ को मजबूती से पकड़ लिया।

सीकि पुत्र कीबू इस पार से उस पार, उस पार से इस पार कूदने लगा। किसी तरह वह तानी को झील में गिराना चाहता था। तानी थे कि उसकी पूँछ को इस तरह पकड़ रखा था, मानो उसी के साथ जन्मे हों।

कई मगरमच्छ मुँह खोले इधर से उधर, उधर से इधर तैरने लगे। तानी के पाँव उन्हें छूकर गुजर जाते थे। कीबू ने बहुत कोशिश की तानी को गिराने की, लेकिन वे उसकी पूँछ से चिपके ही रहे। कीबू थक गया। उसने मन-ही-मन सोचा, "माब तेन नाम मला जीराम के!"—तानी तुझे पराजित करना मेरे बस की बात नहीं है!" उसने वृक्ष के नीचे ढेर होते हुए कहा, "अईया माब तेन! छोड़ो मेरी पूँछ! मेरा पेट फटनेवाला है!" उसकी साँसें फूल रही थीं। तानी ने कहा, "अहा, बहुत ही आनन्द आया! अब मेरी बारी होगी न? मेरी तो पूँछ ही नहीं है। अभी बना लेता हूँ," यह कहते हुए वह सामने के जंगल में घुस गए।

तानी ने 'दोयिक' नामक लम्बे पत्तों को तोड़ा। उसकी रस्सी बनाई। कमर पर बाँधते हुए पीछे पूँछ लटका ली। यह पत्ता इतना मजबूत नहीं होता कि एक

आदमी इसमें लटक सके। तानी ने उसे छिपाने के लिए उसके ऊपर बेंत की रस्सियाँ लपेट दीं जो आधी कटी हुई थीं। वे कभी भी टूट सकती थीं, लेकिन इस तरह लपेट रखा था कि कटे हुए भाग न दिखें।

इसके बाद आबोतानी कीबू के पास आए और कहने लगे, "चलो आत्त कीबू! बहुत आराम कर लिए। मेरी पूँछ बहुत ही मजबूत है।" कीबू और सीकि ने देखा, बात तो सही ही थी। बहुत मोटी-तगड़ी, मजबूत पूँछ थी।

कूद शुरू हुई। कीबू ने तानी की पूँछ पकड़ ली। इधर से उधर, उधर से इधर कूदने लगे। एक बार, दो बार और तीसरी बार में 'प-अक्क' करके पूँछ टूट गई। कीबू झील के किनारे कीचड़ में गिर गया।

"गनीमत है, तानी ने उसे झील में नहीं गिराया। नहीं तो उसका खेल खत्म ही था। रस्सी तो मजबूत ही लग रही थी! गंग्रियंग तानी को शक हो गया है! अब सावधानी से चलना होगा," सीकि ने सोचा। उसकी तो धड़कन ही रुक गई थी। प्राण मानो निकल गए थे।

"कोई बात नहीं," कहते हुए कीचड़ से सना कीबू बाहर आ गया।

तानी चुपचाप खड़े रहे। वे अपनी चतुराई से सीकि और कीबू की साजिश को नाकाम कर चुके थे।

ताकि

ताकि अर्थात अदरक का बड़ा ही महत्त्व है। इसका उपयोग खाने के साथ-साथ सभी शुभ अवसरों में किया जाता है। धनकटनी के वक्त इसकी चटनी अनिवार्य रिवाज के तौर पर खाई जाती है। इसके लम्बे-लम्बे पत्तों को घर और गोदाम के भीतर वाली दीवारों पर लटकाया जाता है। लम्बे बालों को जिस तरह स्त्रियाँ वेणी बनाकर रखती हैं, ठीक उसी तरह इनके लम्बे पत्तों को गूँथकर लटकाया जाता है। उसके ऊपर चावल के चूर्ण को भिगोकर छिड़का जाता है। इसकी खुशबू मन-मस्तिष्क को शुद्ध कर देती है। इसके हरे-हरे, लम्बे-लम्बे पत्ते घर में आनन्द का भाव उत्पन्न करते हैं। यह स्त्रियोचित शक्ति का भी प्रतीक है।

गाँव वाले कहते हैं—इससे शान्तिदायक भाव उत्पन्न होता है। कहा जाता है, आबोतानी धान के बीजों के साथ ताकि को भी लाए थे, अत: इसका महत्त्व है। इसे धान के ऊपर भी रखा जाता है। ऐसा माना जाता है कि इससे कीड़े धान पर हमला नहीं कर पाते। यह पूर्वजों के प्रति श्रद्धा का प्रतीक भी है। शादी-विवाह और पूजा-पाठ के अवसरों पर इसका अनिवार्य तौर पर उपयोग किया जाता है। जब इसके पत्ते सूख जाते हैं तो इसका उपयोग छोटी-मोटी चीजों को बाँधने वाली रस्सी बनाने में भी किया जाता है। हर घर के बागान में आवश्यक रूप से अदरक को बोया जाता है।

चूल्हे के ऊपर 'राब्ख्या' लटकता रहता है। लकड़ियों से बने इस राब्ख्या में धान, मड़ुआ, मांस, मिर्ची इत्यादि को सुखाया जाता है। इसके नीचे आग जलती रहती है। राब्ख्या के चारों कोनों में बेंत की रस्सियों से बुनी गई छोटी-

छोटी टोकरीनुमा थैलियाँ लटकती रहती हैं, जिन्हें 'चूहा' कहा जाता है। इन थैलियों में चूल्हे-चौकियों में काम आनेवाली अनिवार्य चीजों को रखा जाता है। आज भी गाँव में इनमें अदरक तो होता ही है।

एक बार तानी अपने ससुराल पहुँचे। उन्हें देखते ही ससुर सीकि का शातिर स्वभाव सक्रिय हो उठा। सीकि ने चूहा में विषाक्त अदरक रख दिए। अपने दामाद को चूल्हे के एक ओर ही बैठने को कहा। कहीं भी वे बैठ सकते थे। इस स्थान पर ही क्यों? खैर, भोजन का समय आया; ससुर बार-बार कहते, "माब तेन, ताकि दत्तो! चूहा ते दोपा ला।" "—दामाद तानी, अदरक खाओ न। चूहा में है न।"

सीकि अदरक खाने के लिए इतना जोर किसलिए दे रहे हैं? हो-न-हो, कोई बात जरूर है। तानी को समझते देर नहीं लगी। उन्होंने मौका निकालकर अपने सिर के सामने लटक रहे चूहा के अदरकों को ससुर के सामनेवाले चूहा में रख दिया।

भोजन के बाद सास ने ओप्पो परोस दिया। दोनों पीने लगे। सीकि की आदत थी—ओप्पो के साथ ताकि खाने की। उसका हाथ स्वत: ही बार-बार चूहा पर चला जाता था। "आई, ओप्पो लगाव ताकि सी द्न्गाम लोदा—अहा, ताकि के साथ ओप्पो का स्वाद कैसा बढ़ जाता है?" यह कहते हुए सीकि सारे अदरक खा गए।

सूरज धीरे-धीरे साँझ की तरफ जाने लगा। ससुर सीकि के पेट में हुड़दंग मचने लगा। तूफान आने को था। बिजली की जोरदार कड़क की तरह पोक-पोक-पोक, फुस्स-फुस्स, पीं-पीं, पु-पु करके दनादन पाद निकलने लगे। आसपास बैठे लोग 'इनिया-इनिया'—छी-छी—करते हुए उससे दूर भागने लगे। ससुर शर्म से लाल हुए जा रहे थे। दामाद के सामने पादना! उफ! कितनी शर्मनाक बात थी?

सीकि के पेट में जबर्दस्त दर्द होने लगा। ओह-ओह, सहा नहीं जाता! थोड़ी देर बाद वे बार-बार पाखाने की तरफ दौड़ने लगे। रात होते-होते उन्हें इतनी कमजोरी हो गई कि अब एक कदम उठा नहीं जा रहा था। सहारा देते-देते पत्नियाँ भी परेशान हो गईं। हालत यह हो गई कि वे पाखाने में ही बैठ

गए। रात भर वहीं जमे रहे। बीच-बीच में झपकियाँ आ जातीं, तो पेट किसी जंगली डाकू की तरह दनादन गोलियाँ दागने लगता! "अई...या क-लह! आने दोनिया—आह, माता सूरज—कहते हुए वह फिर मल त्यागने लगते। "आह, ऐसा दर्द पहले कभी नहीं हुआ। मैं तो गया अब। माब तानी, जिन्दा रहा तो तुझे छोड़ूँगा नहीं। मेरा हथियार मुझी पर आजमाते हो!"

पेट जिस तरह अपना काम कर रहा था, उस हिसाब से तो उसे सिकुड़कर बहुत ही छोटा हो जाना चाहिए था, लेकिन यह क्या, पेट तो बाहर की तरफ निकल रहा था। वह फूल रहा था। ऊपर से ऐसा लगता था मानो आँतें ऐंठ कर बाहर निकल जाएँगी। शरीर कंकाल हो गया। आँखें अन्दर धँस गईं। हड्डियाँ यहाँ-वहाँ से झाँकने लगीं। सीकि अधमरे हो गए।

सुबह गाँव वाले आए। एक ने सीकि का फूला पेट देखकर हैरत से कहा, "आने दोनिया! यह तो अनहोनी हो गई! एक पुरुष गर्भवती हो गया?" इस पर क्रोधित सीकि ने उसकी तरफ चिमटा फेंक दिया। वह बच-बचाकर निकल गया।

सीकि ने कई तरह की औषधियाँ खाईं, लेकिन सब बेअसर। तानी का ध्यान ससुर पर था। सास-ससुर चाहे जैसे हों, उन्हें यूँ ही मरने के लिए नहीं छोड़ सकते थे।

अब ससुर उल्टियाँ भी करने लगे। लगता था, उनके पेट के अन्दर कोई जीव लगातार ऊपर-नीचे, ऊपर-नीचे उछल-कूद रहा है। "अईया, कलह आने दोनिया," कहते हुए वह पेट को पकड़कर रोने लगे। लगता था, अँतड़ियाँ अब बाहर निकलीं कि तब बाहर निकलीं।

दुबली-पतली, छोटी, नाटी-सी दोजंग लई नामक एक स्त्री पुजारन बुलाई गई। वह माहिर थी। तानी को जानती थी। वह उनकी करामात को समझ गई। तानी तो मायाजाल रचने में माहिर थे। यह समझते हुए पुजारन ने पूर्वजों का स्मरण किया। तानी को इशारों से समझाया। रिश्तेदारी का हवाला दिया। वंश गणना करते हुए तानी और सीकि को भाई-भाई साबित किया।

अन्त में उसने हरी घास को सीकि की तरफ करते हुए फूँक मारी और कहा, "तुम ठीक हो गए। देखो, तुम्हारे शरीर से शैतान मक्खी बनकर बाहर

निकल गया है!" सीकि ने चैन की साँस ली। वह ठीक हो गया। उसने तानी की तरफ घृणा से देखते हुए सोचा, "तानी को कोई नहीं हरा सकता, लेकिन मैं कोशिश करता रहूँगा।"

बोबी बिनाम

उईयु अर्थात शत्रु लगातार आबोतानी का पीछा करते रहते थे। वे किसी भी तरह उन्हें खत्म करना चाहते थे। चुन्त, पीरिया, पोम्त, लोम, सीकि—सब-के-सब एकजुट हो गए थे। तानी कबीला दिन-ब-दिन बढ़ता जा रहा था। कई छोटे-छोटे कबीले वाले तानी वंश में शामिल हो रहे थे। यदि वे रेत-कणों की तरह बढ़ते गए तो उईयु का क्या होगा? बहुसंख्यक कबीलों की शक्ति से सब चिन्तित थे। कहाँ तानी एक छोटा-सा कबीला था, और अब बढ़ता ही जा रहा है। उसे रोकना ही होगा।

एक पहाड़ी जंगल था जहाँ दूर तक फैली एक गहरी झील थी। यह आबोतानी का मनपसन्द स्थान था। वे वहाँ अक्सर जाया करते थे। एक दिन तानी जब वहाँ पहुँचे तो देखा कि झील के किनारे खड़े एक विशालकाय ऊँचे पेड़ की शाखा पर लम्बा बोबी (झूला)[1] लगा हुआ था। उईयु लोग उस पर बारी-बारी से झूल रहे थे—झील के इस पार से उस पार, उस पार से इस पार तक। वे कहते भी जाते थे, "वाह, वाह! यहाँ से दोंयी तानी के जंगल, नदी, पहाड़, खेत कितने सुन्दर दिख रहे हैं!"

आबोतानी ने झाड़ियों में छिपकर यह दृश्य देखा तो उनका मन मचलने लगा। मन कहने लगा—अरे ये लोग शत्रु हैं! कोई चाल चल रहे होंगे। नहीं-नहीं, क्या पता वे सच कह रहे हों। अन्त में चंचल तानी झाड़ियों से बाहर आ

1. तानी लोग अगर जब कभी सपने में झूला झूलना देखते हैं तो लोग मानते हैं कि यह किसी बड़ी मुसीबत के आने का संकेत है।

ही गए। उसे देख उईयु कहने लगे, "हम भाई-भाई हैं। इतने भी बुरे नहीं हैं। तुम्हें कोई हानि नहीं पहुँचाएँगे। झूलकर तो देखो तुम भी। तुम्हारे जंगल, नदी, पहाड़ यहाँ से कितने सुन्दर दिखते हैं?"

अब तानी झूले पर थे। कुछ लोग ऊपर पेड़ पर पहले से थे। वे कह रहे थे, "तानी, डरना मत! हम इस रस्सी को टूटने नहीं देंगे। आखिर इतना तो तुम्हारे लिए हम कर ही सकते हैं।" इधर नीचे कई लोग खड़े थे। वे झूले को खींचकर बहुत पीछे ले गए और आगे की तरफ जोर-से धक्का देते हुए छोड़ दिया।

झूला झील के इस पार से उस पार, उस पार से इस पार आने-जाने लगा। तानी को अपने जंगल, पहाड़, खेत कहीं दिख नहीं रहे थे। कुछ समझ पाते, इसके पहले ही उईयु ने लम्बे बाँसों की मदद से झूले को ठीक झील के बीचोबीच रोक दिया। नीचे अनगिनत मगरमच्छ मुँह फाड़े तानी को अपना भोजन बनाने के लिए तैयार थे।

झूले पर तानी जरा-सा भी हिलते तो ऊपर वृक्ष पर बैठे लोग रस्सी को काट गिराने को तैयार थे। वे कह रहे थे—सारे जंगल, नदी, पहाड़ पर हमारा अधिकार स्वीकार करो और अपने कबीले वालों को लेकर अन्य स्थानों पर चले जाओ। नहीं तो तुम्हारी सारी सन्तानों और कबीले वालों को मौत के घाट उतार दिया जाएगा और तेरी पत्नियों को हम दासियाँ बना लेंगे।

तानी समुदाय के लोग अपने पूर्वज की इस स्थिति के बारे में कहते हैं—'तानी छीमा बिलंग न्याम बिगे पाकु'—तानी ने पीड़ा के न रुकनेवाले अन्तहीन झूले में अपने साथ तानी वंश को भी झुलाया। इसे इस तरह भी कहा जाता है—'तानी कु गे जीलो-बुलो ह सा गलो ते बोबी बिदु कुनुम युकेह अर्थात तानी वंश का वह ज्ञानी सन्तान, जो अपने वंश की आँख था—उस वक्त स्वयं अपनी चंचलता के कारण गहरी झील के बीचोबीच दुःख और दर्द के झूले में झूलने लगा। वह न आसमान में और न ही धरती पर था।

कहते हैं, बड़े भाई तापिन को हमेशा लगता था कि तानी चमत्कारी हैं। वह अपनी उसी शक्ति के बल पर ही शिकार किया करते हैं। उसी शक्ति के रहस्य को वह जानना चाहता था, इसलिए उनका पीछा करता रहता था। उस दिन भी इसी उद्देश्य से वह उस जंगल में तानी का पीछा कर रहा था, लेकिन

घट कुछ और गया। अपने वंश, अपनी जाति का सवाल था। आपसी रंजिश को ऐसे वक्त में परे रखा जाता है। उसने वापस जाकर बहन दोरिंग चीजिंग को सब कुछ बता दिया। दूसरे दिन दोरिंग चीजिंग सारे लोगों को लेकर वहाँ पहुँच गईं। सूर्य-चन्द्र, पेड़-पौधे, जमीन-आसमान, पशु-पक्षी, चर-अचर—सभी को साक्षी मानते हुए 'दापो' बनाया गया।

पतले पेड़ों को काटकर उसके टुकड़ों से दापो रूपी वेदी बनाई जाती है। बाँस को छील-छील कर उसे सजाया जाता है। यह एक तरह का प्रतीक चिह्न होता है, जिसे सब लोग प्रकृति की आँख मान लेते हैं। यह एक सीमा-रेखा होती है। न्याय का भी प्रतीक होता है। इस समय जो कुछ भी निर्णय लिया जाता है, उसका सम्मान किया जाना आवश्यक होता है। माना जाता है कि जो भी पक्ष पहले इसका उल्लंघन करेगा, प्रकृति अपने अनुसार उसका न्याय करेगी। उस प्रतीक पर पुजारी अपने पूर्वजों की आत्माओं का आह्वान करते हैं। सारी प्राकृतिक शक्तियों को उस पर स्थापित करते हैं। इसके बाद उसी के सामने संवाद शुरू किया जाता है।

एक-एक करके दोनों पक्ष के लोग बोलने लगे। दो दिन, तीन दिन, चार दिन, पाँच दिन, छह दिन—यह सिलसिला चलता रहा। बीच-बीच में गाली-गलौच और मार-पीट की नौबत भी आई, लेकिन बुजुर्गों ने माहौल को बिगड़ने नहीं दिया। मन में छिपी सारी अच्छी-बुरी बातें निकाल दी गईं।

जब सब शान्त हुए तो दोरिंग चीजिंग ने अपनी बातें शुरू कीं—जिमी-जमा से किस तरह सब जन्मे? किस तरह एक ही सूरज की सन्तान हैं सब? सूरज किस तरह देखता रहता है? जल, वायु, मिट्टी, पत्थर इत्यादि कैसे अस्तित्व में आए? मौन खड़े पेड़-पौधे किस तरह सब कुछ सुनते और देखते हैं? सूखी लकड़ियाँ किस तरह साक्षी बनती हैं? घर के सारे खम्भे, दर-ओ-दीवार कैसे सुनते और सजा देते हैं, और उनकी आह किस तरह मनुष्य को लगती है... इत्यादि। दोरिंग चीजिंग ने अन्त में साबित किया कि सभी चर-अचर भाई-भाई हैं। इसलिए शत्रुता का अन्त इसी बात पर होना चाहिए।

जल, जंगल और जमीन का बँटवारा हुआ। हर एक कबीले के लिए एक सीमा-रेखा तय की गई। ज्ञान और धैर्य की उस माता ने जंगल को शान्तिमय

बनने में अपना महत्त्वपूर्ण कर्तव्य निभाया। आज भी पुजारी पूजा के आरम्भ में दोरिंग चीजिंग का आह्वान करते हैं और उनमें मार्गदर्शन करने का अनुरोध करते हैं। उन्हें ऊँचे स्थान पर विराजमान माना गया है। इसलिए उन्हें 'चीत-दोत्त' अर्थात आकाशीय प्राणी भी कहा जाता है।

[कुछ लोग कहते हैं कि आबोतानी दूसरे के विचार पढ़ सकते थे, परन्तु उईयु ने उस दिन इस शक्ति को छीन लिया था जिससे वह कमजोर हो गए। यही कारण था कि वे मानसिक तौर पर विक्षिप्त हो गए। वे हर किसी के विचार पढ़ना चाहते थे, इसलिए उन्होंने पशु-पक्षियों को मारकर उनके कलेजों को निकाल-निकाल कर देखना शुरू कर दिया। कहने लगे, इन कलेजों में उईयु के विचार दिखते हैं। वे बहुत अधिक बड़बड़ाने लगे। चूँकि आबोतानी सबके आदर्श थे, लोगों ने बिना सोचे-समझे उनकी देखा-देखी वैसा ही करना शुरू कर दिया। अदृश्य शक्तियों के विचारों, माँगों इत्यादि को जानने के लिए इसी प्रथा का आज भी पालन किया जाता है।

कुछ लोग कहते हैं कि आबोतानी की विक्षिप्तता इतनी बढ़ गई थी कि उन्होंने अपनी ही उँगलियों को भी काट-काट कर देखना शुरू कर दिया कि उनका अपना ही शरीर उनसे क्या चाहता है? क्या सोचता है? क्या है यह शरीर आखिर? वह देखना चाहता था, खून कैसे काम करता है?

आबोतानी की पत्नी हासंग बुलुंग बिन्यी अपने पति के इस हिंसक रूप को देख नहीं सकी। इसलिए वह उन्हें छोड़कर चली गई, जिनकी मदद से तानी ने मायाजाल रचना सीखा था।]

दोलिय[1]

दुबला-पतला, नाटा, कमजोर और बदसूरत-सा दिखनेवाला एक लड़का था—दोलिय। आबोतानी की पुत्री यारियो को उससे प्रेम हो गया। अपना सारा वक्त वह उसी के साथ बिताने लगी। पिता ने बहुत मनाने का प्रयास किया कि वह उसके लायक नहीं है, परन्तु पुत्री नहीं मानी। कहती थी, "यदि आपने मुझे उससे अलग करने का प्रयास किया तो आत्महत्या कर लूँगी!"

आबोतानी दोलिय का गाहे-बगाहे मजाक उड़ाने लगे। उसका अपमान करने लगे। एक दिन परेशान होकर उसने ससुर से कहा, "आत्त तानी (ससुर), मैं ऐसा-वैसा नहीं हूँ। मेरी शक्ति से तुम लड़ नहीं पाओगे। एक दिन थर-थर काँपोगे!" आबोतानी यह सुनकर उसका और अधिक मजाक उड़ाने लगे।

एक दिन व्यंग्यात्मक लहजे में उन्होंने दामाद से कहा, "अगर तुम पहाड़ की चोटी पर चींटी की तरह दिख रहे बारहसिंघे को अपने तीर से मारकर गिराओ तो जानूँ!" दोलिय ने अपने तरकश से तीर निकाला, धनुष पर चढ़ाया, निशाना साधते हुए उसे छोड़ दिया। उधर बारहसिंघा तड़पकर गिर गया।

---

1. 'दोलिय' का अर्थ है रोग। इसके लिए न कोई बड़ा, न छोटा, न अमीर, न ही कोई गरीब होता है। सब एक हैं। हर कोई इससे बचना चाहता है। न जाने कितनी सम्पत्ति इसके नाम पर पानी की तरह बहा दी जाती है। कई पशु बलि-वेदी पर चढ़ा दिए जाते हैं, लेकिन इससे बचना असम्भव है। यह आता है। तानी वंश के लोग मानते हैं कि रोग तो दामाद की तरह है जो जब चाहे घर पर आ सकता है। अनादर करने का अर्थ है, अपनी बेटी की जिन्दगी को खतरे में डालना। इस कथा में बेटी शरीर का प्रतीक है और दोलिय का बदसूरत रूप रोग का प्रतीक है।

आबोतानी ने अपने दामाद को लेकर वहाँ जाकर देखा। सचमुच तीर निशाने पर लगा था, वह भी एक ही तीर से। यह आश्चर्यजनक था, लेकिन वे फिर भी मानना नहीं चाहते थे। उन्होंने मुँह बिचकाते हुए फिर कहा, "उँह! वह तो कोई भी कर सकता है। चलो, यहाँ से नीचे गहरी खाई में खड़ी जंगली मुर्गी को मार गिराकर दिखाओ!" दोलिय ने फिर निशाना साधा, तीर छोड़ा...और उधर जंगली मुर्गी तड़पकर गिर गई।

आबोतानी अब भी हार मानना नहीं चाहते थे। किसी भी तरह उसका अपमान करते हुए अपनी पुत्री की जिन्दगी से उसे अलग करना था। उन्होंने फिर कहा, "कैसे मान लूँ कि इन्हें तुम्हीं ने मारा है? मेरी आँखों ने तो ठीक से देखा नहीं?"

दोलिय ने कहा, "ठीक है। तुम सगंग यर्लो की ऊँची चोटी पर चढ़ जाओ, जो बादलों से ढका हुआ है। अपने अँगूठे से सिर का एक बाल बाँधकर, अँगूठे को ऊपर उठाकर रखना। मैं उस बाल को तोड़कर अँगूठे से अलग कर दूँगा!" यह सुनकर आबोतानी एक पल के लिए भौचक्के रह गए। यकीन नहीं हुआ, लेकिन उन्हें देखना था।

वे उस पहाड़ पर गए, जिसकी चोटी बादलों से ढकी हुई थी। दामाद ने जैसा कहा, उन्होंने वैसा ही किया। अँगूठे पर अपने सिर के एक बाल को लपेटते हुए बाँध दिया। उसे आसमान की तरफ उठाया और खड़े हो गए। वे वहाँ से खुद के शरीर को भी देख नहीं पा रहे थे। बादल ही इतने थे कि उनको सिर्फ इतना ही पता चल रहा था कि वे हैं। अचानक एक तीर 'सररर' करते हुए आया और बाल को टुकड़ों में काटकर उसे अँगूठे से अलग कर दिया। आबोतानी थर-थर काँपने लगे।

इसके बाद कथा मौन हो जाती है...।

ताकिंग-तारिंग

आबोतानी की एक पत्नी थी—न्यी गन्यी। उससे उनके दो पुत्र हुए—ताकिंग और तारिंग। दोनों बहुत ही कुशल तीरन्दाज थे। अन्धकार में भी वे आवाज सुनकर लक्ष्य पर निशाना लगा सकते थे। छोटे-छोटे मक्खी-मच्छरों को भी वे तीरों से मार गिराने में माहिर थे। शिकार के अलावा दोनों का किसी भी काम में मन नहीं लगता था। इससे उनकी माता बहुत परेशान हो गई।

एक दिन न्यी गन्यी ने दोनों पुत्रों को बहुत खरी-खोटी सुनाई। इससे नाराज होकर दोनों जंगल में चले गए। कई महीने बीत गए। दोनो घर लौटकर नहीं आए। माता-पिता चिन्तित हो गए। आबोतानी उन्हें ढूँढ़ने निकले। तामिंग, तालो, दीदा, लरा इत्यादि सभी स्थानों में ढूँढ़ा, लेकिन वे कहीं नहीं मिले।

उन्हें खोजने के क्रम में तानी को एक दिन तारी नामक एक लड़का मिला। पूछने पर उसने बताया कि दोनों यलंग नदी के उद्गम स्थान पर हैं। उनके लिए भोजन इत्यादि बनाते-बनाते उसके हाथ-पाँव में छाले पड़ गए हैं। इसीलिए वह मौका पाकर भाग आया है। आबोतानी आगे चल दिए।

वे यलंग पू (पहाड़) पर पहुँच गए। उस वक्त वहाँ कोई नहीं था। दोनों शायद शिकार करने निकले थे। एक मचान था—चिड़ियों के पंखों और डैनों से बना; उसकी दीवार पर पशुओं की खाल लगी थी। उसके आस-आस मृत पशु-पक्षियों की हड्डियों का ढेर लगा हुआ था। सड़े हुए मांस की गन्ध से वह स्थान दमघोंटू लग रहा था। "ओह, इस तरह तो जंगल का उईयु नाराज हो जाएगा। कुछ भी अनहोनी हो सकती है। यह तो पूर्वजों द्वारा स्थापित न्याय-व्यवस्था के खिलाफ है।" तानी ने सोचा।

वे एक ऊँचे वृक्ष पर चढ़कर बैठ गए और 'छींया-छींया-छींया' करते हुए आवाज करने लगे। उन्होंने देखा, मृत पशुओं को कन्धों पर लादे उनके दोनों पुत्र मचान की ओर आ रहे थे। उनकी आवाज सुनकर वे ठिठक गए। कुछ क्षण बाद दौड़ते हुए वे आए और जहाँ से आवाज आ रही थी, उसी की तरफ तीरों की बरसात कर दी। कोई पक्षी नीचे नहीं गिरा। यह असम्भव था। देखा तो आबोतानी उनके सारे तीरों को हाथ में लिये नीचे उतर रहे थे।

पिता के बहुत मनाने के बाद भी दोनों वापस जाने को तैयार नहीं हुए। आबोतानी ने उन्हें समझाने की कोशिश की, "मेरे पुत्रो। अति हमेशा विनाशकारी होती है। अदृश्य शक्तियाँ अपना काम करती हैं। जंगल नाराज हो जाता है!"[1]

लेकिन वे फिर भी नहीं माने। ताकिंग ने कहा, "पिताजी, हमारे घर के सामने बहनेवाली पुई नदी में यदि कोई तीर-धनुष बहता हुआ आ जाए तो समझना हमारी मृत्यु हो गई है, नहीं तो हमारी प्रतीक्षा करना। हम लौट आएँगे।"

कई साल बीत गए, लेकिन वे लौटकर नहीं आए। एक दिन तानी को पुई की धारा में उनके तीर-धनुष बहते नजर आए। आबोतानी के दो बच्चे वहीं पर खेल रहे थे; उन्होंने उन तीर-धनुषों को देखा तो झटपट निकाल लाए। आगे जाकर वे भी अपने उन्हीं भाइयों की तरह ही शातिर शिकारी बन गए...।

कहते हैं, ताकिंग पहाड़ों से फिसलकर खाई में गिरकर मर गए जबकि तारिंग मिट्टी के खिसक जाने से उसी में दबकर मर गए...।

---

1. तानी समाज में मान्यता है कि अधिक शिकार करने से अनहोनी होती है। गर्भवती स्त्रियों के पति को तो कतई शिकार पर नहीं जाना चाहिए; नहीं तो मृत पशुओं की आत्माएँ बच्चों पर अपना प्रभाव डालती हैं, जैसे होनेवाले पिता ने यदि बन्दर मारा, तो बच्चे में बन्दर का स्वभाव आ जाता है। यदि साँप मारा तो साँप का स्वभाव आ जाता है।

पत्ता लबरा मराताता

आबोतानी की कई सन्तानों में तीन बहुत शक्तिशाली पुत्र हुए—निया तालो, कोजुम तालो और लेंग्तो तालो। इन्हें निहा, निजोम और नितो[1] भी कहा जाता है।

एक बार निहा तालो ने अपने बल और बुद्धि से एक 'अर्गासिंग' अर्थात लोहे की लम्बी जंजीर बनाई। लोग हैरान थे कि उसने कैसे उसे बनाया। उस अर्गासिंग से उसने वीरता के कई कारनामे किए। आबोतानी उसकी प्रशंसा करते थकते नहीं थे। ईर्ष्या रिश्तेदारी देखकर तो उत्पन्न नहीं होती। कोजुम तालो और लेंग्तो तालो अपने ही भाई से कुढ़ने लगे।

उन दिनों जीवन बहुत ही असुरक्षित हुआ करता था। शत्रु तो शत्रु, पशु-पक्षियों से भी सदा सावधान रहना होता था। दोपहर को गाँव में पत्ता लबरा मराताता नामक एक विशालकाय पक्षी उड़कर आता और किसी-न-किसी को उठा ले जाता था। कोई आदमी न मिले तो पालतू पशु को उड़ा ले जाता। लोग भयभीत, चिन्तित और बहुत ही परेशान होने लगे। हर तरह के उपाय अपनाए गए उससे बचने के, परन्तु सब बेकार।

आबोतानी ने अपने तीनों वीर पुत्रों को इसके लिए तैयार किया। एक दिन तीनों भाइयों ने अपने घर के बाहर ओखली को एक लड़की बनाकर खड़ा

1. तानी समाज में पिता के नाम-शब्द के अन्तिम अक्षर से नया शब्द अथवा नया नाम बनाया जाता है। इससे पता चलता है कि वह व्यक्ति अमुक व्यक्ति की सन्तान है। उदाहरण के तौर पर इन नामों की उत्पत्ति को इस तरह से देख सकते हैं; तानी से निहा। निहा से हानिया। हानिया से निया। निया से नितो...।

कर दिया। उसके निचले हिस्से में लाल धागे बाँध दिए। गाँव वाले अपने-अपने खेतों की ओर एक साथ समूह बनाते हुए चले गए। इधर तीनों भाई घर के अन्दर चुपचाप पत्ता लबरा मराताता की प्रतीक्षा करने लगे।

धीरे-धीरे दोपहर होने लगी। गाँव में मुर्गे-मुर्गियों की पॉप-पॉप-पॉजा, पॉप-पॉप-पॉजा की आवाजें गूँजने लगीं। अचानक बरामदे में 'रतंग...तंग' करते हुए पत्ता लबरा मराताता उतरा। उसने ओखली को इनसान समझकर उठाने की कोशिश की, लेकिन वह इतना भारी था कि उससे उठाया नहीं गया। हारकर वह उड़ गया। थोड़ी देर बाद फिर उड़ते हुए आया और बरामदे में 'रत्ताप-रत्ताप' करके उतर गया। अबकी बार वह ओखली को लेकर उड़ने लगा।

ओखली में बँधा धागा बहुत ही लम्बा था। तीनों वीर पुत्रों ने उसका पीछा किया। धागों की मदद से वे पत्ता लबरा मराताता के 'लापंग' अर्थात स्थान पर पहुँच गए।

एक बहुत ही ऊँचा, कँकरीला पहाड़ था। उसकी चोटी पर पत्ता लबरा मराताता का घर[1] था। उस तक पहुँचना किसी इनसान के वश में नहीं था। निहा तालो सदा अपने अर्गासिंग को लेकर ही चलता था। उसकी मदद से वे धीरे-धीरे ऊपर चढ़ने लगे। निहा सबसे ऊपर और कोजुम और लेंगतो नीचे उसके पीछे-पीछे चढ़ रहे थे। जब वे पत्ता लबरा मराताता के लापंग पहुँच ही रहे थे कि दोनों भाइयों ने अर्गासिंग को धोखे से नीचे खींच लिया और खुद वापस लौट गए। गाँव पहुँचकर उन दोनों ने झूठी खबर दे दी कि भाई को पत्ता लबरा मराताता खा गया और हम मुश्किल से बचकर वापस आ गए हैं।

निहा ऊपर अकेला रह गया। पत्ता लबरा मराताता के लापंग में कुछ भी खाने को नहीं था सिवाय सड़े-गले और कच्चे मांस के। वहाँ कई गुफाएँ थीं। एक गुफा में पक्षी के दो बच्चे थे। उनके माता-पिता शायद शिकार के लिए चले गए थे। निहा एक बड़े-से पत्थर के पीछे छिप गया। कुछ समय

1. पत्ता लबरा मराताता के निवास वाले स्थान को 'रालंग तंगतंग' या 'अर मासाखा भी कहा जाता है।

बाद मादा पत्ता लबरा मराताता उड़ती हुई आई और बच्चों के सामने एक मृत बन्दर फेंक दिया। वह विशालकाय मादा पक्षी उस वक्त निहा के बहुत ही करीब। उस वीर ने उसकी तरफ जहरीले तीरों की बरसात कर दी। वह 'रत्ताप-रत्ताप-रताप्प, करती हुई ढेर हो गई। कुछ ही क्षण बीते थे कि नर पत्ता लबरा मराताता एक बड़ा-सा बारहसिंघा लिये उड़कर आया और बच्चों के सामने फेंक दिया। निहा ने उस पर भी जहरीले तीरों की बरसात कर दी। वह भी वहीं ढेर हो गया।

अब कैसे नीचे उतरे? कोई उपाय नहीं था। बरसात का मौसम था। जगह-जगह गड्ढों में पानी ठहरा हुआ था। प्यास तो बुझाई जा सकती थी, लेकिन भोजन की व्यवस्था वहाँ हो नहीं सकती थी। खैर, वहाँ मांस काफी था। कई महीनों तक खाया जा सकता था। भूखे निहा ने उस सड़े-गले मांस को खाना शुरू कर दिया। पक्षी के छोटे-छोटे चूजे भी आकार में उससे बड़े थे। तीनों एक साथ रहने लगे।

कुछ दिन बाद पता लगा, एक बच्चा बहुत ही चालाक है और दूसरा बुद्धू। निहा ने उस चालाक चूजे का काम तमाम कर दिया क्योंकि वह निहा को सन्देह की दृष्टि से देखने लगा था।

तीन महीने बाद बुद्धू चूजा बड़ा हो गया। उसने निहा को ही माँ समझ लिया था क्योंकि वही उसको भोजन-पानी देता था। अपने ही माता-पिता और भाई को वह भोजन समझकर खा गया था। अब उसे उड़ना सीखना था। निहा उड़ने में उसकी मदद करने लगा। खाली आकाश में बिना सहारे के उड़ जाने की कल्पना से वह डरता था। हवा पर उसका भरोसा नहीं था। निहा ने धक्का दे-दे कर उसका हौसला बढ़ाया। वह उसे इशारों से दिशा बताता और युवा पत्ता लबरा मराताता उसका पालन करते हुए उड़ने लगा। धीरे-धीरे उसकी पीठ पर निहा बैठने लगा। दोनों एक-दूसरे की भाषा समझने लगे थे और एक दिन वह अच्छी तरह उड़ना सीख ही गया।

एक दिन निहा उसकी विशाल पीठ पर बैठ गया और उसे दिशा बताने लगा। वे उड़ते गए। उड़ते गए। गाँव पहुँचने ही वाले थे कि मराताता ने विपरीत दिशा में उड़ना शुरू कर दिया। निहा ने उसे समझाने की बहुत कोशिश की।

वह नहीं माना और अपने ही लापंग की तरफ वापस जाने लगा। निहा ने उसका एक पंख काट दिया। लहराते हुए मराताता नीचे गिरने लगा। उसने उसके दूसरे पंख को भी काट दिया। वह तड़पते हुए जमीन पर गिर पड़ा।

कहते हैं, कोजुम तालो की निहा के पहुँचने से पहले ही शत्रुओं ने हत्या कर दी थी और निहा के लौटने की खबर सुनकर लेंग्तो तालो अर्गासिंग को लेकर हमेशा के लिए दूर कहीं भाग गया।

आब लोमा[1]

आबोतानी की एक पत्नी थी—हिर्गिम्ब।[2] वह पोम्त लोम की पुत्री थीं। पोम्त लोम एक श्रेष्ठ रचयिता थे। कहते हैं, गीतों में जो स्वर हैं उन्हीं से पैदा हुए हैं।

कहते हैं, हिर्गिम्ब अपनी टोकरी में कई कलाओं को लेकर आई थीं। इसलिए उनको 'अज लोयंग तामंग', अर्थात कलापूर्ण सृजनशील और ज्ञानी स्त्री भी कहा जाता था; वह जब गातीं तो पशु-पक्षी भी खिंचे चले आते थे। नृत्य करतीं तो पेड़-पौधे भी साथ नृत्य करने लगते थे। आबोतानी ने जब उनको पहली बार देखा तो वे उनकी सुन्दरता को देखकर बेहोश हो गए थे। उनकी आँखों की रौशनी क्षणभर के लिए चली गई थी। यह ज्ञान से साक्षात्कार का संकेत था।

---

1. आब लोमा ने कभी विवाह नहीं किया। अपना सृजन कार्य पूरा करने के बाद वह सदा के लिए अमर हो गए। उन्होंने चूँकि तानी संस्कृति को ज्ञान और जीवन दर्शन के साथ-साथ अनेक रंगीन उपहार दिए, इसीलिए आबोतानी के बाद उन्हीं को पिता कहकर पुकारा गया है—आब लोमा।

   आज भी इन सामान अथवा आभूषणों की कीमत हीरे-जवाहरात अथवा सोने-चाँदी से भी अधिक है। वे हजारों सालों से हमारे पूर्वजों के हाथों के स्पर्श को सँभाले हुए वर्तमान पीढ़ियों तक पहुँचती हैं; इसीलिए इनका महत्त्वपूर्ण स्थान होता है। जितना पुराना उतना महत्त्वपूर्ण। कहते हैं इनमें पूर्वजों की आत्माओं का वास होता है। ये ज़ीवित चीजें हैं।

2. प्रत्येक चर-अचर जिमी-जमा से पैदा होते हैं तो कला का स्रोत भी वही है। इसीलिए पोम्त लोम को उईयु अर्थात अदृश्य शक्ति भी माना जाता है। हिर्र+गिम्ब =हिर्गिम्ब। 'हिर्र' का अर्थ है कला, और 'गिम्ब' का अर्थ है टोकरी।

हिर्गिम्ब और आबोतानी से एक पुत्र हुआ—लम्बे बालों के साथ बिना हड्डियों वाला। कपड़ों की तरह शरीर। अद्भुत और विचित्र। माता शान्त और निश्चिन्त थी। चिन्तित पिता ने उसका नाम 'कू हाप' अर्थात अनोखा पुत्र रखा। उन्होंने 'अर्की ताचाक' (एक विशेष चिड़िया के पंखों से बने धागे) से उसके बालों को मोड़कर मस्तक पर बाँध दिया। चूँकि शिशु ने माता के दूध को स्वीकार नहीं किया था, अत: ओस की बूँदों को 'अरक दूरंग' (बाँस की शीशी) में एकत्रित करके उसको पिलाया गया।

जन्म के तीसरे दिन से ही वह बच्चा रेंगते हुए इधर-उधर जाने लगा। चौथे दिन उसने अस्पष्ट शब्दों में गाना शुरू कर दिया। आबोतानी प्रसन्नतापूर्वक और आश्चर्यचकित होकर उसके साथ-साथ गाने लगे। पाँचवें दिन से वह दिनभर सोता और रातभर घर के बरामदे में अन्धकार में मौन होकर बैठने लगा। माता ने इशारों से सबसे कहा कि कोई भी, किसी भी तरह से उसके पुत्र के मौन में खलल न डाले। छठे दिन वह स्पष्ट शब्दों में बोलने लगा। पिता और पुत्र में संवाद हुआ—

"कू हाप, अन्धकार में क्या देखते हो? उजाला ही हमारी आँख है!"

"विभिन्न रंग अन्धकार में ही दिखाई देते हैं, पिताजी।"

"मैं समझा नहीं, पुत्र!"

"सब चर-अचर अन्धकार से ही पैदा होते हैं तानी।"

"तानी? तुमने अपने पिता को उनके नाम से पुकारा? कौन हो तुम?"

"मैं बिना आँख की आँख हूँ। मैं अन्धकार हूँ। जिमी-जमा हूँ। बिना शब्दों के देखो मुझे। क्या मैं तुम्हारा पुत्र हूँ?"

"मेरे रक्त से जन्मे हो तुम।"

"वह तो शरीर जन्मा, मैं नहीं।"

"कू हाप, मैं अज्ञानी हूँ।"

"तो फिर तुम पिता कैसे हुए?"

"...!"

सातवें दिन कू हाप घर से गायब हो गया। माता अब भी निश्चिन्त और प्रसन्नचित्त थीं, लेकिन आबोतानी को चैन नहीं था। "आह, मेरे प्रिय पुत्र की मौत

तो नहीं हो गई? उसका मृत शरीर किस स्थान पर पड़ा होगा? सड़ गया होगा। पशु-पक्षियों ने खा लिया होगा," यह कहते हुए आबोतानी उसे ढूँढ़ने निकले।

आबोतानी पशु-पक्षियों और पेड़-पौधों से उसका पता पूछते हुए जंगल-जंगल, पहाड़-पहाड़ महीनों संसार के हर कोनों की खाक छानने लगे। एक दिन तोदरोन (यह एक पक्षी का भी नाम है) नामक एक आदमी मिला। उसने कहा कि वह कू हाप का पता बता सकता है, लेकिन इसके लिए एक शर्त है। धान की खेती कैसे करते हैं, पहले यह सिखाना होगा। आबोतानी अपने साथ नारा में सदा धान के बीज लिये घूमते थे; सो वह उसकी शर्त मान गए। महीनों वहाँ रहे। खेती-बाड़ी किए। अन्त में उस आदमी के साथ वह आगे की यात्रा पर निकल पड़े।

भिन्न-भिन्न आकार-प्रकार वाले पत्थरों के एक बीहड़ वन में कू हाप शान्तचित्त और एकाग्र होकर आभूषणों, माज और ताल इत्यादि का निर्माण कर रहे थे। हर प्रकार के फल, फूल, कुकुरमुत्ते, कीड़े-मकोड़े, मधुमक्खियों के छत्ते, ओस की बूँदों, चिड़ियों के पंखों इत्यादि से उन चीजों को बनाए जा रहे थे। जंगल का सन्नाटा था। पशु-पक्षियों की आवाजें थीं। कीट-पतंगों की आवाजें उसके सृजन-कार्यों में सहायता कर रही थीं।

आबोतानी ने पुकारा, "मेरे बच्चे! कू हाप!" हाप ने उन्हें शान्त होने का इशारा किया और स्वयं उनके करीब आते हुए कहा, "पिताजी, यह स्थान 'अज दीरुंग' कहलाता है, जिसका अर्थ है, कला का स्रोत अथवा उद्गम स्थल। मेरे नाना पोम्त लोम ही मुझे यहाँ लाए थे। उन्हीं के साथ मैं यहाँ चला आया था। बताकर आता तो आप मुझे आने नहीं देते। उन्होंने अपने नाम 'लोम' के साथ जोड़कर मेरा नाम रखा है—लोमा[1]। अब से संसार में मैं लोमा नाम से

---

1. हड्डी को 'आलो' कहा जाता है। 'मा' का अर्थ है 'नहीं/न/विहीन'। आलो से 'आ' उपसर्ग को हटाकर एक नया शब्द बन गया—'लोमा' अर्थात बिना हड्डियों वाला आदमी। इस तरह यह दो शब्दों से मिलकर बना है।

पोम्त लोम के लोग कला से सम्बन्धित प्रत्येक ज्ञान से सम्पन्न थे। ऐसा माना गया है कि सृजनाशील व्यक्ति बिना हड्डियों के होते हैं। यहाँ यह प्रतीकात्मक अर्थ में है। वे पानी की तरह होते हैं जिन्हें लेकर कोई भी पूर्वानुमान नहीं कर सकता। →

जाना जाऊँगा। मौसी 'लई बिन्यी'[1] मुझे रोगों का इलाज करना सिखा रही हैं। उन्हें शोर बिलकुल पसन्द नहीं है। इसलिए आप वापस लौट जाएँ। मैं खुद लौट आऊँगा।"

इसके बाद कई साल बीत गए। अचानक एक दिन लोमा खाली हाथ घर लौट आए। वह ज्ञान से पूर्ण हो गए थे। मौसी लई बिन्यी और नाना पोम्त लोम ने उन्हें अज लोमा (माज), हीर लोमा (लोहे से बने धातु), सा लोमा (थालीनुमा धातु), तासां लोमा (मनके) इत्यादि बनाना सिखा दिया था।

'लई लोमा' अर्थात मृतक को फिर से जिन्दा करने के गूढ़ रहस्य के अलावा उन्होंने सब कुछ सीख लिया था। मौसी यह भी सिखाना चाहती थी, लेकिन लोमा ने उसे अस्वीकार कर दिया। इसी अस्वीकार में जो ज्ञान था, उसके कारण नाना ने उन्हें संसार में सदा अमर रहने का वरदान दिया।

→वे कोई भी आकार ले सकते हैं और उन आकारों से परे भी हो सकते हैं। यही कारण है कि इन लोगों को जिमी-जमा (अदृश्य शक्ति) का प्रकट रूप माना जाता है।

ज्ञान से सम्बन्धित प्रश्नोत्तर को गाकर पूरा किया जाता है। लोमा द्वारा बनाई गई वस्तुओं के प्रतीकों पर आधारित, सृष्टि के प्रारम्भ से लेकर प्रकृति के प्रत्येक चर-अचर से सम्बन्धित संवाद होते हैं। इन्हें सुननेवालों के रोंगटे तक खड़े हो जाते हैं जब दो अनुभवी और ज्ञानी लोग इसमें भाग लेते हैं।

कहते हैं, आब लोमा ने वृद्धावस्था के अन्तिम पड़ाव पर 'अनिया रीन्यी' को बनाया था। अनिया का अर्थ ही है सबसे छोटी अथवा सबसे अन्तिम। इसे 'दीरिंग रीछी' भी कहा जाता है। ये कई तरह के होते हैं—गोल, त्रिकोण। कुछ आवाज करनेवाले और कुछ बिना आवाज वाले हैं। कुछ मजबूत, कुछ जल्दी टूट जानेवाले। जो जल्दी टूट जाते हैं, उनका ध्यान रखा जाता है। ये एक विशेष मिट्टी के बने होते हैं। उड़ती नजरों से देखने पर यह पाँव में पहने जानेवाले घुँघरुओं की तरह लगते हैं, लेकिन इनकी आकृति उनसे भिन्न होती है। सभी में छिद्र भिन्न-भिन्न होते हैं। मुख्य छिद्र के साथ दोनों तरफ कई छिद्र बनाए जाते हैं जिनके अर्थ भी भिन्न-भिन्न होते हैं। यह आध्यात्मिक रहस्य से लैस होता है। इसे हम पाँव में नहीं, गले में धारण करते हैं। आज भी पूजा में इसका प्रयोग किया जाता है। इसकी ध्वनि पुजारी को जिमी-जमा अवस्था तक ले जाती है, जहाँ से वह कई अदृश्य चीजों को देख लेने का दावा करने लगते हैं।

1. लई बिन्यी एक चिड़िया का भी नाम है। चिड़िया को मौसी भी माना जाता है।

आबोतानी अपने उस पुत्र के ज्ञान से ईर्ष्या करने लगे थे। उसे शास्त्रार्थ में पराजित करना चाहते थे, ताकि संसार याद रखे कि पिता तो पिता होते हैं। ज्ञान में पुत्र उससे आगे नहीं हो सकता, लेकिन सत्य तो यही है कि ज्ञान का उम्र से कोई लेना-देना नहीं होता।

एक दिन पिता और पुत्र में संवाद हुआ—

"यदि तुम पोम्त लोम की सृजन शक्तियों के अंश हो, तो मेरे प्रश्नों के उत्तर दो। मछलियों की संख्या अधिक है या तारों की?"

"मछलियाँ धरती पर रहती हैं। उन्हें स्पर्श किया जा सकता है। तारे अनन्त आकाश में हैं जिनकी कल्पना तक हम नहीं कर सकते। जो अनन्त में है वह अनगिनत है।"

"धरती बड़ी है या आसमान?"

"क्या पिता कभी पुत्र नहीं थे? जब पुत्र नहीं थे तब पिता कहाँ थे? सब जिमी-जमा है। वही आसमान है। धरती तो अदना-सी है।"

"सूरज का उगते रहना अधिक है या जल का बहना?"

"अन्धकार में भी अग्नि मौजूद है। सूरज दिन-रात रहता है। वह हर जगह है। उसके बिना जल का अस्तित्व ही नहीं है।"

"कैसे?"

"वह जिमी-जमा की आँखें हैं। जब धरती नहीं थी, तब आँख मौजूद थी। उसी आँख ने जल को भी पैदा किया है।"

"धरती की हरियाली अधिक है या आसमान का नीलापन?"

"हरियाली का स्पर्श किया जा सकता है। उसका हरापन मात्र दिन को दिखता है। परन्तु आसमान का नीलापन रात-दिन रहता है। उसका स्पर्श नहीं किया जा सकता। वह होकर भी नहीं है। इसीलिए वही बड़ा है।"

"प्राणों को तीर अधिक हरता है या विष?"

"एक तीर से एक प्राणी मरता है, जबकि थोड़ा-सा विष अनेकों प्राण ले सकता है। तीर मनुष्य निर्मित है। इसलिए उसकी सीमा है। विष अपने-आप है, इसलिए असीम है।"

"घर की छत बड़ी है या मनुष्य का लिंग ढकनेवाला छोटा-सा वस्त्र?"

"घर की छत गिनती के लोगों को ही ढकती है। लेकिन लिंग को ढकनेवाला छोटा सा वस्त्र अनगिनत प्राणियों के स्रोत को। अत: वही बड़ा है।"

"मिथुन के प्रकार अधिक हैं या रंगों के?"

"मिथुन के प्रकार उँगलियों में गिने जा सकते हैं, जबकि अनेकों रंगों के अस्तित्व में होने के बावजूद भी न दिखनेवाले रंग भी मौजूद हैं। वे बढ़ते ही जा रहे हैं।"

"क्या तुम अपने पिता को गुमराह करना चाहते हो?"

"क्या ज्ञान का कोई रंग होता है? वह काला है या लाल है? इन्हें हाथों से स्पर्श किया जा सकता है?"

"...!"

इस प्रकार कई दिनों तक पिता-पुत्र में संवाद चलता रहा। पिता का ज्ञान मात्र सांसारिक था, जबकि पुत्र का सांसारिक और उससे परे भी था। अन्त में आबोतानी अपने पुत्र के ही अनुयायी बन गए। उसके कहने पर उन्होंने धरती के कोने-कोने से प्रकृति प्रदत्त चीजों को एकत्रित किया। पुत्र ने उन चीजों से आभूषण इत्यादि का निर्माण किया। ज्ञान और जीवन दर्शन के प्रतीक बनाए जिन्हें मृत्यु अर्थात जिमी-जमा से भी जोड़ा गया। मृतक की कब्र का निर्माण भी इसी ज्ञान के आधार पर किया जाने लगा।

पाबुंग (नदी)

आबोतानी का आत्त गुंगते नामक एक शक्तिशाली पुत्र हुआ। विजय ही उसकी पहचान थी। युद्ध में, यात्रा में, शिकार में—सब में वही विजयी होता। वह शेर की सवारी करता; चीते से खेलता; जल, थल, धरती-आकाश—सबको जीतना चाहता था।

एक छोटी सी नदी थी—जिद्दी और अड़ियल। सर्दियों में लोग उस नदी में मछलियाँ पकड़ सकते थे, परन्तु बारिश में वह उफान पर होती थी। किसी की नहीं सुनती थी। गुंगते इससे बहुत क्रोधित था। वह उसे सबक सिखाना चाहता था। कुछ न कर पाने की स्थिति में उसने स्वयं को आहत करना शुरू कर दिया। माता ने समझाने का बहुत प्रयास किया; वह नहीं माना। आबोतानी ने उससे कहा, "सुनो मेरे बच्चे! प्रकृति का अपना ही विधान होता है। यदि तुम इस नदी को पराजित करना चाहते हो, तो तुम्हें सर्वप्रथम अपनी पराजय को स्वीकार करना होगा। इसे समझने के लिए तुम अपनी फुआ दोरिंग चीजिंग के पास जाओ; वह तुम्हें नदी को जीतने के सारे उपाय सिखा देंगी।"

माँ की सलाह पर गुंगते अपनी फुआ दोरिंग चीजिंग के पास गया। दोरिंग चीजिंग ने आत्त गुंगते से कहा, "नदी हमारी पूर्वज हैं। सारी प्रकृति हमारी पूर्वज हैं। जब तुम नहीं थे, तब भी ये थीं। जब तुम नहीं होंगे, तब भी ये होंगी। इन्हें क्यों पराजित करना चाहते हो? अपने ही पूर्वजों को? हमारी पालन करनेवाले को? यह असम्भव है। हमारे और हमारे पूर्वजों के होने का ढंग भिन्न-भिन्न हैं, परन्तु हम साथ-साथ ही चलते हैं। इन्हें जीतना नहीं, समझना आवश्यक है। इनके साथ-साथ चलने के लिए उपाय खोजने होते हैं।"

यह सब कहने के बाद दोरिंग चीजिंग ने आत्त गुंगते को पुल बनाना सिखाया। मछली पकड़ने के अनेक तरीके सिखाए। उन्होंने बताया कि माता द-अर लोन का मृत शरीर भी नदी में ही बहा दिया गया था। इसीलिए नदी में खेलते अथवा काम करते वक्त बहुत जल्दी-जल्दी भूख लग जाया करती है; क्योंकि माता की आत्मा इन्हीं में आज भी बसती है।

गुंगते अब पूरी बात समझ चुका था। अत: उसने नदी से मित्रता कर ली। जय-पराजय का भाव उसके मन से मिट गया। उन्होंने तानी वंश के लोगों को प्रकृति के साथ सह-अस्तित्व का महत्त्व समझाया। आज भी प्रकृति-गीतों में गुंगते याद किया जाता है। उन्हें परम ज्ञानी और पूजनीय माना जाता है।

सहायक ग्रंथ सूची

1. मिथ्स ऑफ़ द नॉर्थ-ईस्ट फ्रंटियर ऑफ़ इंडिया—वेर्रियर एल्विन
2. आर्कियोलॉजिकल रिमेन्स ऑफ़ अरुणाचल प्रदेश—डॉ. तागे तादा
3. एंशिएंट एंड मेडिवल हिस्टरी ऑफ़ अरुणाचल प्रदेश—डॉ. एन. लेगो
4. रेसरुण (जर्नल ऑफ़ द डायरेक्टरेट ऑफ़ रिसर्च)—वॉल्यूम 40 (2016)
5. ए हिमालयन ट्राइब—फ्रॉम कत्तल टु केश—क्रिस्टोफर फुरेर-हैमनदोर्फ़
6. डेमोक्रेसी इन नेफा—वेरियर एल्विन
7. ए कम्पेरेटिव स्टडी ऑफ़ बों रिलिजन ऑफ़ एंशिएंट तिब्बत विथ दोंयी पोलो फैथ ऑफ़ आदिस ऑफ़ अरुणाचल प्रदेश—बानी दान्गिन
8. मेडिवल लाइफ़ एट नाक्सपर्वत—डॉ. डी.के. बोरा
9. रिलिजन एंड स्यिन्क्रतिस्म इन अपातानी सोसाइटी—डॉ. राधे याम्पी
10. द नाह—डॉ. बी.के. बोराह
11. हिस्टरी ऑफ़ अरुणाचल प्रदेश—एम.एल. बोस
12. म्योको सिरेमोनी अपातानी ट्राइब—मिहीं कानिंग
13. कास्तुमरी लोस ऑफ़ न्यीसी ट्राइब—नाबाम नाका हिना
14. एथ्नोग्राफिक नोट्स ओं सुबांसिरी रीजन—डॉ. सी.वी.एफ. हाइमेनदोर्फ़
15. न्यीसी वर्ल्ड—तोब तारिन तारा
16. न्यीसी लोकगीत—डॉ. जोराम अनिया ताना
17. जब आदिवासी गाता है—डॉ. जमुना बिन्नी तादर
18. उईमोक—डॉ. जमुना बिन्नी तादर
19. आदिवासी साहित्य विमर्श—डॉ. मोहन चव्हाण
20. आदिवासी दुनिया—हरिराम मीणा
21. पूर्वोत्तर की सांस्कृतिक पहचान—माधवेन्द्र श्रुति

22. अरुण प्रभा पत्रिका—आर.जे.यू.
23. लोक-साहित्य की रूप-रेखा—डॉ. सत्येन्द्र
24. भाषा साहित्य और संस्कृति—विमलेश कान्ति वर्मा मालती (सम्पादित)

✪✪✪